KB206292

신성종 목사

핵심스마트설교 ⑥

이 시대가 요구하는 젊은이

신성종 목사 지음

도서출판 한글

핵심 스마트 설교(6)

이 시대가 요구하는 젊은이

2022년 2월 25일 1판 1쇄 인쇄
2022년 2월 28일 1판 1쇄 발행

저　자 신성종
발행자 심혁창
마케팅 정기영
교　열 송재덕
디자인 박성덕
인　쇄 김영배
펴낸곳 도서출판 한글

우편 04116
서울특별시 마포구 신촌로 270(아현동)
수창빌딩 903호

☎ 02-363-0301 / FAX 362-8635
E-mail : simsazang@daum.net
창　　업 1980. 2. 20.
이전신고 제2018-000182

* 파본은 교환해 드립니다
* 정가 20,000원
*
ISBN 97889-7073-601-3-93230

‖ 머리말 ‖

당신은 왜 사는가?

신성종 목사(크리스천 문학나무 편집인)

우리가 살다 보면 왜 사는지 종종 잊을 때가 있다. 그래서 가끔은 자신에게 나는 왜 사는가 하고 물어볼 필요가 있는 것이다. 사실 산다는 것은 생각처럼 간단하지 않다. 많은 일들이 연결되기 때문에 마침내는 삶의 목적과 목표를 혼동할 수가 있다. 그래서 많은 사람들이 불행해지고 인생에 실패를 한다. 나는 아침에 일어나면 오늘은 무엇을 해야 할 것인가 하고 그날의 계획을 세워 본다. 가장 좋은 방법은 묵상기도를 통해 자신의 모습을 살펴보면서 나를 향한 하나님의 뜻을 찾으면서 목표를 세우는 것이다.

여기서 중요한 것은 인생의 목적과 목표는 다르다는 점을 분별하는 일이다. 목적은 내 인생의 궁극적 이유를 말하는 것이고, 목표란 그 목적을 이루기 위한 구체적인 수단과 방법을 말하는 것이다. 목적은 추상적인 것이 일반적이지만 목표는 구체적인 것이 특징이다. 그러나 많은 사람들은 이 목적과 목표를 혼동한다. 그래서 돈 버는 일에 일생을 다 허비하고 사업을 한다고 허비를 한다. 그러다가 늙고 죽을 때가 되어서야 내가 살아온 목적이 잘못된 것을 발견하고 후회를 하지만 그때는 이미 늦는다. 필자는 대학에 들어간 후에는 등록금을 벌기 위해서 가정교사를 하기도 하고 미국에 가서는 방학 때 농장에 가서 노동을 하기도 했다. 정원에 가서 풀을 깎기도 하고, 식당에 가서 접시 닦는 일을 하기도 했다. 그러나 등록금을 번 후에는 다시 공부하는데 전념했다. 박사 학위를 받은 후에는 가르치고 책을 쓰기 위해서 공부를 지금도 계속하고 있지만 다행히도 목적과 목표를 혼동하지는 않았다. 그러나 방황이 전혀 없었다고 하면 그것은 거짓이다. 그래서 노년이 되어 자신을 살펴보면 남들처럼 벌어놓은 재물은 없지만 한 번도 굶은 적은 없었다. 빈손으로 왔다가 빈손으로 가는 인생이니 후회는 없다. 그러다 보니 그동안 4만여 권의 책을 읽었고 백사십 권이 넘는 책을 썼다.

나의 인생의 목적은 나의 설교와 강의와 글을 통해 하나님의 영광을 드러내려고 최선을 다한 것이다. 내가 살아온 것이 성공인지 실패인지는 후세가 평가하겠지만 확실한 것은 곁눈질하지 않고 열심히 외길로 살아왔다고 생각한다.

나는 목표를 시간적 순서에 따라 정한다. 어떻게 보면 좀 따분한 삶이기는 하지만 그러나 후회는 없다. 지금까지 살아온 대로 다시 살라고 하면 그렇게 열심히 살 것 같지는 않다. 하나님께 영광이란 목적을 위해 때로는 목회를 했고, 때로는 학교에서 강의를 했고, 선교를 하기도 하였다. 나의 잡념을 정리하기 위해 시를 쓰다가 시인으로 등단하기도 했다.

사랑하는 형제자매들이여, 당신들의 삶의 목적은 무엇이며 그것을 이루기 위해서 어떤 목표를 세우고 있는가? 과연 당신의 목표가 목적과 상충되지는 않는가? 우리들의 삶의 목적은 하나님이 기뻐하시는 것인가? 목표는 당신의 목적과 직접 연결이 되고 있는가? 혹시나 방황하고 있지는 않는가? 인간이 산다는 것은 간단하지 않기 때문에 방황할 때도 없지 않지만 그러나 그것이 하나님께서 기뻐하시는 것인가를 자신에게 자주 물어보아야 한다.

그때 필요한 것이 묵상기도이다. 많은 사람들은 예배 때만 묵상기도하는 것으로 알고 있지만 아침마다 일어나서 매일 매순간 점검해 보지 않으면 허송세월을 할 수 있음을 잊지 말자.

이번에 심혁창 장로님의 도움으로 그동안 내가 설교했던 내용들을 모아 수십 권의 책들을 출판하게 된 것을 주님께 감사한다. 별로 잘 쓴 글들은 아니지만 많은 후배 목사들에게 자신의 설교와 비교해 보고 또 요약해서 자신이 살을 붙이면 좋은 자신의 설교가 되리라 믿고 감히 나의 치부들을 내놓는다. 일반 성도들은 가족들과 함께 큰소리로 읽어보면 큰 은혜가 될 것이다.

작은 종 신성종 드림.

‖목 차‖

10

한 밤중의 찬송

(행16:19-34)

　본문 25절에 보면 바울과 실라는 감옥에 갇혀 있을 때 기도와 찬송을 하였습니다. 사실 사람이 편할 때는 신앙생활하기가 쉽지만 어려울 때는 대단히 어렵습니다.

　바울과 실라가 빌립보 감옥에 갇혀 있을 때에 기도와 찬송을 하였다는 것은 쉬운 일이 아닙니다. 여기서 우리는 몇 가지 중요한 진리를 발견합니다.

　첫째로 참된 성도는 장소나 시간에 구애됨 없이 어떤 환경에서도 하나님과 만나고 찬송과 기도를 드릴 수 있습니다.

　둘째로 신자의 행복의 근원은 지상의 어떤 조건에 좌우되는 것이 아닙니다.

　셋째로 주님께 대한 신앙은 어떤 역경 속에서도 위로와 평안을 줍니다.

　이 아침에 우리는 바울과 실라가 찬송한 장소와 시간을 살펴볼 필요가 있습니다. 장소는 감옥이었고 시간은 밤이었습니다. 성전에서 찬송하는 것은 많으나 집에서 찬송하는 것은 드뭅니다. 하물며 감옥에서 찬송하는 것은 거의 있을 수 없습니다. 또 낮에 찬송하는 것은 볼 수 있으나 밤에 찬송하는 것은 보기 힘듭니다. 여기서 밤이란 중요한 의미를 가집니다. 사람은 누구에게나 밤이 있습니다. 고난의 밤이 있습니다, 질병의 밤이 있습니다, 육체적으로 제한을 받는 옥중에 갇히는 밤이 있습니다. 이런 때 우리는 기도하며 찬송할 수 있어야 합니다. 그리고 또 놀라운 것은 이런 때 아무도 듣는 사람이 없을 것 같은데, 그러나 청중이 있었습니다. 25절에 보니 온 죄수들이 들었다고 했고 또 바로 간수 자신이 들었던 것입니다. 이들의 기도와 찬송의 결과는 놀라운 것이었습니다.

먼저 감옥이 흔들렸습니다. 이것은 지진이 일어났다는 말입니다. 하나님은 왕상 19장의 말씀대로 세미한 음성으로도 말씀하시지만 여기서 볼 수 있듯이 지진을 통하여 그의 뜻을 보여주시기도 합니다. 이것은 하나님이 그곳에 계신다는 표시였습니다.

또 하나님의 권능의 표였습니다. 그뿐 아니라 바울과 실라를 가둔 감옥에 대한 하나님의 진노의 표시이기도 했습니다. 이때 문이 열리고 쇠사슬이 끊어졌습니다. 왜 하나님은 지진을 통하여 그의 뜻을 보여주시는 것일까? 그것은 잠자는 영혼을 깨우기 위해서입니다(27절), 두려움을 느끼게 하기 위해서입니다(전3:14).

이 지진의 결과는 간수가 회개하는 역사를 나타내게 하였습니다. 처음에 간수는 두려움에 사로잡혀서 자살을 하려고 했습니다. 이때 바울이 소리 질렀습니다.

"네 몸을 상하지 말라 우리가 여기 있노라."

그러자 간수는 등불을 달라고 하였습니다. 어두움만을 찾아서 살던 간수가 이제는 빛을 그리워하게 된 것입니다. 이것은 하나의 큰 변화입니다. 그리고 간수는 부복을 하고 질문했습니다.

"선생들아, 내가 어떻게 하여야 구원을 얻으리이까?"

이 질문은 대단히 중요한 문제였습니다. 사람은 누구나 문제를 안고 살고 있으나 그 중에는 문제가 아닌 문제가 종종 있습니다. 그러나 가장 큰 문제는 문제를 문제시하지 않는데 있습니다. 이제 성탄이 가까워 오고 있습니다. 우리는 나사렛 예수에 대하여 긍정이든지 부정이든지 해야 합니다. 그냥 미루고 있을 수만은 없습니다. 사람이 바른 문제를 가진다는 것은 그 자체가 희망이 있다는 뜻입니다. 우리가 구원을 받으려면 무엇보다도 구원의 필요성을 인식하는 일입니다. 다음으로 중요한 것은 '무엇'으로부터 구원을 받느냐는 것입니다.

우리는 무엇으로부터 구원을 받아야 합니까?

(1) 죄로부터

(2) 죽음으로부터

(3) 율법으로부터

이렇게 구원을 받아야 합니다. 로마서에 보면 이것을 성도의 삼대 자유라고 말씀하고 있습니다. 우리가 구원받는 길은 4가지 방법이 있습니다.

(1) 회개(방향의 변화)

(2) 믿음(주님을 꼭 붙잡는 것과 내어 맡기는 것)

(3) 영접하는 것(나의 주님으로 모시는 것, 즉 그의 지배를 받는 것)

(4) 주님을 좇는 것(제 자가 되는 것).

이때 바울은 "주 예수를 믿으라 그리하면 너와 네 집이 구원을 얻으리라"고 답변하였습니다. 바울은 한 시간씩 설교를 한 것이 아니라 단 한 마디를 했을 뿐입니다. 그러나 이 말씀 속에 그의 모든 문제를 해결할 수 있는 해답이 있었습니다. 진리는 언제나 짧고 단순합니다. 거짓이 길고 어려울 뿐입니다. 이에 간수는 믿음을 가지고 순종하여 구원을 받았으며 참 자유를 얻었습니다.

여기서 믿음이란 4영리를 의미합니다. 즉

(1) 하나님의 놀라운 사랑과 계획(요3:16; 10:10)

(2) 죄 때문에(롬3ㅣ23; 6:23)

(3) 예수 그리스도만이 해결의 열쇠(롬5:8; 고전15:3-4)

(4) 그리스도를 영접할 때(요1:12; 엡2:8)

그 결과는 무엇인가? 34절을 보면 "온 집이 하나님을 믿었으므로 크게 기뻐하니라"고 간단하게 그 결과를 기록하고 있습니다. 이것을 다른 말로 하면

(1) 그리스도께서 우리 안에(골1:27)

(2) 죄사하심(골1:14)

(3) 하나님의 자녀가 됨(요1:12)

(4) 풍성한 생활(요10:10,고후5:10)을 하게 되었다는 말입니다. 이런 삶이 우리들에게 넘치시기를 축원합니다..

하늘 성가대의 지상생활

(계14:1-5)

다윗이 시편 24:3절에서 "여호와의 산에 오를 자 누구이며 그 거룩한 곳에 설 자가 누구인고" 하고 질문한 이래로 많은 사람들이 천국백성이 될 자격에 대하여 계속하여 질문하고 있습니다. 이에 대해서 본문에서는 아주 분명하게 144천이 하나님 나라에 들어간다고 했습니다. 그래서 여호와의 증인들은 자기 교파에 들어와야 144천에 들어간다고 말합니다.

그러나 여기서 144천이란 말은 영적 의미를 말하는 것이지 문자적 의미가 아닙니다. 144천이란 12곱하기 12곱하기 10의 삼승입니다. 다시 말하면 구약의 대표인 12지파 곱하기 신약의 대표인 12사도 곱하기 인간의 완전수인 10을 하나님의 숫자인 3제곱한 숫자를 말합니다. 이것은 천국백성의 수가 구약의 성도들과 신약의 성도들을 합한 수라는 말입니다. 그런데 여기서 중요한 것은 천국의 모든 시민은 다 하늘의 성가대원들이란 것입니다.

(예화) 나는 6.25를 전후해서 공부를 했기 때문에 학교에 음악교사가 없어서 음악을 제대로 배우지 못했습니다. 그래서 성가대에서 찬양하는 것이 소원이었지만 그것을 하지 못했습니다. 충현교회 고등부 때 성가대에 선 것은 사실이나 찬양을 제대

로 부르지는 못했습니다. 그때만 해도 충현교회 교인이 다 합해서 몇 백 명을 넘지 못하였기 때문에 임원은 누구나 성가대에 의무적으로 섰습니다. 그래서 나도 설 수 있는 영광을 얻었는데 그때 지휘자는 나만 보면 상을 찡그렸습니다. 음이 틀린다는 것입니다. 그래서 그만두려고 했더니 그럴 필요가 없고 성가대원들 먹을 주전자나 나르고 피스나 나르면서 노래할 때는 큰소리만 지르지 말라는 것이었습니다. 그래서 나는 지금까지 찬양대원들을 보면 무엇보다도 부럽습니다.

그러나 본문을 보니 나 같은 음치도 천국에 가면 성가대원이 된다고 했습니다. 할렐루야! 얼마나 좋은지 모르겠습니다. 성가는 천국백성의 축복 가운데 하나라고 했습니다. 물론 이 세상에서 성가대원이 되려면 어려운 일이 어디 하나 둘인가요? 남보다 일찍 나와야 하고 그렇다고 크게 인정받는 것도 아니고. 그러나 찬양을 배우면서 기뻐하고 부르면서 즐거워할 줄 알아야 합니다. 그것은 하나님의 은혜가 성가를 통해 임하는 경우가 많기 때문입니다. 왜 하나님께서 인간을 창조하시기 전에 천사들을 만들었는지 아십니까? 그것은 하나님께서 찬양을 가장 좋아하시기 때문입니다. 찬양은 하나님께만 좋은 것이 아닙니다. 모든 인간을 행복하게 만드는 마술적 힘을 가진 것이기도 합니다.

그래서 미국 같은 나라에 머리가 하얗게 센 노인들이 찬양대에 서서 찬양하는 것을 볼 수 있습니다. 다른 것은 몰라도 찬양은 젊은 사람들에게 양보할 수 없다는 것이지요. 그러면 이 시간에는 하늘의 성가대원인 우리 성도들이 어떤 지상생활을 해야 하는가를 살펴보면서 함께 은혜받기를 원합니다.

1. 어린양의 이름과 하나님의 이름이 기록되어 있어야

그 이마에 어린양의 이름과 하나님의 이름이 기록되어 있어야 한다고 했습니다. 여러분들의 이마에는 어린양의 이름이 기록되어 있습니까? 좀 죄송한 말이나 거울을 보고 아무리 봐도 이름이 기록된 것을 발견하지 못할 것입니다. 왜냐하면 여기서 이마란 인격의 상징이기 때문입니다. 우리의 인격에 이름이 기록되어 있어야 합니다. 그러나 중요한 것은 하나님의 이름만으로는 부족합니다. 사실 유대교인과 이슬람교인들도 하나님은 믿습니다. 예수를 믿지 않을 뿐입니다. 그러므로 어린양의 이름이 인격 위에 기록되어 있어야 합니다. 이것은 우리가 중생할 때, 즉 성령과 하나님의 말씀으로 거듭날 때 하나님의 생명록에 이름이 기록되고 또 이마에 어린양과 하나님의 이름이 기록됩니다.

2. 새 노래를 부르는 자여야 합니다

새 노래라니까 요즘 나오는 유행가를 잘 부르는 사람이란 말이 아닙니다. 아무리 금주의 가요를 잘 불러도 그것은 새 노래가 아닙니다. 성경에 새롭다는 말은 두 단어가 있습니다. 하나는 '네오스'란 말로서 시간적으로 새롭다는 뜻입니다. 여기서는 이 단어가 쓰이지 않았습니다. 두 번째 단어는 '카이노스'란 말인데 그것은 질적으로 새로운 것을 말합니다. 즉 새 노래란 말은 질적으로 새로운 노래, 다시 말해서 구원받은 백성들이 부르는 모든 노래는 다 새로운 노래입니다.

3. 영적으로 간음하지 않는 사람

4절에 "여자로 더불어 더럽히지 않은 사람"이라고 하였다.

이것은 육체적으로 더럽히지 않았다는 뜻이 아니고 영적으로 더럽히지 않았다는 말입니다. 따라서 총각이나 독신을 의미하는 말이 아니라 신앙의 절개를 지킨 사람들을 말합니다.

4. 어린양이 어디로 인도하든지 따라가는 자(4절)

여기서 어린양이란 우리의 속죄양이 된 예수님을 의미합니다. 그런 예수님은 우리의 목자가 되십니다.

(예화) 양들은 때때로 함께 서로 엉키고 합치는 경우가 있다고 합니다. 그러나 함께 뒹굴다가도 목자가 각각 헤어지게 하면 양들도 목자를 따라 나누어진다는 것입니다. 이처럼 사람은 누구를 따라 가느냐에 의해 그 운명이 결정됩니다. 어린양을 따라가면 천국시민이 되지만 사단을 따라가면 그 사람은 사단과 함께 불 못에 들어갑니다.

5. 하나님과 어린양에게 소속된 사람

사람 가운데서 구속을 받아 하나님과 어린양에게 소속된 사람이어야 합니다. 인간에게 있어서 어디에 소속되느냐 하는 것은 대단히 중요하다. 그런데 사람들은 다수가 소속된 기관에 속하기를 원합니다. 그래서 큰 병원, 큰 학교, 큰 나라, 큰 회사를 원합니다. 크면 뭔가 안정감을 주기 때문입니다. 그러나 성경은 넓은 문으로 들어가지 말고 좁은 문으로 들어가라고 합니다. 문제는 주님에게 소속되어야 한다는 것입니다.

6. 그 입에 거짓말이 없고(5절)

하늘의 성가대원인 우리 성도들의 여섯 번째 특징은 거짓이 없어야 합니다. 여기서 거짓이란 요일 2:22절을 보면 "예수께서 그리스도이심을 부인하는 자"라고 하였습니다. 사실 거짓말은 마귀에게 속한 자의 특징입니다. 왜냐하면 마귀는 본질적으로 거짓말쟁이기 때문입니다.

7. 마지막에 '흠이 없는 자들이더라'(5절)

흠이란 전체의 결점이 아니라 부분적인 결함을 말합니다. 우리는 생각하기를 그까짓 부분적인 흠이야 없는 사람이 어디 있는가? 하고 말합니다. 사실 우리는 다 흠이 있습니다. 그러나 흠은 전체를 못 쓰게 만듭니다. 그러면 과연 누가 흠이 없는 자인가요? 성경은 말합니다. '모든 사람이 죄를 범하였으매 하나님의 영광에 이르지 못하더니' '의인은 없나니 하나도 없으며' 그러나 성경은 말합니다. 요일 1:7절에 "예수의 피가 우리를 모든 죄에서 깨끗케 하실 것이요"라고 했습니다. 그렇습니다. 예수님의 피가 우리를 흠이 없는 사람으로 만들어주십니다.

맺는말

여러분 중에는 불행하게도 저처럼 성가대원이 될 수 있는 자질이 전혀 없는 사람도 있을 것입니다. 그러나 하나님 나라에서는 다 같이 성가대원이 되시기를 축원합니다. 왜냐하면 하늘 성가대원이 못 되면 천국백성이 못 되기 때문입니다. 그러면 누가 천국 성가대원이 될 자격이 있습니까? 그것은 이 지상에서 위에서 말한 일곱 가지의 조건에 합당해야 합니다.

어린양의 이름이 인격의 이마에 기록된 중생한 자, 구원의 새 노래를 부르는 자, 신앙의 절개를 지키는 자, 어린양이 어디로 인도하든지 따라다니는 순종의 사람, 그 소속을 어린양에게 둔 사람, 그 입에 거짓말이 없는 사람, 예수의 피로 깨끗이 씻김을 받아 흠이 없는 사람이어야 합니다.

끝으로 여러분 모두가 이와 같은 자격을 갖추고 전원 천국의 성가대원이 되시기를 축원합니다.

하나님의 위로를 받을 자

(사40:1-2)

1. 이사야 39장에 이스라엘은 망하기 직전에 놓여 있었습니다.

히스기야 왕이 중병에 걸렸다가 나은 후에 바벨론의 왕 므로닥발라단이 예물을 사신을 통해서 보내왔습니다. 너무 기쁜 히스기야 왕은 자신의 보물과 모든 무기고와 국내의 모든 것들을 보여주면서 자랑을 하였습니다. 이때 선지자 이사야가 와서 물었습니다.

(1) 그 사람들이 무슨 말을 하였으며 어디서 왕에게 왔나이까?

(2) 그들이 왕의 궁전에서 무엇을 보았나이까?

이때 이사야는 "보라 날이 이르리니 네 집에 있는 모든 소유와 네 열조가 오늘까지 쌓아둔 것이 모두 바벨론으로 옮긴바 되고 남을 것이 없으리라"고 예언하였습니다. 그러나 당대에는 평안과 견고함이 있으리라고 하였습니다.

이 예언은 그대로 성취되어 시드기야 왕 때에 남 왕국 유다는 바벨론에 포로로 잡혀가고 예루살렘 성전은 무너지고 말았습니다. 바로 40장은 이렇게 나라가 망하여 바벨론으로 잡혀가 있는 이스라엘 백성들에게 주신 말씀입니다. 나라도 없고 언제 그 포로생활이 끝날지 알 수 없는 상황에서 이 말씀을 받은 것입니다.

2. 이스라엘에게 어떤 위로를 주셨는가?

(1) 먼저 '복역의 때가 끝났다'는 것입니다.

이제는 더 이상 바벨론에 포로로 고생하지 않아도 된다는 것입니다. 이것은 감옥에 갇힌 죄수에게 이제 되었다 하고 대통령의 특사가 내려진 것과 같은 기쁨의 소식인 것입니다.

(2) 죄악의 사함을 받았느니라

다음은 '그 죄악의 사함을 받았느니라'는 사죄의 은총입니다. 이것은 용서의 말씀입니다. 복음서를 보면 네 죄 사함을 받았느니라는 말씀과 네 병이 나았느니라는 말씀은 동의어로 사용한 경우가 많습니다. 다시 말하면 이 말씀은 이제 저들에게 죄로 인한 더 이상의 고통이 없을 것을 말씀한 것입니다.

이것은 결코 세상의 위로와는 전혀 그 성격이 다릅니다. 세상의 위로는 근본적인 위로가 아닌 미봉책이요 말뿐인 것이 얼마나 많습니까? 우리는 지금까지 살아오는 동안 자기 나름대로 여러 가지의 고난과 역경에 처해 있을 것입니다. 얼마 전 어떤 분이 사업에 실패하고 부도가 나서 어쩔 수 없이 교도소에 들어갔다가 풀려나오게 되었으나 채권자들이 몰려들어 어쩔 수 없이 가족이 뿔뿔이 헤어지는 비참한 지경에 이른 것을 보았습니다. 너무도 안돼서 아내에게 말했습니다.

여보, 그 아이들 중에 고등학교에 다니는 놈은 우리가 대학에 들어갈 때까지 키웁시다. 우리와 무슨 인연이 있는 것도 아니고 다만 충현교회 교인이라는 것 외에는 아무 관계가 없지만……. 너무도 불쌍하고 안돼서 어떻게든 도와주고 싶었으나 근본적인 방법이 없었습니다. 이것이 바로 인간입니다. 기도해 주는 것 외에는……. 그것도 다른 사람들이 알면 그나마 피합니다. 아무도 위로는커녕 오히려 피합니다.

저는 우리 중에도 많은 사람들이 각기 형편은 다르나 여러 가지의 고
난과 역경에 처해 어디서 위로를 받아야겠는데 받기는커녕 오히려 교인
들이 알까봐 슬슬 피해야 하는 가운데 있는 분들이 생각보다 많이 있는
것을 알고 있습니다. 기도 외에 아무 것도 도와주지 못하여 안타까울
뿐입니다. 어떤 장로님 한 분은 고등학교 때 저와는 같이 자라난 분이
십니다. 잘살 때는 장로님, 장로님 하고 모두들 덕도 보고 대접도 받았
는데 부도가 나서 도망가게 되자 다 피하는 것을 보고 저의 집사람이
얼마 안 되는 돈을 주면서 위로하는 것을 보고 얼마나 울었는지 모릅니
다. 도대체 같은 교인들끼리 이렇게 무정해야 하는가? 사람은 어디 있
는가? 위로는커녕 욕만 합니다.

저는 그가 사회적으로 어떤 죄를 지었는지 잘 모르나 한 가지만은 알
고 있습니다. 지금 외롭고 괴로워 위로를 필요로 하고 있다는 점입니다.
목사가 이것을 위해서 필요한 것이 아닐까? 도와주고 싶어 백방으로 수
소문했지만 숨어 있으니 찾을 수가 없고……. 이렇게 인생의 위로는 힘
이 없습니다. 아무런 근본적인 도움도 안 됩니다. 그러나 우리 하나님
은 우리의 문제를 근본적으로 해결해주십니다.

3. 위로는 누구에게 주시는가?

누구에게나 주십니다. 그러나 여기에는 우리가 해야 할 몇 가지 조건
이 있다는 것을 기억해야 합니다.

(1) 회개하지 않으면 죄의 담이 막음

먼저 우리의 고난이 바로 죄로 인해서 온 것이기 때문에 무엇보다도
회개하지 않으면 죄의 문제가 해결이 안 돼 있고 그래서 근본적인 하나
님의 위로를 받을 수 없습니다. 하나님이 우리를 찾아오셔서 위로를 주
시지만 죄의 담이 가로막고 있기 때문에 소낙비는 오는데 뚜껑을 막아

서 비가 들어가지 않는 병과 같이 됩니다. 그래서 마5:4절에 "애통하는 자는 복이 있나니 저희가 위로를 받을 것임이요"라고 했습니다.

(2) 기도는 하나님과 나 사이의 담을 허문다

기도하고 간구해야 주신다. 죄가 하나님과 우리 사이의 담을 헐어주는 것이라면 간구는 우리 편의 마음의 문을 여는 적극적인 자세인 것입니다. 우리가 잘 아는 마 7:7절에 "구하라 그러면 너희에게 주실 것이요 찾으라 그러면 찾을 것이요 문을 두드리라 그러면 너희에게 열릴 것이니 구하는 이가 얻을 것이요 찾는 이가 찾을 것이요 두드리는 이에게 열릴 것이니라"

(3) 예수님 앞으로 나올 때 도우심

무엇보다 중요한 것은 위로자가 되시는 예수님께 와야 한다는 점입니다. 마 11:28절에 "수고하고 무거운 짐 진 자들아 다 내게로 오라 내가 너희를 쉬게 하리라"고 하였기 때문입니다. 주님에게 와야 위로를 받습니다. 오지 않고 가만히 있으면 위로를 줄 수가 없습니다.

4. 주님에게서 위로함을 받은 자가 해야 할 일은 무엇인가?

(1) 남을 위로하라

1절에 "너희는 위로하라 내 백성을 위로하라"고 하였습니다. 하나님의 뜻을 전달함으로 저들에게 위로를 주라는 말씀입니다.

(2) 여호와의 길을 예비

3절에 "여호와의 길을 예비하라"고 하였습니다. 마가는 이것을 세례 요한에 대한 예언으로 기독론적 해석을 하였습니다. 그러나 이것이 모형론적으로 즉 일차적으로 이루어진 것은 바로 바벨론의 포로에서 돌아온 이스라엘 백성들에게서 이루어졌습니다. 이것은 오늘날 우리에게도 해당되는 말씀입니다. 우리는 하나님께서 역사하시도록 길을 예비해야

합니다

(3) 여호와를 앙망하는 자는 새 힘을 얻으리니

9절에 "너희 하나님을 보라 하라". 왜 그런가요? 31절에 그 해답이
나옵니다. "오직 여호와를 앙망하는 자는 새 힘을 얻으리니 독수리의 날
개치고 올라감 같을 것이요 달음박질하여도 곤비치 아니하겠고 걸어가
도 피곤치 아니하리로다. 아멘.

하나님의 어린양

(요1:29-43)

조금 전에 봉독한 말씀은 29절에 보니 '이튿날' 즉 예수님의 공생에 둘째 날에 일어난 일입니다. 선구자인 세례 요한은 예수님께서 그에게 나아오는 것을 보고 소리를 질렀습니다. "보라 세상 죄를 지고 가는 하나님의 어린양이로다." 이 시간에는 이 말씀을 중심으로 '하나님의 어린양'이란 제목으로 함께 은혜를 나누려고 합니다.

1. 요한이 예수님을 양으로 비유

아마도 많은 분들은 세례 요한이 예수님을 왜 하필이면 양으로 비유하여 말씀하고 있는가 하고 의아해할 것입니다. 왜냐하면 우리는 성도들을 흔히 양이라고 부르는데 그렇다면 무슨 이유로 예수님을 양으로 말씀하는가 하고 생각할 것입니다. 그런데 요한이 예수님을 양으로 말씀한 것은 다음 네 가지의 중요한 이유가 있었기 때문입니다.

첫째는 하나님의 어린양이란 말은 '유월절 어린양'이란 뜻으로 말씀한 것입니다. 사실 요한이 이 말씀을 하였을 때가 바로 유월절이 가까운 때였기 때문에 이 말씀은 저들에게 큰 의미가 있는 말씀이었습니다. 출애굽기 12장에 보면 이스라엘 백성들이 모세의 인도로 애굽을 떠나려고 했지만 바로 왕은 이것을 허락지 않았습니다. 이때에 10가지 재앙을 통해 하나님의 능력이 나타났습니다. 열 번째 재앙은 이스라엘의 가정마다 문설주에 양의 피를 바르게 해서 하나님의 재앙이 물러가게 하고 그렇지 않은 애굽 사람들의 집에는 죽음의 천사가 나타나 장자나 첫 번째 태어난 짐승들을 다 치는 그런 재앙입니다. 여기서 바로도 어쩔 수 없이 굴복하여 이스라엘 백성들을 출애굽 하도록 허락을 했다는 역사적 유래에서 시작된 절기가 바로 유월절입니다.

고전 5:7절에 보면 바울도 예수님을 유월절 양으로 언급한 것을 볼 수 있습니다. 이 말씀의 뜻은 예수님만이 우리를 죄 가운데서 구원해주는 구세주란 말입니다.

둘째로 세례 요한이 예수님을 양으로 말씀한 것은 그 자신이 제사장의 아들이었기 때문입니다. 그는 제사장의 아들이었기 때문에 성전에서 아침저녁으로 양을 희생 제물로 드리는 것을 많이 보았습니다. 유대인들은 전쟁 중이나 심지어 굶게 되는 그 어려운 경우에도 이 희생 제사를 중지하는 법이 없었습니다. 그래서 세례 요한은 예수님만이 참된 희생제사요 화목제물로서 우리의 죄를 씻어 줄 수 있다고 믿었기 때문에 예수님을 하나님의 어린양이라고 했던 것입니다. 사실 주님의 성품은 양처럼 온순했고 겸손했습니다. 또 고난이 올 때 희생양처럼 말없이 참아냈습니다. 그런 뜻에서 주님은 바로 양이라고 할 수 있습니다.

셋째로 예수님을 이사야 53장에 기록된 '예언의 성취자'란 뜻으로 언급한 것입니다. 세례 요한은 이사야 53장에 기록된 예언의 말씀이 예수님에 관한 것임을 최초로 깨달은 사람입니다. 그래서 예수님을 하나님의 어린양이라고 선언한 것입니다.

넷째로 예수님이 오시기 전, 주전 64년까지 유대인들은 마카비가 지배하는 독립을 유지했습니다. 그러다가 64년에 로마에게 독립을 빼앗기면서 성전은 무너지고 많은 시련을 당해 왔었습니다. 그래서 그들은 이스라엘을 구원할 메시야를 기다리고 있었습니다. 이들은 그 메시야를

양, 특별히 뿔이 달린 양의 상징으로 표현하였습니다. 왜냐하면 유대인
들은 생각하기를 뿔 달린 양은 힘이 세기 때문에 로마인들을 정복할 메
시야의 상징으로 생각했던 것입니다. 그래서 세례 요한이 예수님을 하
나님의 어린양이라고 했을 때 이것은 저들에게는 '정복자'란 굉장한 상
징적 의미를 가진 말씀이었습니다.

2. 믿음의 눈으로 보라

그러면 하나님의 어린양인 예수님을 우리는 어떻게 해야 합니까?

먼저 '보라'고 했습니다. 본다는 말은 즉 믿음의 눈으로 보는 것을 말
합니다. 민수기 21장을 보면 이스라엘이 광야에서 행진을 하여 에돔 땅
에 왔을 때였습니다. 길이 얼마나 험하고 힘든지, 게다가 식물도 없고
물도 없었습니다. 그래서 이스라엘 백성들은 모세를 원망했습니다. 그
러나 이것은 따지고 보면 하나님을 원망하는 것이었습니다. 그러자 하
나님께서는 이스라엘 백성들에게 불뱀을 보내어서 물게 하였습니다. 뱀
에 물려 죽는 사람들이 많아지자 모세에게 간구합니다. '하나님에게 기
도하여 우리를 살려주세요.' 모세가 하나님께 기도하자 하나님은 구원의
방법을 알려줍니다. '놋뱀을 만들어 장대에 달아매고 보게 하라. 보는
자마다 구원을 받으리라.' 모세는 하나님의 명령에 따라 그렇게 하였습
니다. 그래서 민 21:9절에 보면 "뱀에게 물린 자마다 다 놋뱀을 쳐다본
즉 살더라"고 했습니다.

여러분, 우리는 보아야 삽니다. 하나님의 어린양인 예수님을 보아야
삽니다. 다른 말로 말하면 십자가를 바라보아야 삽니다. 그래서 십자가
를 바라보고 구원받은 성도들이 십자가, 십자가, 무한 영광일세 하며
찬송하는 것입니다.

본다는 두 번째 뜻은 놀랄 때의 감탄사입니다. 원문에 보면 '이데'라

고 했는데 이 말의 뜻은 영어의 behold란 말입니다. 왜 세례 요한이 감탄했습니까? 그가 너무도 놀라운 장면을 보았기 때문입니다. 구원주, 메시야를 보았기 때문입니다. 그가 지금까지 기다려왔던 메시야를 보았기 때문입니다. 그래서 그는 감격한 나머지 '보라'고 소리를 지른 것입니다.

여러분, 우리가 예수님을 보고, 예수님을 만나는 것은 정말 역사적인 사건입니다. 놀라운 사건입니다. 그런데 문제는 주님을 만난 그 감격이 우리들에게 점점 희미해지고 있습니다. 그런데 알아야 할 것은 이 감격이 사라질 때 우리의 믿음은 하나의 형식이 되고 맙니다. 형식주의자, 말만 신자인 사람이 되고 맙니다.

요한계시록 3장에 보면 사데 교회가 나옵니다. 이 교회는 살았다 하는 이름은 가졌으나 죽은 교회였습니다. 두렵기는 저나 여러분들이나 이런 살았다 하는 이름은 가졌으나 실상은 죽은, 영적인 식물인간이 될까봐 두렵습니다. 사실 현대교회는 건물만 크고, 신자 수만 많지 무언가 움직이는 것이 잘 안 보입니다. 목동에 가면 사랑방교회라는 아주 작은 교회가 있습니다. 교인 수는 30여 명에 불과하지만 가난한 자, 노인, 불우한 자들을 위해서는 우리보다 더 큰 일을 하고 있습니다. 매일 대전역에 와서 점심을 먹지 못하는 120여 명의 노인들, 가난한 사람들에게 점심을 대접하고 있습니다. 감사한 것은 우리 교인들 가운데 거기에 가담해서 헌금하고 일하는 분들이 여러 분 있다는 점입니다. 우리가 구제하는 것이 약하니 구제 많이 하는 분들을 돕는 그 아름다운 신앙을 저는 나무랄 마음이 전혀 없습니다. 다만 저는 시작은 그분들이 먼저 했지만 결국 열매를 맺는 것은 우리가 해야 할 것을 믿고 있습니다. 그래서 기드온 청년들에게 말했습니다. 여러분들이 어떤 형태로든지 참여하십시오. 감사한 것은 우리 교회 기드온 청년회가 살아서 꿈틀거리고 있다는 점입니다. 이들은 수가 300명이 될 때 사사기에 나오는 기드온 300용사처럼 될 것을 믿습니다. 기드온은 이스라엘이 미디안 사람들에게 7년 동안이나 노예 생활하는 것을 보고 견디지 못하여 일어나 저들을 정복하고 40년 동안이나 평화를 누리게 해준 구약의 사사입니다.

3. 하나님의 어린양을 보았을 때

끝으로 하나님의 어린양을 보았을 때에 주시는 하나님의 축복은 무엇일까요?

먼저 그리스도에 대한 지식이 생깁니다. 인간이 세상에 살면서 꼭 필요한 지식이 있습니다. 하나님 지식입니다. 칼뱅의 기독교 강요를 보면 하나님 지식을 가질 때 자신을 발견하게 되고, 인간에 대한 바른 지식을 갖는다고 했습니다. 그런데 하나님 지식은 주님을 발견할 때 옵니다. 그러므로 우리는 주님에 관한 바른 지식을 먼저 가져야 합니다. 그런데 이 지식은 주님을 보는 데서 시작됩니다.

다음은 그리스도와의 사귐이 생겨집니다. 사람은 누구와 사귀느냐에 따라 그 사람의 성격, 그 사람의 형태가 결정됩니다. 만약 우리가 불신자들과 사귀면 우리는 세상적인 사람이 되고 맙니다. 그래서 시편기자는 복 있는 사람은 악인을 좇지 아니하며, 죄인의 길에 서지 아니하며, 오만한 자의 자리에 앉지 아니하는 자라고 하였습니다. 좀 더 적극적으로는 여호와의 율법을 즐거워하여 그 율법을 주야로 묵상하는 자라고 하였습니다.

사람이 화장실에 오래 있으면 똥냄새가 배고, 생선가게에 오래 있으면 생선냄새가 배고, 향수가게에 오래 있으면 향수냄새가 배는 원리와도 같습니다. 그러므로 주님과 사귀면 그리스도의 향기가 납니다.

그러나 무엇보다도 중요한 것은 하나님의 어린양 되신 예수님이 우리의 죄를 지고 가는 축복입니다. 여러분, 이 세상에서 가장 무거운 짐이 무엇인지 아십니까? 저는 6.25때 서울에서 살고 있었는데 한강 다리가 끊어져 피란을 못 갔습니다. 그러나 1.4후퇴 때는 피란을 가게 되었습니다. 짐을 수레에 싣고 저는 앞에서 끌고, 어머니는 뒤에서 밀고 가는데 그때 저는 중학교 일학년밖에 안 되는 어린아이지만 그래도 장남이라고 모든 것을 제가 해야 합니다. 동생들은 어리고 어찌나 힘이 드는지 죽고 싶을 정도였습니다. 19일자 조선일보에 보니 한국이 자살률에서 2천 명에서 하나 꼴로 세계 제1위라는 부끄러운 통계가 나왔습니다. 70년대까지만 해도 가난 때문에 자살했지만 80년대부터는 좌절감 때문이란 것입니다. 한국에 기독교인이 천만 명이라고 하는데 천만 명이 넘는 기독교인들은 도대체 무엇을 했습니까? 물론 교회가 이 사회의 짐을 질 수는 없습니다. 그러나 주님은 할 수 있습니다. 보라 세상의 죄를 지고 가는 하나님의 어린양이로다. 문제는 주님 외에는 아무도 스트레스, 좌절감, 죄책감, 죄악의 짐을 지고 갈 수가 없기 때문입니다.

이제 설교를 마치려고 합니다. 오늘 우리는 볼 것을 바로 봅시다. 세상 것을 보면 잠시의 기쁨은 있을지 모르지만 우리의 마음에 참 행복을 가져다주지 못합니다.

그러므로 이제 어린양 되신 예수님을 봅시다. 우리의 메시야가 되시고 세상의 참된 정복자 되신 하나님의 어린양을 봅시다. 그래서 하나님이 우리에게 준비하신 귀한 축복, 즉 죄 용서함을 받고, 하나님과의 화해가 이루어지고, 세상을 정복하는 축복을 우리 모든 성도들이 남김없이 다 받으시기를 주님의 이름으로 축원합니다.

하나님의 약속

(수1:1-9)

이제 1987년의 묵은해는 영원한 과거로 흘러갔고 1988년 무진년의 새해가 밝아 왔습니다. 이 새해에는 여러분들의 계획하는 모든 것이 다 잘 이루어져서, 만사가 형통하는 한 해가 되기를 먼저 주님의 이름으로 축원합니다.

사람들은 새해가 되면 누구나 새로운 소망을 가지고 출발합니다. 어떤 분은 새해에는 집을 하나 장만해야지. 또 어떤 분은 내 자식을 결혼시켜 손주들을 보아야지. 또 어떤 분은 마이 카 시대가 왔는데 나도 자동차라도 하나 장만해야지 등등 다 아름다운 꿈을 가지고 출발합니다. 다 좋습니다. 그러나 우리 믿는 성도들은 이런 눈에 보이는 것을 삶의 궁극적 목적으로 삼아서는 불신자와 다를 것이 하나도 없습니다. 우리 신자들이 다른 것은 우리는 눈에 보이지 않는 그 영원한 것을 바라보면서 나간다는 점입니다.

이제 1988년, 무진년의 새해를 맞아 우리 중앙교회 성도들은 믿음의 조상인 아브라함이 그러했듯이 우리도 하나님의 약속만을 믿고 바라보면서 나아가는 한 해가 되기를 진심으로 축원합니다.

하나님은 이스라엘 백성들이 광야에서 아말렉과 전쟁을 하였을 때 출 17장을 보면 모세의 후계자로 여호수아를 선택해 놓으셨습니다. 그리고 민27:15절 이하를 보면 하나님은 모세를 명하여 여호수아에게 기름을 부으셨던 것입니다. 그러나 모세에 비하면 여호수아는 나이도 어리고 경험도 부족하고 지식도 부족한 사람이었습니다. 도저히 출애굽이란 막대한 사명을 감당할만한 그런 큰 그릇이 못되었습니다. 그래서 여호수아는 마음에 염려가 많았습니다. 더구나 중요한 것은 모세가 죽은 뒤라는데 있습니다. 과연 내가 이것을 감당할 수 있을까? 바로 이런 약한 생각에 사로잡혀 있는 여호수아에게 하나님은 나타나셔서 위대한 약속을 하시고 그 약속을 믿고 살도록 하신 것입니다.

우리 교회도 생각해 보면 이와 똑같은 상황에 놓여 있습니다. 저희 전임자는 누가 무엇이라고 비난해도 한 시대에 큰 획을 그은 거물입니다. 불행하게도 끝이 나쁘게 되었지만 그는 큰일을 시작해놓은 사람입니다. 그런데 하나님은 그 중대한 일을 여호수아처럼 경험도 부족하고 정치적 기술도 없고 무엇 하나 가진 것이 없는 저에게 여러분들을 가나안복지로 인도하도록 명령하신 것입니다.

그러나 솔직히 말해서 저는 자신이 없습니다. 더구나 과거에 입을 다물고 있던 사람들이 제가끔 한마디씩 하고 제가끔 당회장이 되어 한마디씩 하는 풍토 속에서 아무리 새로운 것을 말해도, 통하지 않는 그런 분위기에 놓여있기 때문에 저로서는 좌절할 수밖에 없고 걱정하지 않을 수 없는 상황입니다. 그러나 저는 하나님께서 여호수아에게 함께하신 것처럼 저에게도 함께하며 제 선임자가 하지 못한 가나안복지로 여러분들을 인도할 수 있다고 확신합니다. 그래서 이 시간에는 하나님께서 여호수아에게 주신 그 위대한 약속이 무엇이며 어떻게 할 때 그 약속이 현실로 이루어졌는가를 함께 살펴보면서 새해에 우리 교회에도 똑같은 놀라운 기적이 일어나기를 주님의 이름으로 축원합니다.

1. 하나님께서 여호수아에게 주신 약속

하나님께서 여호수아에게 주신 약속은 무엇 무엇이었습니까?

크게 세 가지의 위대한 약속을 주셨습니다.

(1) 땅을 주시겠다고 약속

첫째는 땅을 주시겠다고 하였습니다. 여기서 말하는 땅이란 이 세상의 땅이 아니라 가나안복지 즉 하나님의 나라를 의미합니다. 하나님의 나라 하나님의 통치를 의미합니다. 하나님께서 통치하는 바로 그 아름다운 세계를 주신다고 약속하신 것입니다. 지금 우리나라는 역사상 처음으로 투표에 의한 평화적 정권이양을 하였습니다. 물론 이것이 완전한 정권이양이냐 아니냐 하는 논의도 없는 것은 아니지만 분명한 것은 국민이 뽑은 대통령임에는 틀림없습니다.

그는 보통사람들의 시대를 목표로 하고 있습니다. 그러나 우리 성도들에게 있어서는 이것이 우리의 궁극적 목표가 될 수는 없다는 점입니다. 우리는 비록 이 땅에 발을 밟고 살고 있지만 우리는 하나님 나라의 백성입니다. 그러므로 항상 그곳을 바라보면서 살고 그곳을 향하여 살아야 합니다.

(2) 여호수아와 함께 하시겠다고 약속

둘째로 5절에 보니 여호수아와 함께 하시겠다고 약속하였습니다. 생각해 보십시오. 여호수아는 모세와 비교할 수 없는 약한 사람입니다. 그가 어떻게 이스라엘을 가나안복지로 인도하는 대사명을 감당할 수 있습니까? 그런 그에게 하나님은 가장 좋은 약속을 하신 것입니다. "내가 모세와 함께 있었던 것같이 너와 함께 있을 것임이라. 내가 너를 떠나지 아니하며 버리지 아니하리라" 이 약속은 9절에서도 다시 반복되었습니다. "네가 어디로 가든지 네 하나님 나 여호와가 너와 함께하느니라."

고 반복해서 말씀했습니다. 왜 반복해서 말씀했을까요? 그것은 중요하기 때문입니다. 우리가 소홀히 하기 쉽기 때문입니다. 자꾸만 잊어버리기 때문입니다.

하나님은 임마누엘의 하나님 즉 우리와 함께하시는 하나님이십니다. 이것을 여러분들은 믿으십니까? 솔직히 저는 정치적 수완이 없는 사람입니다. 경험도 부족한 사람입니다. 제 선임자와 비교할 수 없이 약한 사람입입니다. 게다가 우리 교회는 웬 당회장이 그렇게 많은지 저마다 이래라 저래라 합니다. 그래서 저는 자신이 없습니다. 그러나 저는 빌 4:13절의 "내게 능력주시는 자 안에서 내가 모든 것을 할 수 있느니라" 는 말씀을 믿습니다.

또 막 9:23절의 "할 수 있거든이 무슨 말이냐 믿는 자에게는 능치 못할 일이 없느니라"는 말씀도 믿습니다. 그래서 누가 뭐라고 해도 하나님이 나와 함께하는 것을 믿기에 하나씩 기도하는 가운데 하나님이 제게 명하신 새로운 목회, 미래지향적인 목회, 새 시대에 맞추어 모든 교인들이 그 기능을 분담하는 목회, 평신도 중심의 목회를 해나가려고 합니다.

그러면 하나님께서 함께 하신다는 말의 뜻은 무엇입니까? 그것은 그와 함께 교제하시겠다는 약속이요 인도해주시겠다는 약속이요 보호해주시겠다는 약속이요. 필요한 것들을 준비해주시겠다는 약속입니다. 이 약속이 저와 여러분들에게도 이루어지기를 주님의 이름으로 축원합니다.

(3) 어디로 가든지 형통하리라는 약속

셋째는 어디로 가든지 형통하리라는 약속입니다. 사실 하나님은 지금도 우리 모두가 항상 형통하기를 원하고 있습니다. 그러나 그렇지 못한 것은 우리에게 책임이 있습니다.

2. 우리가 기억해야 할 것

끝으로 여기서 우리가 기억해야 할 것은 이런 하나님의 세 가지 위대한 약속을 어떻게 하면 이룰 수 있는가입니다.

(1) 내가 먼저 죽어야 예수님이 산다

그러려면 첫째로 방향을 바로 잡아야 합니다. 그래서 2절에 보니 "나는 이 모든 백성으로 더불어 일어나 이 요단을 건너 내가 그들 곧 이스라엘 자손에게 주는 땅으로 가라"고 분부했습니다. 즉 가나안 땅으로 가라는 것입니다. 그러려면 먼저 요단을 건너야 합니다. 이 요단강은 죽음의 상징입니다. 그러므로 내가 먼저 죽어야 합니다. 그래야 예수님이 삽니다. 자기가 살아 있으면 예수님의 향기를 날리지를 못합니다.

(2) 과거로 뒤돌아가지 말라

둘째는 떠났던 애굽을 그리워하거나 뒤돌아가서는 안됩니다. 애굽은 우상의 소굴이요, 사탄의 본부입니다. 따라서 우리는 떠나야 합니다. 죄를 떠나고, 욕심을 떠나고 작은 나를 떠나고 미움을 떠나야 합니다. 떠나지 않고는 갈 수 없는 곳이 바로 가나안 복지입니다.

(3) 믿음의 지팡이를 꽉 잡으라

셋째로 중요한 것은 꼭 붙잡을 것이 있습니다. 그것은 바로 믿음입니다. 믿음은 성도들이 광야세상에서 살 때 꼭 붙들고 다니라고 주신 지팡이요. 손잡이 입니다. 여러분 어떤 경우라도 이것을 버리지 마시기 바랍니다.

(4) 말씀의 기초 위에 살라

끝으로 말씀이란 기초위에서 사는 것입니다. 기차가 탈선하면 타고 가던 사람이 죽고 다칩니다. 마찬가지로 인생을 태어나서 죽을 때까지 걸어가야 하는 길이 있습니다. 이 길을 걸어가야 하는데 그것이 바로,

성경에 자세히 기록되어있습니다. 성경은 크게 하라와 하지 말라로 되어 있습니다. 이것은 다 우리의 축복을 위해 하나님께서 주신 것입니다. 그래서 우리는 주야로 이 말씀을 묵상하고 지켜야 할 것입니다.

맺는말

이제 설교를 맺으려고 합니다. 1988년의 무진년은 이제 시작되었고 우리는 좋으나 싫으나 또 일 년 동안 마라톤 경주를 해야 합니다. 그러나 기억해야 할 것은 여러분 혼자서 뛰고 있는 것이 아니라는 점을 기억하시기 바랍니다. 하나님이 함께하고 계시고 믿음의 지팡이가 여러분들의 손에 있고 말씀이란 나침판이 있습니다. 그러므로 두려워하지 마십시오. 죽음이 눈앞에 다가와도 그 어떤 난관이 여러분들의 앞에 다가와도 두려워하지 말고 여호수아처럼 담대하시기 바랍니다. 이 담대함은 하나님의 임재의식이 있을 때 생깁니다. 하나님의 분명한 소명의식이 있을 때 생깁니다. 하나님의 말씀이 마음속에 내주해야 생깁니다. 그러므로 새해에는 실패하는 분이 한 분도 없이 다 성공하시기를 주님의 이름으로 다시 한 번 축원합니다.

하나님의 산수법칙

(마25:14-31)

　　우리는 초등학교 때 산수를 배웠습니다. 하나 더하기 하나는 둘이고 둘에서 하나를 빼면 하나라는 산수를 배웠습니다. 이 산수에 기초하여 우리는 계산하고 또 이 합리성 위에서 우리는 모든 논리를 전개하고 생각합니다.

　　그러나 문제는 하나님의 산수법칙은 이것과 서로 다르다는 데 있습니다. 예를 들어 잃은 양 비유에서 잃어버린 양 하나를 찾기 위하여 아흔아홉의 많은 양들이 무시된다든가 포도원 비유에서 볼 수 있는 대로 하루 종일 일한 자와 마지막 순간에 겨우 한 시간 일한 자에게도 똑같이 임금을 지불했다든가, 또 가난한 자들에게는 복이 있고 부자들은 천국에 들어가기가 낙타가 바늘구멍으로 들어가는 것보다 더 어렵다든지, 공로 없이 과분한 사랑을 베푼다든지. 이런 것은 인간의 산수법칙과는 전혀 다릅니다.

　　여기서 우리는 인간의 산수와 하나님의 산수법칙이 전혀 다르다는 것을 깨닫지 않으면 안 됩니다. 그래서 이 시간에는 달란트의 비유를 중심으로 하나님의 산수법칙을 배워서 하나님의 뜻을 깨닫고 땅에서도 부자가 되지만 무엇보다도 하늘에서 부자신자가 되기를 바랍니다. 인간 산수만 배워서는 천국에서 면류관도 없는 가난뱅이 신자가 될 수밖에 없기 때문입니다.

1. 인간의 산수로는 공평이란 똑같이 분배하는 것입니다

그런데 본문에 보면 세 사람에게 똑같이 분배한 것이 아니라 한 사람에게는 다섯, 다른 사람에게는 둘, 마지막 사람에게는 하나를 분배하였다. 이것은 인간의 산수법칙으로는 불공평이요 잘못입니다. 그런데 하나님의 산수법칙으로는 옳다는 것입니다. 바로 여기에 그 차이점이 있습니다. 무엇보다도 우리가 기억해야 할 것은 인간은 상대적 존재이기 때문에 객관적 산수법칙이 적용되지만 하나님은 절대자이기 때문에 그의 주관적인 뜻대로 분배한다는 점입니다.

이것을 우리는 하나님의 독재가 아니냐 하고 불평할지도 모르나 독재란 말은 상대적인 존재 간에 절대권을 가지려고 할 때 사용하는 말이지 사람과 가족 간에 혹은 하나님과 인간 간에는 이 말 자체를 사용할 수 없는 것입니다. 왜냐하면 창조주와 피조물 사이에는 어떤 불공평이 오히려 공평이기 때문입니다. 문제는 왜 하나님께서 이렇게 하시냐를 따질 것이 아니라 던져진 존재요 위임받은 사명자인 우리가 맡겨진 달란트를 가지고 어떻게 해야 하느냐에 있는 것입니다.

달란트란   재능·권세·돈·지식·건강·힘·시간·감각·이성·지성·기억·예정, 그리고 그리스도인으로서 가지는 특권, 직업 등은 다 달란트입니다. 누가 이런 것을 주셨는가? 무엇이 지금의 내가 될 수 있도록 했는가? 우리는 왜 네 발로 기어 다니는 벌레가 안 되었는가? 이런 질문에 대해 우리가 답할 수 있는 해답은 단 한 가지뿐입니다.

이 모든 것은 하나님께서 그의 주관 가운데서 주신 것입니다. 우리는 단지 빌려 받은 존재로서 따라서 우리는 단순히 하나님의 청지기라는 것입니다.

저도 한때에는 왜 나는 무식하고 가난한 부모에게서 태어났는가? 왜 나는 남들처럼 잘나지 못했는가? 왜 나는 머리가 나쁜가? 그러나 세월이 지나면서 배운 것은 이것은 하나님의 주관 속에서 어쩔 수 없는 내게 주어진 운명이라는 것입니다. 사실 우리는 불평할 자격도 없는 존재라는 것입니다.

우리가 해야 할 것이 있다면 그것은 나의 청지기로서의 사명을 자각하는 것뿐입니다. 하나님을 불공평한 분이라고 생각지 마십시오. 그것은 하나님의 산수법칙을 모르기 때문입니다. 인간은 공로만을 가지고 계산하지만 부모는 사랑으로 계산하듯이 하나님도 사랑으로 계산합니다. 이것을 아는 사람들은 주는 생활을 합니다.

누가 천국에서 부자인가요? 이 땅에서 천국은행에 저축을 많이 한 사람입니다. 즉 주는 생활을 많이 한 사람이 천국에서는 부자입니다. 사랑은 나누면 늘어나고 반대로 슬픔은 나누면 줄어듭니다. 이것이 하나님의 법칙입니다.

2. 달란트를 사용할 때와 묻어둘 때의 산수법칙

달란트를 사용할 때의 인간 산수는 사용하는 사람의 수완에 따라 여러 가지로 변하고 묻어둘 때에는 이것이 그대로 있는 것이 일반법칙입니다. 그런데 하나님의 산수법칙은 그렇지 않습니다. 사용할 때는 배가 되고 묻어둘 때는 없어진다는 것입니다. 얼마나 희한한 산수인가요? 여기서 감춘다는 말은 하나님을 영광스럽게 하는 기회를 무시하는 것을 말합니다. 우리말에 "좋은 자리에 있을 때에 잘 봐 달라"는 말이 있습니다. 우리 중에는 좋은 자리에 있으면서 그것을 선용 못할 때가 얼마나 많습니까? 그러면 여기서 땅에 묻어 둔다는 말이 무엇인가요? 성경에 땅에 묻어 두는 사람이란 결국 좋은 자리에 있을 때 이것을 선용하지 않는 사람을 말합니다. 이럴 때는 없어진다는 것입니다. 다시 말하면 살인이나 음행이나 도적질하는 것만 나쁜 것이 아니라 '안 하는 것' 즉 땅에 묻어두는 것이 하나님 앞에서는 큰 죄악이라는 것을 본문은 말씀하고 있습니다. 부자와 나사로 비유를 보라. 부자는 죄를 범한 것이 없습니다. 다만 안한 것밖에는 없습니다. 이것을 세상에서는 부작위 죄라고 말합니다. 그런데 그는 지옥에 갔습니다. 우리의 상식으로는 이해가 되지 않지만 이것이 하나님의 산수법칙입니다.

본문이 우리에게 가르쳐주는 두 번째 진리는 심판 날에 문제가 되는 것은 달란트의 수에 있는 것이 아니고 얼마나 이익을 남겼느냐에 따라 심판이 좌우된다는 점입니다. 더욱 놀라운 것은 주어진 기회가 선용되기만 하면 전체의 액수는 상관하지 않는다는 점입니다. 다시 말하면 다섯 달란트 받은 사람은 다섯 달란트를 남겨야 하고 두 달란트 받은 사람은 두 달란트를 남겨야 하고 한 달란트를 받은 사람은 한 달란트를 남기면 하나님 앞에서 똑같이 대접을 받는다는 것입니다.

다시 말하면 하나님은 결과만을 따지시는 분이 아니라 그 동기와 충성도를 따지시는 분이라는 말입니다. 이것이 하나님의 산수법칙입니다.

3. 시간에 관한 하나님의 산수법칙

인간은 영원 속에 사는 것이 아니라 시간 속에 삽니다. 그래서 모든 것을 시간으로 계산합니다. 이 시간은 인간이 가지고 있는 최고의 재산입니다. 그래서 영국의 격언에 '시간은 금이다'라는 말도 있고 또 '시간은 돈이라'라는 말도 있습니다. 한번은 이런 일이 있었습니다. 미국의 독립선언서의 기초위원이었던 위대한 정치가요 사상가인 밴자민 프랭클린의 얘기입니다.

한번은 그의 서점에 손님이 와서 책을 흥정하고 있었습니다.

"이 책 얼마요? 1$이요. 좀, 깎아주시오. 그러면 1$ 15센트요. 아니 깎아주는 게 아니라 더 받아요? 그러면 1$ 50센트 내시오. 그러자 고객은 화를 내었습니다. 이때 그는 대답하기를 책값은 일불이지만 당신은 지금 내 귀중한 시간을 소비하고 있소. 그러니 책값에 시간 비를 가산한 것이요."라고 했다고 합니다. 이처럼 시간은 귀중한 것입니다.

그러나 하나님은 영원과 시간 속에서 존재하십니다. 따라서 시간을 계산하는데 있어서 하나님은 우리와 다릅니다. 벧후 3:8절에 "주께는 하루가 천년 같고 천년이 하루 같다"고 하였습니다. 인간의 수학으로 볼 때는 하나와 천은 엄청나게 틀립니다. 그런데 하나님에게는 같다는 것입니다. 우리가 하나님의 산수법칙을 이해하지 못하면 주님의 재림의 날에 대한 바른 이해도 할 수 없습니다.

왜냐하면 성경에는 주님의 재림에 대해 서로 다른 두 가지 표현을 하고 있기 때문입니다. 속히 오신다는 표현과 본문에서 보듯이 즉시 오시는 것이 아니라 상당한 시간이 지나야 오신다는 두 가지 표현이 있습니다. 우리는 이 두 표현을 두고 어느 것이 옳으냐고 묻습니다. 그러나 둘 다가 하나님의 시간개념을 표현하고 있다는 것을 이해하지 않으면 안 됩니다. 이것은 하나님의 긴장관계를 표현하는 방식입니다. 이미 성취된 하나님의 나라와 장차 오실 하나님 나라의 긴장관계를 말씀한 것입니다.

이런 표현은 구원을 말할 때도 사용됩니다. 즉 우리는 이미 구원을 받았고 또 앞으로 받을 것이라고 말합니다. 또 우리는 이미 영생을 얻었고 또 앞으로 얻을 것이라고 말합니다. 이것은 시간적 개념의 차이에서 옵니다. 그러나 한 가지 분명한 것은 주님의 심판은 있을 것이라는 점입니다. 이때 '착하고 충성된 종'은 '주인의 즐거움에 참예'하게 되겠지만 '악하고 게으른 무익한 종'은 '바깥 어두운데'로 쫓겨남을 당하게 될 것입니다. 과연 우리는 지금 어떤 자세로 살아야 하는가?

(1) 종말적 긴장감으로

날마다 종말이라는 긴장관계 속에서 살아야 합니다.

(2) 청지기적 의식으로

우리는 청지기라는 것을 깨닫고 모든 것을 주님의 뜻에 따라 관리하고 감당해야 합니다. 이때 열매를 맺지 못한 사람들은 책망을 받게 될 것입니다.

(3) 그리스도의 성품과 충성심으로

마지막에 우리는 하나님과 계산해야 합니다. 이때 세상에서의 모든 것은 다 버리게 되지만 버릴 수 없는 것이 있습니다. 그것은 성품, 신앙, 충성입니다. 이때 그리스도의 성품과 신앙과 충성심을 가진 자들은 하나님 앞에서 면류관을 받고 크게 높임을 받지만 그렇지 못한 사람들은 심판을 받게 될 것이라는 점입니다.

(4) 맡겨진 달란트를 묻어두지 않는 자세로

그러므로 우리는 맡겨주신 달란트를 잘 활용하여 하나님의 영광을 드러내고 이웃에게 유익을 주고 자신에게는 면류관을 얻을 수 있도록 하는 귀한 성도가 되기를 주님의 이름으로 축원합니다.

하나님의 사랑

(요3:16)

지금까지 부족한 제가 여러분들에게 설교할 수 있는 기회를 가지게 된 것을 하나님께 감사합니다.

저는 벽산의 한 가족이라는 자부심을 가지고 지냈습니다. 회사 내에 어떤 어려운 일이 일어났을 때에는 직접 도와줄 힘은 없고 하나님께 기도하면서 혼자서 끙끙대기도 한 적이 한두 번이 아니었습니다.

특히 김인득 회장님께 감사합니다. 저에게는 아버지처럼 친절하고 때때로 학교 문제를 함께 의논해주시기도 하였던 자상한 분이셨습니다. 다시 한 번 여러분들과 함께 지낼 수 있었던 것을 큰 영광으로 생각하면서 저의 일터가 대전으로 옮겨지기 때문에 어쩔 수 없이 떠나는 것을 죄송하게 생각합니다. 앞으로 새로 오실 목사님의 지도를 잘 받으시기를 기도하면서 저의 인사를 대신합니다.

1. 하나님 사랑은 우리의 구원의 기원이 된다.

"하나님이 세상을 이처럼 사랑하사" 이것은 그의 변함없는, 영원한 사랑의 결과인 것입니다. 하나님은 공의롭고 사랑하시는 분이시다. 그러면 이 두 가지가 어떻게 조화될 수 있을까요?

(예화) 음행이 나라에 점점 번지자 음행하는 자의 두 눈을 빼겠다는 법을 발표한 왕이 있었습니다. 그러나 제일 먼저 잡혀온 사람

이 왕자였습니다. 왕은 법대로 그 아들의 한 쪽 눈을 뽑았습니다. 또 한 눈을 뽑으려고 하였을 때 왕은 중지시키고 자신의 눈을 뽑게 하였습니다. 이것을 본 국민들은 다시는 음행을 하지 않았다는 옛 이야기가 있습니다.

여기서 왕의 공의와 사랑이 다 같이 잘 나타난 것처럼 하나님은 그의 독생 성자를 십자가에 못 박게 하심으로 그의 공의 즉 '죄의 삯은 사망이요'와 그의 사랑(우리의 구원이 됨)이 다 같이 나타났던 것입니다.

2. 세상에 대한 하나님의 무한한 희생

"독생자를 주셨으니"라는 말씀에서 우리는 하나님의 무한한 희생을 볼 수 있습니다. 여기서 '준다'는 것은 희생 없이는 불가능합니다. 더구나 독생자를 주신다는 것은 더욱 그렇습니다. 예수님은 하나님의 아들이시면서 그 보좌를 버리고 낮고 천한 세상에, 그것도 말구유에서 태어나셨습니다. 그는 나무통에서 태어나 나무에 달려 죽으신 분이십니다. 그의 겸손이 여기에 잘 나타납니다. 그러나 우리는 그 사랑의 대상으로서 가치가 없는 존재였다는 것을 알아야 합니다. 하나님을 얼마나 우리는 배신하여 왔으며 그의 사랑을 얼마나 저버려 왔던가? 그런데도 우리를 일방적으로 사랑하신 것입니다. 롬 5:8에 "우리가 아직 죄인 되었을 때에 그리스도께서 우리를 위하여 죽으심으로 하나님께서 우리에 대한 사랑을 확증하셨느니라."고 하였습니다.

3. 그리스도의 희생 계획

"저를 믿는 자마다 멸망치 않고 영생을 얻게 하려하심이라"

이것은 새로운 삶을 의미합니다, 영원한 삶을 믿음으로 열어주셨습니다. 하나님은 우리를 위한 계획을 가지고 계십니다. 그런데 그것이 우리의 죄로 인하여(여기서 crime은 세상의 법적인 죄. sin:하나님께 지은 죄의 차이점) 방해를 받고 말았습니다. 그래서 롬 3:23절에 "모든 사람들이 죄를 범하였으매 하나님의 영광에 이르지 못하더니"라고 하였습니다. 그러면 누가 이 해결의 열쇠를 가지고 있는가? 그것은 오직 예수님뿐이십니다. 그래서 하나님은 예수 그리스도를 보내어 우리의 죄를 대신하여 죽게 하심으로 영생의 길을 열어주신 것입니다. 요 1:12절에 "영접하는 자 곧 그 이름을 믿는 자들에게는 하나님의 자녀가 되는 권세를 주셨으니"라고 하였습니다. 요 10:10절에는 믿는 자의 결과에 대해 말씀하고 있습니다. "내가 온 것은 양으로 생명을 얻게 하고 더 풍성히 얻게 하려는 것이라."

4. 모든 것은 나 하기에 달림

이제 모든 것은 우리에게 달려있습니다. 믿으면 이 영생의 문이 열리게 되거니와 안 믿으면 우리는 계속해서 영적 어두움 속에 불행한 삶을 날마다의 살게 될 것입니다.

맺는말

세상의 모든 것에는 기회라는 것이 있습니다. 이 기회는 언제나 오는 것이 아닙니다. 그래서 성경은 "보라 지금은 은혜 받을 만한 때요 보라 지금은 구원의 날이로다."라고 하였습니다. 그러므로 때가 늦기 전에 인생의 황금시기가 다 지나가기 전에 하나님께서 여러분들에게 주신 바로 지금이라는 시간에 예수 믿고 영적으로 풍성하게 사시기를 기도합니다.

청지기론

(벧전4:10)

1. 청지기란 무엇인가?

청지기를 헬라어로 '오이코노미아'라고 말하는데 그 뜻은 '가정의 관리자'라는 복합어입니다. 본래 이 말은 노예제도에서 유래된 말입니다. 즉 주인은 한 종을 지명하여 가정을 관리하도록 하였습니다. 그 종은 가족들과 다른 종들과 자녀들을 가르치며 훈육을 하였는데 그가 바로 청지기입니다. 가장 대표적인 예가 바로 요셉입니다(창39:4-6). 또 신약 성경에도 보면 불의한 청지기(눅16:1-8), 갈 4:2절에 나오는 어린아이를 돌보는 '후견인'이 바로 청지기입니다. 창 1-3장에 보면 인간에게 만물의 주권자(인간은 제외)로 삼은 것을 볼 수 있는데 이것이 바로 하나님의 뜻대로 관리하는 청지기임을 보여줍니다.

그러면 우리는 어떤 청지기인가요? 첫째는 복음의 청지기이고(고전 4:1), 둘째는 가정의 청지기이며(딤전5:8), 셋째는 자연의 청지기이고(창 1:28), 넷째는 직업의 청지기이고(엡4:1), 다섯째는 교회의 청지기이고(행 20:28), 여섯째는 물질의 청지기이다(눅8:3).

2. 청지기의 사명

(1) 청지기의 5대원리(마25:14-30)

소유권, 관리권, 분배권, 활용권, 청산권

(2) 복음의 청지기의 사명

하나님이 주신 2대 사명은 문화 창조의 사명(창1:28)과, 복음전파의
사명(마28:18-20)입니다. 그 중에서도 우리는 복음의 청지기임을 명심해
야 합니다. 복음전파는 단순히 교역자들만의 사명이 아니고 온 성도의
사명입니다. 오늘날 교회가 성장을 못하고 있는 이유는 활동하지 않는
교인들이 많기 때문입니다. 평신도들이 잠을 자고 있기 때문입니다. 그
러므로 교회는 평신도들을 깨워서 주님의 제자가 되고, 청지기가 되게
해야 합니다.

그러기 위해서는 먼저 '확신'을 넣어주고, 다음에는 '비전'을 넣어주고,
세 번째는 '동기를 유발'하여야 하며, 끝으로 복음을 전할 수 있도록 '훈
련'을 해야 합니다.

(3) 가정의 청지기 사명

먼저 부모에게서 세상에 태어나고, 다음은 결혼(남편과 아내)에 의해서
사회에 태어난다. 딤전 3장에 보면 장로의 자격을 논하는 가운데 가정
생활에 관하여 2절, 4-5절에서 언급하고 있는데 가정을 다스린다는 말
은 결혼한 사람을 전제로 한 것입니다. 즉 장로는 가정의 제사장이 되
어야 하는 것입니다. 벧전 3:1-7; 엡 5:22-28절에 보면 남편과 아내가
해야 할 의미가 자세히 기록되어 있습니다.

창 2:21-25절에 보면 하나님이 최초로 성형수술을 통하여 부부관계
를 만드신 것을 볼 수 있습니다. 이것은 평등과 애정의 표시입니다. 가
정의 원리는(창2:24) 먼저 남자가 부모를 떠나는 것입니다. 여자가 시집
을 가는 것이 아닙니다. 남자가 부모를 떠나는 것입니다. 탯줄에서 끊
어야 하듯이 영향력, 경제력, 사회적 책임에서 부모를 떠나는 것입니다.

다음에는 아내와 연합하는 것입니다. 이것은 육체적, 영적 연합을 의미합니다. 이 연합을 위해서는 희생이 없이는 불가능하다.

자식은 하나님의 기업(시127:3)입니다. 그러므로 노엽게 말아야 합니다. 즉 과잉보호, 편애, 가혹한 꾸중(나폴레옹의 예)을 말아야 합니다. 중요한 것은 주의 교훈으로 양육해야 합니다. 즉 말씀에 대한 이해, 말씀대로 사는 법, 책임을 어떻게 질 것인가? 바른 습관을 넣어 주는 것입니다.

(4) 자연의 청지기(창1:28)

자연은 창조주 되신 하나님의 창조물입니다. 그러기에 이 창조물속에는 하나님의 신성이 분명히 들어나 있습니다(롬1:19-20). 왜 그러면 인간이 그 신성을 보지 못하고 있는가? 롬 1:21절의 말씀대로 마음이 어두워졌기 때문입니다. 신성은 구체적으로 무엇인가요?

그것은 '조화와 질서'입니다. 다음으로 하나님의 명령은 무엇인가요? 땅을 정복하는 것입니다. 그러나 이 말은 땅을 개간하라는 뜻입니다. 우리는 땅을 잘 다스려야 합니다.

(5) 직업의 청지기

천주교의 이분법의 결과로 성직과 세속적인 직업으로 나누지만 이것은 성경적이 아닙니다. 직업을 영어로 calling이라고 하는데 이것은 바로 직업이 하나님의 소명이란 뜻입니다. 독일어로 beruf라고 하는데 이것도 부르심이란 뜻입니다. 문제는 어떤 방법으로 하느냐입니다. 비록 소위 성직이라고 해도 자신의 영광을 위해서 한다면 그것은 속된 것입니다. 루터와 칼뱅의 직업관을 우리는 받아들여야 합니다.

(6) 교회의 청지기

교회는 주님이 피로 사신 것입니다. 이것을 관리하기 위하여 여러 청지기들을 두셨습니다.

첫째는 목사입니다. 목사는 양을 감독하는 목자요, 그리스도에게 봉
사하는 종이요, 교회를 치리하는 장로요, 말씀으로 교인들을
깨우치는 교사요, 구원의 복음을 전하는 전도인이요, 하나님의
도를 맡은 청지기입니다. 어떤 교회든지 목자를 잘 대우하는
교회는 반드시 성장합니다.

둘째는 장로입니다. 장로는 아론과 훌처럼 목사와 협력하여 행정과
권징을 관리하며 교회의 신령상 관계를 살피고, 교인을 권면
하는 직책입니다. 결코 목사의 견제세력이 아닙니다.

셋째는 권사입니다. 성경에는 없는 직분이나 교역자를 도와 궁핍한
자와 환자를 심방하고 위로하며, 교회에 덕을 세우기를 힘쓰
는 직책입니다. 끝으로 집사직입니다. 집사는 교회에 봉사하
며 헌금을 수납하고, 구제에 대한 일을 합니다.

중요한 것은 이렇게 섬기는 자에게 하나님의 보상이 있다는 것입니
다. 요 12:26절에 주님 있는 곳에 함께 있고, 귀히 여김을 받는다고 하
였습니다.

(7) 물질의 청지기

우리는 물질을 악한 것으로 착각하는 경우가 있으나 이것은 영지주의
자들의 잘못된 견해입니다. 마 25장에 나타난 원리를 잘 이해하고 적용
하는 것이 필요합니다. 헌금자의 태도는 고후 8:1-5절에 기록된 대로
힘대로 하고, 먼저 자신을 주께 드리고, 잠 21:27절의 말씀대로 악한
뜻으로 드리지 말아야 합니다. 십일조는 십 분의 구는 마음대로 써도
좋다는 것이 아닙니다. 십일조는 청지기 정신의 표현인 것입니다.

그러므로 우리는 모두 선한 청지기의 삶을 살 수 있기를 축원합니다.

청년의 때

(전11:9-12:1)

일 년에는 사계절이 있듯이 인생에도 봄, 여름, 가을, 겨울의 사계절이 있습니다. 봄이란 씨앗을 뿌리는 소년시절이고, 여름이란 김매고 물을 주는 청년시절이고 가을은 추수하는 중년시절이고, 겨울이란 마지막 정리를 해야 하는 노년시절을 말합니다. 이 시간에는 청년시절에 관해서 말씀드리겠습니다.

1. 네가 어디 있느냐?

인생을 보람 있게 살려면 무엇보다도 나는 누구이며 지금 내가 사는 시대는 어떤 때인가를 알아야 합니다. 하나님께서 아담이 범죄했을 때 제일 먼저 말씀한 것은 "아담아 네가 어디 있느냐"는 말은 그의 역사적 위치를 질문한 것이었습니다. 계 2:5에도 에베소교회에게 "그러므로 어디서 떨어진 것을 생각하라"고 하심. 자기의 위치를 깨달아야 한다는 말입니다.

① 나는 하나님의 손에 들려서 창조의 사역을 하는 천국일꾼임을 깨달아야 합니다. 결코 태평양 바다의 떠올랐다 사라지는 무의미한 물거품이 아닙니다. 역사를 창조하는 손입니다. 이것을 소위 주인의식이라고 부릅니다.

② 주님의 재림 직전에 살고 있다는 것을 기억해야 합니다. 본문에

"그러나 이 모든 일로 인하여 나를 심판하실 줄 알라"는 말씀은 종말론적인 신앙을 가지고 사명에 충실해야 한다는 뜻입니다.

2. 구체적으로 우리가 해야 하는 사명은 무엇인가?

(1) 환상을 보고

행 2:17에 "너희 젊은이들은 환상을 보고". 우리가 알 것은 '환상 없는 민족은 망합니다.' 괴테는 젊음이란 술 없이 취할 수 있는 것이라고 정의. 환상 없이 취할 수는 없습니다. 당신은 무엇에 취해 있습니까? 술, 여자, 마약, 아니면 예수? 환상을 가진 사람만이 남에게 환상을 줍니다.

(2) 천국일꾼을 기르고

사람 기르는 일을 하자. 맹자에 보면 세 가지의 낙(樂)을 말하고 있습니다. 첫째의 낙은 부모님이 생존해계시고 형제가 무고한 것이고, 두 번째의 낙은 하늘에 부끄럼 없고 굽어 사람에게 부끄럼이 없는 것이라고 했고, 셋째는 천하의 영재를 얻어 교육하는 것이라고 했습니다. 이 것을 다른 말로 하면 천국일꾼을 기르는 것을 말합니다. 충현교회는 지난 15년 동안 천국일꾼을 기르자는 목표 밑에서 지나왔지만 그러나 지금 그 결과는 부끄러운 것 밖에 없습니다. 대재벌 하나 기르지 못했고, 정치가 하나 기르지 못했습니다. 한국에 내놓을 만한 목회자 하나 기르지 못했습니다. 그러나 이제부터라도 늦지 않았다. 이제라도 구호만 외치지 말고 작은 것이라도 시작해야 합니다. 천국일꾼, 천국일꾼 한다고 천국일꾼이 생기는 것 아닙니다. 씨 뿌리고 물주고 김을 매야 된다

(3) 복음 선포와 사회참여

전도인의 일을 해야 합니다(딤후4:5). 그런데 요즘 교회가 전도를 안 하니까 절간이 온통 난리입니다. 이 나라가 유교와 불교 때문에 망한

나라인데 부처님 오신 날이라고 공휴일로 안 정하니 이제는 여의도에서 지랄들을 해요. 이것이 다 신자들이 전도 안 하기 때문입니다. 그러면 전도, 선교는 무엇인가?

최근에 전도 혹은 선교가 무엇이냐 하는 논쟁이 계속되고 있습니다. 어떤 이들은 복음 선포, 또 어떤 이들은 봉사 혹은 사회참여라고 주장합니다. 그러나 정확하게 말하면 둘 다입니다. 물론 그 순서에 있어서는 개인의 중생이 먼저지만 그것은 사회생활에 연결되지 않고 밖으로 그 열매가 나타나지 않으면 아무 소용이 없습니다. 일제 때 한국교회는 교인 수는 적었으나 그 영향력은 지금보다 더 컸습니다. 그러나 지금 교인수가 천만 명을 돌파하고 있지만 사회에 아무런 영향을 주지 못하고 있습니다. 사회는 점점 더 악해지고 불법은 점점 더 성하고 있습니다. 개 교회 주의는 바로 사회적 무관심에서 나온 것입니다. 그래서 최근에 해방신학이니 뭐니 해서 사회참여파들이 일어나고 있습니다. 물론 이것은 잘못입니다. 왜냐하면 이것이 그렇게도 중요했다면 예수님은 부활한 후에 제일 먼저 빌라도를 만나서 "이 사람아 정치 똑바로 하게" 하고 책망했을 것입니다. 그러나 주님은 그렇게 하지 않았습니다. 그것은 정치나 경제문제가 근본문제가 아니었기 때문입니다. 그렇다고 오늘의 한국교회처럼 사회에 무관심한 것은 죄악입니다. 복음 선포와 함께 사회에 참여하여 그리스도의 사랑과 하나님의 공의가 실현되는 사회가 되도록 해야 합니다.

(4) 빛과 소금이 되어야

빛과 소금이 되어야 합니다(마5:13-16). 지금 세상이 너무 어두운 것은 교회의 불이 꺼졌기 때문이고 우리 한 사람 한 사람이 소금 노릇을 하지 않기 때문입니다. 금년에 대학생들의 데모가 벌써 1137회를 돌파

했습니다. 하루 최루탄으로 소모하는 돈만 1억 원이나 된다고 합니다. 지금 외채가 450억 불이고 일 년에 이자만 GNP의 6%가 됩니다. 그런데 금년 3월까지의 경제성장은 4.1%였다고 하니 이자도 모자란다는 말입니다. 그러니 외채를 갚기 위해 또 외채를 가져오니 나라가 파산직전입니다. 그러면 우리의 생활은 어떤가요? 돈을 너무 많이 씁니다. 소비가 너무 많다는 말입니다. 신자는 절대로 내 돈 내가 쓰는데 무슨 상관이냐 하고 말하면 안 됩니다. 아무리 돈이 많아도 그것은 하나님의 돈이기 때문에 아껴 써야 합니다. 검소한 생활과 저축하는 생활을 해야 합니다. 중국 사람은 1/3은 집에, 1/3은 보석을, 1/3은 현금인 돈으로 가지고 있다고 합니다. 그러나 한국 사람은 집에 전부 투자합니다. 겉치레에 치중합니다. 기독교인도 겉치레만 하고 교회도 겉치레만 합니다. 이것이 우리의 문제입니다. 청지기정신이 없는 신자는 진정한 의미에서 신자라고 할 수 없습니다. 빛과 소금이 된다는 말은 청지기의 삶을 말합니다.

빛된 생활이란 사랑을 주는 것을 말합니다. 마 22:39에 "네 이웃을 네 몸과 같이 사랑하라"고 했습니다. 타인을 자신의 연장으로 보라는 말씀입니다. 또 적극적으로는 마 7:12절의 말씀대로 "그러므로 무엇이든지 남에게 대접을 받고자 하는 대로 너희도 남을 대접하라." 지난번에 일어난 미문화원 사건은 서로 대접할 줄 몰라 생긴 것입니다. 정부는 학생들을 폭도 내지 용공분자로 몰고 학생들은 정부를 살인집단이요 타도할 집단으로 보기 때문입니다. 남은 깔아뭉개면서 저는 대접받으려고 하니 일이 안 풀립니다.

3. 사명을 감당하려면 자격을 갖추어야

(1) 성령을 사모하는 법

무엇보다도 성령의 충만을 받아야 합니다. 오늘은 성령강림절입니다. 우리는 성령을 사모해야 합니다. 여기에는 세 가지의 중요한 방법이 있습니다. 첫째는 여는 원리가 있고 둘째는 비우는 원리가 있고 셋째는 채우는 원리가 있습니다. 마음의 문은 그냥 열기지 않습니다. 열쇠로 열어야 하는데 마음의 열쇠는 두 개가 있습니다. 하나는 찬송이고 다른 하나는 기도입니다. 둘째로 비우는 방법은 회개밖에는 없습니다. 불량 식품을 먹은 사람이 해결하는 방법은 토해서 뱃속을 비워야 합니다. 셋째로 채우는 방법은 말씀과 하나님께 매달리는 것과 절대적으로 순종하는 것입니다.

(2) 하나님께 합당한 그릇

하나님이 쓰시기에 합당한 그릇이 되어야 합니다. 하나님은 세상의 일을 반드시 사람을 통하여 하시는데 쓰임 받는 사람은 무엇보다도 깨끗해야 합니다. 딤후 2:21절에 보면 "그러므로 누구든지 이런 것에서 자기를 깨끗하게 하라 그러면 귀히 쓰는 그릇이 되어"라고 했습니다. 나무나 질그릇이 아니라 금은그릇이 되려면 영적으로 도덕적으로 깨끗해야 합니다.

(3) 사랑해서 믿는 사람

하나님을 사랑하고. 신자에게는 지옥 갈까 봐 무서워 믿는 사람과 사랑해서 믿는 두 종류가 있습니다. 여기서 사랑해서 믿는 사람이 성숙한 신자입니다. 인생의 목적을 죽든지 살든지 그의 영광만 나타내려고 하는 사람이어야 합니다. 요한복음 21장에 보면 예수님은 베드로를 쓰시기 전에 먼저 "요한의 아들 시몬아 네가 이 사람들보다 나를 더 사랑하느냐?"하고 질문하고 "그러하외다"란 세 번에 걸친 대답이 있은 후에 하나님의 양을 먹이는 큰 사명을 주셨습니다. 또 주기도문 끝에 "대게 나라와 권세와 영광이 아버지께 영원히 있사옵나이다"라고 한 그대로 영광은 하나님께, 나는 단순히 하나님께 쓰임 받는 것으로 만족해야 합니다. 요즘 문제는 인간이 하나님 자리에 앉아 있는 데 있습니다.

맺는말

충현이 사는 길은 천국일꾼을 기르는 일입니다. 그것은 누구나 할 수 있는 것이 아닙니다. 성령 충만히 받고 깨끗한 그릇이 되고 하나님을 사랑하며 절대적으로 순종할 때 이루어집니다.

사랑하는 청년들이여, 이 젊은 시절은 계속 머무는 것이 아닙니다. 이 시절을 보람 있게 보내려면 우리는 농부처럼 땀 흘리고 물을 주고 김을 매는 노력이 있어야 합니다. 이 사람 키우는 일, 천국일꾼 키우는 일을 나와 여러분이 감당하기를 예수님의 이름으로 축원합니다.

참된 안식을 얻으려면

(히4:1-13)

1. 참된 안식은 하나님의 안식

일을 안 하고 가만히 있다고 해서 스트레스가 없느냐 하면 그렇지 않습니다. 가만히 있어도 스트레스가 많을 수 있습니다. 다시 말하면 참된 안식이 있고 거짓된 안식이 있다는 말입니다. 참된 안식은 하나님의 안식을 말합니다. 1절에 '그의 안식'이라고 했고. 3절과 5절에 '내 안식'이란 말이 나오는데 이것은 바로 하나님의 안식을 의미합니다. 왜 그러면 하나님의 안식이 참된 안식인가? 그것은 하나님은 완전하시고 모든 것을 조화 있게 하시는 평화의 하나님이시기 때문입니다. 그러나 세상은 항상 흔들립니다. 그래서 이 세상에는 참된 안식이 있을 수 없습니다.

2. 참된 안식의 약속

놀라운 것은 하나님께서 참된 안식을 사람들에게 약속하셨다는 것입니다. 1절에 보면 "안식에 들어갈 약속"이 사람들에게 주어졌다고 하였습니다. 그러나 무서운 것은 이 안식을 얻지 못하는 사람들이 있다는 점입니다. 안식에 들어갈 약속은 하나님 아버지로서의 사랑의 결과입니다. 지금 인간이 타락하고 부패했다 할지라도 그러나 인간은 역시 하나님의 자녀이기 때문에 안식은 모든 인간에게 약속되어져 있습니다. 그런데 문제는 우리가 아직도 이 안식을 소유하지 못하고 있다는데 있습니다. 왜냐하면 하나님은 분명히 인간처럼 약속이나 하고 부도를 내는 그런 분은 아닙니다. 이것은 인간이 죄를 범함으로 인간이 의심함으로 얻지 못할 뿐입니다.

3. 누가 참된 안식을 얻을 수 있는가?

그것은 그리스도 안에서 얻어집니다. 예수님은 신약의 여호수아입니다. 구약 백성들이 모세를 통하여 출애굽 하였으나 여호수아를 통하여 가나안 땅에 들어가 비로소 안식을 얻게 되었습니다. 신약에서는 예수님을 통하여 참된 안식을 얻게 되었다는 말입니다. 그러면 이는 어떤 성질의 안식인가? 그것은 죄로부터의 안식이요, 자기 의를 추구하는 데서부터의 안식이요 부족으로부터의 안식이요 두려움으로부터의 안식이요 무거운 짐으로부터의 안식입니다. 이것은 바로 믿음으로 말미암아 얻게 됩니다.

4. 하나님의 참된 안식은 하늘나라에서 완성된다.

하나님은 예수님 안에서 믿음을 통하여 참된 안식을 주시지만 인간의 제한성 때문에 우리는 완전한 안식을 누리지 못하고 다만 맛만 볼 뿐입니다. 그러나 하늘나라에서는 그렇지 않습니다. 죄로부터의 안식을 누립니다. 시험으로부터의 안식을 누립니다. 염려도 거기에는 없고 슬픔도 없습니다. 그야말로 완전한 안식을 누립니다. 그러므로 하나님의 백성은 이 땅에서는 잠정적으로 또 부분적으로 이 안식을 누리다가 하나님 나라에 가서는 완전히 그리고 영원히 그 안식을 누리게 됩니다.

5. 천국백성들이 준비해야 할 것은 무엇인가?

(1) 경건한 경외심을 가져야

경건한 경외심을 가져야 합니다. 1절에 보면 "우리는 두려워할지니"

라고 했는데 이것은 단순히 무서워하라는 말이 아닙니다. 하나님을 경외하는 자세를 가져야 한다는 말입니다.

(2) 예수님께 대한 신앙

2절에 '믿음'이라는 말이 나오는데 이것은 바로 예수님께 대한 신앙을 말합니다. 그러므로 이 주님께 대한 신앙이 없이는 우리는 결단코 참된 안식을 얻을 수 없습니다. "듣는 자가 믿음을 화답해야 합니다."라고 하였습니다. 이것은 믿음으로 받아들이지 않았다는 말입니다.

(3) 영원한 안식에 들어가려면

11절에 "그러므로 우리가 저 안식에 들어가기를 힘쓸지니" 즉 영원한 안식에 들어가려고 힘써야 한다는 말입니다.

(4) 말씀의 무기를 잘 선용해야

하나님의 말씀의 무기를 잘 선용해야 합니다(12절). "하나님의 말씀은 살았고 운동력이 있어 좌우에 날선 어떤 검보다 예리하여 혼과 영과 및 관절과 골수를 찔러 쪼개기까지 하여 또 마음의 생각과 뜻을 감찰하나니." 여기서 말씀의 4가지 사역을 말씀하고 있습니다. 첫째는 말씀은 살아있다는 것입니다. 본래 하나님의 말씀은 하나님께서 입김으로 불어넣으신 것입니다. 이것을 통하여 세상 만물을 창조하셨습니다. 그러므로 지금도 이 말씀은 살아서 움직입니다. 둘째로 하나님의 말씀은 운동력이 있습니다. 도덕적 영역에서는 세상 사람들의 사상을 지배하고 개인의 영혼에게는 불과 망치처럼 뜨겁게도 하고 힘이 되기도 합니다. 날선 검과 같이 역사합니다. 셋째로 어떤 검보다 예리하여 혼과 영과 및 관절과 골수를 찔러 쪼개기까지 한다고 하였다. 이렇게 말씀이 들어갈 때에 모든 것이 해부된다. 이것은 살리는 역사입니다. 끝으로 또 마음의 생각과 뜻을 감찰한다고 하였다. 모든 것을 분별한다는 말입니다. 말씀이 들어가면 그것이 참인지 거짓인지 금방 구별합니다. 무엇이 하나님의 뜻인지 사람의 생각인지 금방 구별됩니다.

천국백성들이여. 참된 안식을 원하십니까? 그것은 그리스도를 통하여 믿음으로 얻게 됩니다. 그것은 하나님 나라에서 완성됩니다. 여러분이 참으로 이 안식을 원하신다면 하나님께 대한 경건한 경외심을 가지십시오. 또 예수님에 대한 믿음을 가지고 영원한 안식에 들어가기를 힘쓰십시오. 천국은 침노하는 자가 빼앗는다고 마 11:12절에서 주님은 말씀하였습니다. 이 말은 마치 폭력으로 강탈하는 것처럼 혹은 바람이 확 밀어닥쳐 오듯이 힘써야 한다는 말입니다. 그저 되면 되고 말면 만다는 생각이 아니라 그것 없으면 나는 죽는다는 각오로 힘쓰라는 말입니다. 이제 바라기는 여러분 모두가 다 천국의 소유자가 되고 이 땅에서부터 참된 안식의 소유자가 다 되기를 주님의 이름으로 축원합니다.

참 해방자 예수

(요8:31-36)

우리는 어제 42번째 8.15 광복절을 맞이했습니다. 어떤 교회에서는 이 날 광복절을 기념하는 특별 감사헌금을 하기도 하고 또 어떤 교회에서는 이 날 특별예배를 드리면서 감사를 드리기도 합니다. 우리는 이 날 특별행사를 가지지는 않았지만 가지든 안 가지든 우리는 이 날을 하나님께 감사하지 않을 수 없습니다. 왜냐하면 우리는 일제치하에서 36년간을 노예와 같이 나라도, 자유도 없이 지내다가 하나님의 은혜로 해방을 얻게 되었기 때문입니다.

그래서 이 아침에 우리가 다시 한 번 생각하고 싶은 것은 참 자유가 무엇이며 또 어떻게 할 때 이 자유를 얻을 수 있느냐 하는 것입니다. 그러므로 이 시간에는 '참 해방자 예수'라는 제목으로 함께 은혜를 나누려고 합니다.

1. 참 자유란 무엇인가?

참 자유를 알기 위해서는 먼저 우리를 '속박하는 것이 무엇인가'를 알아야 합니다. 하나님께서 인간을 창조하실 때 자유롭게 살도록 하나님의 형상대로 창조하였지만 불행하게도 이 세상은 인간의 자유를 속박하는 많은 것이 있습니다.

(1) 정치와 인간

인간을 속박하는 것 중에서 첫째는 정치가 인간을 속박합니다. 이 속박은 인간의 지배욕에서 나온 독재자들이나 외국의 침략에서 비롯됩니다. 아담은 처음에는 하와가 하자는 대로 선악과를 따먹었지만 그 후에는 지배욕이 강하게 일어났습니다. 그때부터 아내를 구박하고 종처럼 부려먹었습니다. 가인이 아벨을 죽인 것은 아벨에 대한 질투 때문이기도 하지만 또 한편으로는 동생이 그의 지시대로 따르지 않는 것을 폭력으로라도 이루려는 지배욕의 결과였습니다. 더구나 인간이 바벨탑을 쌓은 후 여러 국가로 분리되면서 상대방을 지배하려고 하는 욕망이 더욱 커졌습니다. 그래서 여기는 들어오면 안 된다 하고 개인 울타리를 만들고 국경을 만들어 남의 나라를 침략하여 종으로 삼아 자신의 지배욕을 만족시켜 왔던 것입니다. 정치란 말하자면 이런 지배욕을 성취시키려는 기술이요. 철학으로서 필요악입니다.

(2) 인간과 경제

다음은 경제가 우리 인간을 속박합니다. 가난한 사람은 어쩔 수 없이 남의 발밑에서 기어야 합니다. 물론 지금 경제적으로 우리는 후진국의 대열을 면하고 있지만 최근 노사분규에서 보여주듯이 아직도 이익의 분배가 불평등합니다. 그래서 노사문제가 터지고 있습니다. 여기서 우리는 '일본의 이데미쓰의 노사철학'을 배울 필요가 있습니다. 그는 5만 명의 종업원을 가진 대기업가였습니다. 그러나 그의 회사에는 ① 해고가 없고 ② 정년이 없고 ③ 출근부도 없고, ④ 자타가 급료를 모르고 있을 뿐 아니라 ⑤ 급료를 노동의 대가가 아닌 생활의 보증으로 삼고 있고, ⑥ 잔업수당이 없고 ⑦ 노조가 없다는 일곱 가지 불가사의를 가지고 있습니다. 그런데 이데미쓰의 회사에서는 지난 75년 동안 파업 한 건 없다는 것입니다. 말하자면 모두가 한 대가족으로서 산다는 것이지요. 그러나 우리 사회에서는 대부분의 기업들이 이윤추구만을 목적으로 하기 때문에 어느 사회에서보다도 이 땅에서 노사의 분규가 치열하게 일어나고 있습니다.

(3) 인간과 죄

인간을 억압하는 가장 무서운 것은 죄라는 폭군입니다. 죄란 노조처럼 저희들끼리 연결되어 있어서 하나만 짓고 끝나는 것이 아닙니다. 예를 들면 다윗의 경우 : ① 밧세바와 음행 ② 우리아를 격전지로 보내어 죽게 만듦 ③ 그 후에 아내가 있는데도 밧세바를 아내로 삼았습니다. 이처럼 죄란 사회성을 가지고 있습니다. 하나를 지으면 다음 또 다른 죄를 지어야 하고 다음에는 이것을 숨기기 위해서 또 다른 죄를 짓고 이렇게 해서 죄란 자꾸만 계속적으로 짓게 되어 있습니다. 처음에 죄는 '한 번만' 혹은 '이번만' 하고 말합니다. 그러나 일단 죄를 짓고 나면 이번에는 '내 말 안 들으면 폭로할 거야' 하고 위협합니다. 처음에는 미소 지으면서 아름다운 모습으로 친절하게 우리를 유혹하지만 일단 죄를 짓고 나면 언제 그랬느냐는 듯이 금방 얼굴이 변하면서 폭군이 되고 맙니다. 그리고 실제로 우리를 종처럼 부려먹습니다. 간첩이 되는 사람도 마찬가지입니다. 처음부터 누가 간첩이 되겠습니까? 공산주의에 아편 환자처럼 된 사람을 제외하고는 아무도 간첩노릇을 하면서 숨어 살고 싶지 않습니다. 그러나 가족관계 때문에 연결되기도 하고, 혹은 돈 문제로, 혹은 여자 문제로 이런 문제 저런 문제로 관련이 된 뒤에 마침내는 끊을 수 없어 어쩔 수 없이 종이 되어 위에서 시키는 대로 하는 것입니다. 이처럼 죄란 무섭습니다. 이처럼 죄가 인간을 지배하면 그 인간은 완전히 자유를 잃게 됩니다.

2. 참 자유, 참 해방이란 무엇인가?

어떤 분은 Liberty(해방)와 Freedom(자유)을 구별하여서 '리버티'(해방)는 정치적, 사회적, 경제적 해방같이 외적인 억압에서 벗어나는 것이고 '프리덤'(자유)은 양심의 자유나 종교의 자유처럼 내적인 자유를 의미한다고 구별합니다. 그러나 저는 여기서 이런 거창한 자유에 대한 철학적 학문적 설명을 하기를 원치 않습니다. 다만 성경이 말하는 참 자유가 무엇이냐 하는 것을 함께 살펴보고 싶을 뿐입니다.

성경은 인간을 근본적으로 얽어매고 있는 것이 여러 가지가 있다고 보고 여기서 자유롭게 되어 하나님이 주신 자녀로서 자유롭게 사는 것을 참 자유라고 말합니다. 그러면 참 자유는 무엇입니까?

본문에도 언급하고 있습니다만 인간을 억압하는 죄로부터 자유로워지는 것을 진정한 의미의 자유(롬6:18-23절)입니다. 두 번째는 골 1:13절에 보면 '흑암의 권세'로부터 해방되는 것을 자유라고 했습니다. 셋째는 고전 10:29절에 보니 미신으로부터 자유로워지는 것이라고 하였습니다. 넷째는 율법으로부터 자유로워지는 것을 말합니다.(갈4:21:5:1; 롬7:6), 다섯째는 유대교라는 형식주의의 짐에서 해방되는 것을 말합니다.(갈2:4) 끝으로 죽음으로부터 해방되어야 참 자유인이 될 수 있습니다. 무어니 무어니 해도 죽음만큼 인간을 위협하는 것이 없습니다. 어른도 어린애도 '너 죽어' 하면 꼼짝 못합니다. 그래서 이 세상에서 제일 무서운 사람은 죽음을 두려워하지 않는 사람입니다. 그러면 저와 여러분들은 이런 여섯 가지에서 해방되었습니까? 안 되었다면 우리는 아직도 참 자유인은 아닙니다.

3. 참 자유를 얻자면

억압에서 해방되어 참 자유를 얻으려면 어떻게 해야 합니까?

(1) 예수님의 말씀에 거해야

"너희가 내 말에 거하면" : 무엇보다도 예수님의 말씀에 거해야 합니다. 예수님의 말씀에 거한다는 말은 바로 그의 제자가 되는 것을 말합니다. 그렇습니다. 우리는 예수님의 제자가 되어야 참 자유를 얻을 수 있습니다. 사람들은 Freedom from(무엇으로부터의 자유)만 알지 그것이 과연 어떻게 쓰이느냐라는 Freedom for(무엇을 위한 자유)에 대해서는 별로 생각을 하지 않습니다. 바로 여기에 문제가 있습니다. 자유란 얻는 데만 의미가 있는 것이 아니라 어떻게 사용하느냐에 그 궁극적 의미가 있습니다. 성경에 보면 하나의 귀신을 쫓아내니 그 놈이 여기저기 돌아다니고 더 악한 일곱 귀신을 데리고 옛날 집으로 돌아갔다는 얘기가 있습니다. 우리는 우리를 지배하는 죄와 악마의 세력을 우리에게서 쫓아내야 하지만 이것만으로는 부족합니다. 그 후에 예수님을 마음속에 영접해야 합니다. 그렇지 않으면 더 악한 일곱 귀신을 데리고 올지도 모릅니다.

(2) 진리를 알아야

두 번째는 진리를 알아야 참 자유인이 될 수 있습니다. 무지해서 인간이 속박되는 경우가 너무 많습니다. 성경에 보면 빌라도는 예수님에게 진리가 무엇이냐? 하고 질문했지만 그 해답을 기다리지는 않았습니다. 마찬가지로 많은 사람들은 진리가 무엇이냐고 묻지만 그러나 이 진리를 찾으려고 하지는 않습니다. 이것이 오늘을 살아가는 현대인들의 문제입니다.

해답을 찾지 않고 기다리지 않습니다. 그러면 무엇이 진리입니까? 먼저 예수님이 바로 진리입니다. 요 14:6절에 주님은 말씀하시기를 "내가 곧 길이요 진리요 생명"이라고 하였습니다. 다음은 복음이 바로 진리입니다. 인간은 무지해서 얽매이는 경우가 많습니다. 미신이 바로 그런 종류입니다. 고대에는 자연에 대한 지식이 없어서 큰 나무나 큰 돌이나 심지어 뱀에게 제사를 지내고 섬겼습니다. 그러나 오늘에 와서는 자연을 섬기는 일은 적어졌지만 자신의 탐욕 앞에 굴복하고 있습니다. 참으로 인간을 얽매는 것이 무엇인지 몰라서 자유롭지를 못합니다. 이것을 복음은 환하게 밝혀주고 있습니다.

다음은 성경이 바로 진리입니다. 성경에는 'do'와 'don't'의 두 가지 형태로 하나님의 뜻이 분명하게 계시되어 있습니다. 이것에 따라 살면 인간은 자유로워질 수가 있습니다.

(3) 성령 안에 거할 때

성령 안에 거하는 생활을 할 때 우리는 참 자유인이 될 수 있습니다. 고후 3:17절에 "주는 영이시니 주의 영이 계신 곳에는 자유함이 있느니라"고 하였습니다. 그러므로 우리는 성령의 충만을 받아 성령에 따라 살아야 합니다.

4. 자유에 대한 우리의 바른 태도는?

(1) 자유로 육체의 기회를 삼지 말아야 합니다(갈5:13).

(2) 율법의 멍에를 다시 매면 안 됩니다(갈5:10).

(3) 자유로 악을 가리는데 쓰면 안 됩니다(전2:16).

(4) 남의 자유를 선불리 평가하면 안 됩니다(고전10:29).

(5) 자유의 행사가 약한 자에게 거침이 되어서는 안 됩니다(고전 8:9).

맺는말

8.15 42주년을 맞아 우리 모두가 참 자유인이 되고 뿐만 아니라 이 자유를 통하여 하나님께 영광을 돌리고 많은 선한 일을 하는 저와 여러분들이 되시기를 주님의 이름으로 축원합니다.

자유롭게 행보하려면

(시119:43-48)

인간의 행복은 참 자유에서 옵니다. 그래서 인류의 역사를 보면 자유를 위한 투쟁사라고 할 수 있습니다. 그런데 오늘의 본문을 보면 자유롭게 행보하는 행복의 비결이 나옵니다.

1. 주의 말씀을 어떻게 할 때 자유롭게 행보할 수 있는가?

(1) 주의 말씀을 입에서 '떠나지 말게'해야 합니다(43절).

말씀은 눈에 보이지 않기 때문에 조금만 등한히 해도 그만 떠나가고 맙니다. 그래서 우리는 이 말씀이 우리의 입에서 떠나지 않도록 조심해야 합니다. 그것은 계속해서 연구하고 보는 것밖에는 없습니다. 그것이 바로 말씀을 묵상하는 것이고, 큐티(QT: Quiet Time)의 생활입니다.

(2) 주의 말씀을 '항상 지켜야' 합니다(44절).

우리는 돈을 지키고, 가정을 지키고, 재물을 지킵니다. 왜냐하면 도적이 와서 훔쳐가고, 강도가 와서 빼앗아 가기 때문입니다. 마찬가지로 말씀은 사탄 마귀가 훔쳐갑니다. 우리의 바쁜 생활이 훔쳐 갑니다. 세상적 관심이 하나님의 말씀을 훔쳐갑니다. 그래서 지켜야 합니다. 지금 미국이나 한국이나 중요한 곳에는 항상 security system(안전장치)이 되어 있어서 매달 조금씩만 돈을 내면 그런 장치를 가정마다 할 수 있습니다. 어느 정도 효과가 있는지는 모르겠습니다. 그러나 보험과 연결되어 있기 때문에 필요한 장치입니다. 마찬가지로 안전한 삶을 살려면 하나님의 말씀을 잃지 않도록 꼭 지켜야 합니다.

그런데 눈에 보이는 것도 도난당하지 않기 쉽지 않지만 안 보이는 것은 더더욱 어렵습니다. 바라기는 우리 안에 심어진 말씀을 영적 도적인 사탄이 훔쳐가지 않도록 하시기를 축원합니다.

(3) 주의 율례 말씀을 '묵상'해야 안전한 삶을 살 수 있습니다(48절). 묵상의 방법에는 두 가지 방법이 있는데 하나는 큐티의 방법이고, 다른 하나는 기도하면서 말씀을 묵상하는 것입니다.

2. 주의 말씀을 입에 두고 지킬 때에 주시는 하나님의 축복

한마디로 해서 자유롭게 행보합니다. 세상에는 거치는 것이 참 많습니다. 골짜기도 있고, 강과 바다도 있고, 맹수들도 많이 도사리고 있습니다. 도적놈도 많고 사기꾼도 많고 심지어 살인자도 적지 않습니다. 그러므로 이 광야 같은 세상에서는 자유롭게 행보할 수가 없습니다. 그러나 우리는 조금 전에 말씀을 통해서 자유롭게 행보하는 비결을 배웠습니다. 그러면 자유롭게 행보한다는 뜻은 무엇인가? 크게 두 가지로 말씀하고 있습니다.

(1) 수치를 당치 않으며

46절에 "수치를 당치 아니하겠사오며"라고 했습니다. 언제 수치를 당합니까? 첫째 실패했을 때, 둘째, 남에게 해가 되는 것을 들켰을 때, 셋째, 법에 어긋나는 일을 한 것이 밝혀졌을 때 우리는 부끄러움을 당합니다. 그런데 본문에 보면 수치를 당치 않는다고 했습니다. 왜 그럴까요? 주님이 항상 우리와 동행하시기 때문입니다.

(2) 언제 엔도르핀이 나오나

47절에 "주의 계명을 스스로 즐거워하며"라고 했습니다. 인간에게는 기쁨이 필요합니다. 그런데 이 기쁨은 엔도르핀(endorphin: en(in)+ morphine의 합성어)이 나올 때 생깁니다. 언제 엔도르핀이 나옵니까? 우리가 여유 있는 삶을 살 때 생기고, 특별히 영적 삶을 살 때 옵니다.

맺는말

인간에게 가장 소중한 것은 자유롭게 사는 것입니다. 그러나 이 자유는 정치적 사회적 자유와 함께 영적인 자유를 가질 때 이루어집니다. 영적 자유는 요 8:32절에 분명히 말씀하고 있습니다 "진리를 알지니 진리가 너희를 자유케 하리라." 새해에는 참 자유로운 삶이되기를 축원합니다.

질고를 당하신 예수님

(사53:10-12)

　오늘은 종려절입니다. 예수님께서 나귀를 타고(슥9:9의 예언) 예루살렘 성에 입성하실 때 사람들이 한 손에 종려나무가지를 들고 "호산나(구원하라는 뜻) 찬송하리로다"하면서 겉옷을 길에 펴고 환영한 날입니다. 그러나 내일부터 시작해서 한 주간을 고난주간이라고 하는데 그것은 예수님의 당시 종교지도자들에게 체포되어 재판을 받으시고 채찍에 맞으시고 침 뱉음을 당하시고 뺨을 맞으실 뿐 아니라 마침내 십자가를 지시고 심장이 파열되어 돌아가실 때까지 우리를 위해 고난을 당하신 날이기 때문입니다.

　지금도 예루살렘에 가면 '비아 돌로로사' 즉 슬픔의 길이란 곳이 있습니다. 예수님께서 고난을 당하시면서 지나간 14곳을 말합니다. 빌라도의 법정에서부터 3번 넘어진 장소, 베로니카가 땀을 닦아주었다는 곳, 마리아를 만난 곳, 구레네 시몬이 대신 십자가를 진 곳 등, 이 시간에는 우리를 위해 질고(질병과 고통)를 당하신 예수님에 대해 살펴보면서 함께 은혜를 받으려고 합니다.

1. 사람들의 견해(사53:1-3)

　거절하고 믿지 않았습니다. "우리의 전한 것을 누가 믿었느뇨?" 아무도 믿지 않았습니다. 그래서 요한도 1:11에서 "자기 땅에 오매 자기 백성이 영접지 아니하였으냐"라고 하였습니다. 또 3절에 보면 "그는 멸시를 받아서 사람에게 싫어버린 바 되었으며" = 이것은 주님이 십자가에 달리셨을 때 잘 나타났습니다. 당시 사람들의 3가지 태도를 살펴보면

(1) 무지한 죄인들

무지한 죄인들의 태도: 마 27:39에 보면 "성전을 헐고 사흘에 짓는 자여 자기를 구원하라"고 비웃음. 40절에 "네가 만일 하나님의 아들이어든 자기를 구원하고 십자가에서 내려오라"고 도전함. 이것은 어쩌면 마귀의 시험과 유사합니다. 자기만족에 도취한 무리들은 하나님의 아들 되시는 예수님께서 많은 사람의 죄를 대신해서 십자가를 지심을 깨닫지 못하였습니다. 오늘날도 마찬가지입니다.

(2) 어리석은 종교지도자들

종교지도자들의 태도 = 마 27:41에 보면 "저가 남은 구원하였으되 자기는 구원할 수 없도다. 저가 이스라엘의 왕이로다. 지금 십자가에서 내려올지어다"라고 하였습니다. 그러나 이것이 자기 자신들에 관한 고백인 것을 본인들은 몰랐습니다.

(3) 강도들의 태도

정죄 받은 강도들의 태도 = 44절 "함께 십자가에 못 박힌 강도들도 이와 같이 욕하더라"(눅23:19을 보면 그 중에 하나는 회개하고 구원받음). 예수님께서 모든 사람들에게 조롱을 받자 강도들마저도 순간적으로 우월감을 느낌, 이런 모든 사건은 이사야 53:3의 예언이 그대로 성취된 것을 말해줍니다. 이처럼 하나님의 말씀은 헛된 것이 하나도 없습니다.

2. 왜 사람들은 믿지 않았나?

(1) 유대인들의 메시아관

유대인들의 편견 : 사 53 : 2: "고운 모양도 없고 풍채도 없은즉 우

리의 보기에 흠모할 만한 아름다운 것이 없도다." 저들의 잘못된 메시아
관의 결과입니다.

(2) 이방인들의 편견

이방인들의 편견 : 고전 1:22-23 "이방인에게는 미련한 것이로되,
왜? 제자들이 어부, 세리, 창기들, 도무지 당시의 지성인도 지도자급도
별로 없었기 때문에 무시하였습니다.

결국 무지하고, 신앙으로 생각하지 않았고 안전하다고 착각, 그리스
도를 천하게 평가, 자기를 신뢰, 마음이 무디었습니다. "우리의 전한 것
을 누가 믿었느뇨?"란 예언의 말씀이 성취된 것을 볼 수 있습니다.

3. 하나님의 견해(성경적 견해)

(1) 오해

세상 사람들이 오해한 것

(2) 인간의 죄 대신 진 질고

사실은 "우리의 질고를 지고 슬픔을 당하였거늘" 즉 우리가 범죄함으
로 당해야 할 질병과 고통을 대신 당하였다는 말입니다. 그러므로 "그가
찔림은 우리의 허물(원죄)을 인함이요 그가 상함은 우리의 죄악(자범죄)
을 인함이라"

4. 주님이 대신 당하신 고난의 결과는?

(1) 5절 "그가 징계를 받음으로 우리가 평화를 누리고"

하나님 - 인간 사이, 나와 이웃 사이, 나와 자연 사이에 참 평화가
생김. 지금 우리는 참 평화가 정말 그리워지는 때입니다. 그러나 비결
이 본문에 나옵니다.

(2) "그가 채찍에 맞음으로 나음을 입었도다." 인류의 또 다른 적은
질병입니다. 육체적 질병, 정신적 질병, 영혼의 질병 모두가 무서운 병

입니다. 그런데 근본적으로는 영혼의 질병인 죄로 인해 모든 것이 온
것입니다. 그 결과 미움이 왔고 시기와 질투가 왔습니다. 그래서 우리
는 싸우고 긴장 속에 삽니다. 욕심이란 병으로 인해 죄를 낳게 됩니다.
그러나 예수님은 우리 영혼의 의사이십니다. 그에게 나오기만 하면 다
고침을 받습니다.

(3) 우리는 양 같은 존재

6절 "우리는 양 같아서 그릇 행하여 각기 제 길로 갔거늘 여호와께서
는 우리 무리의 죄악을 그에게 담당시키셨도다." 다 용서했다는 말입니
다. 그러므로 롬 8:1에 "이제 그리스도 안에 있는 자에게는 결코 정죄
함이 없나니"라고 선언한 것입니다. 우리가 양 같다는 말은 약합니다.
무지하다는 뜻입니다. 그래서 각기 제 길로 갔다고 하였습니다. 세상에
는 하나님의 길과 인간의 길이 있습니다. 인간의 철학·문화·예술·과
학 등이 있으나 하나님을 떠난 모든 것은 다 바벨탑이요 방자문화일 뿐
입니다.

맺는말

모세가 광야에서 뱀을 든 것같이 인자도 십자가에 들리셨습니다. 이
제 사는 길은 이 십자가에 달리신 예수님을 바라보는 것밖에는 없습니
다. 이 시간 십자가를 바라보면서 감사·회개·결심·기도하는 우리가
되시기를 축원합니다.

진실된 사랑

(고후8:8-12)

　　Hollywood에서는 사랑을 '사랑이란 이 세상이 활기차게 돌아갈 수 있도록 만들어 주는 것'이라고 정의를 내립니다. 그러면 이 세상이 활기차게 돌아갈 수 있도록 만들어 주는 것이 과연 무엇인가요? 헐리우드에서는 그것을 sex라고 말합니다. 그래서 헐리우드는 sex영화를 중심으로 만들고 있습니다. 그러나 이 세상이 활기차게 돌아가게 하는 것은 그보다 사랑임이 틀림없습니다.

　　사실 사랑은 하나님이 우리에게 주신 가장 위대한 선물입니다. 왜냐하면 하나님 자신이 바로 사랑이기 때문입니다. 그러면 사랑이 무엇인가요? 우리말에는 사랑이란 말이 하나밖에 없는데 헬라어에 보면 네 가지가 있습니다. 첫째는 남녀 간에 가지는 에로스의 사랑이 있고 둘째는 친구 간에 가지는 필리아의 사랑이 있고 셋째는 가족 간에 가지는 스톨게의 사랑이 있고 끝으로 하나님이 사랑인 아가페의 사랑이 있습니다. 그런데 이 네 가지의 사랑의 공통점은 모두가 준다는 것입니다. 그러므로 사랑이란 '주는 것'이라고 정의를 내릴 수 있습니다.

　　물론 사랑하지 않고도 줄 수는 있지만 주지 않고 사랑할 수는 없습니다. 사실 누구든지 받으면 활기를 띱니다. 그러나 누구도 남에게 무엇을 줄 만큼 남을 이해하지도 못하고 또 줄 것도 없습니다. 바로 여기에 문제가 있습니다. 그러나 사랑의 하나님은 우리와 위대한 교환을 하셨다. 그것은 하나님께서 우리의 실패와 쓰레기 같은 죄와 모든 잘못된 것을 다 가져가시고 대신 우리의 삶을 변화시킬 수 있는 사랑과 편안과 기쁨과 능력을 공급해주셨다는 점입니다. 그러면 이 시간에는 우리에게 이런 사랑이 있는지, 있다면 과연 그것은 진실된 사랑인지 한 번 살펴보면서 함께 은혜를 나누려고 합니다.

1. 거짓 사랑의 형태

(1) 더 큰 것을 받으려고 주는 경우(상업적 사랑).

잠언 3:9-10절에 보면 "네 재물과 네 소산물의 처음 익은 열매로 여호와를 공경하라 그리하면 네 창고가 넘치고 네 즙 틀에 새 포도즙이 넘치리라"는 말씀이 있습니다. 이 말씀을 생각하면서 하나님에게 더 큰 축복을 받기 위해서 바치는 사람이 있습니다. 이것은 거짓된 사랑입니다.

(2) 우월감에서 주는 경우(자신의 우월감을 보이려는 사랑)

행 5:1-11절에 나오는 아나니아와 삽비라는 남들에게 인정받기 위해서, 다시 말하면 자기의 우월감에서 주는 경우였습니다. 이런 사람들은 불우이웃 돕기처럼 TV나 신문에서 떠들어주면 좋다고 합니다.

(3) 체면과 창피를 피하기 위해서 바치는 경우(체면적사랑, 외식적사랑).

그래서 마 6장에 보면 "사람에게 보이려고 너희 의를 행치 않도록 주의하라"고 경고합니다. 실제로 많은 성도들이 주일날 헌금바구니가 돌아갈 때 사람들을 의식하는 것을 많이 볼 수 있습니다.

(4) 죄책감에서 바칠 경우(보상 심리적 사랑).

사람은 과거에 범한 죄를 보상하려고 하는 심리가 있습니다. 그러나 우리가 아무리 힘쓰고 애써도 과거의 죄를 보상할 수는 없습니다. 오직 예수 그리스도만이 용서하실 수 있고 또 보상할 수 있습니다.

2. 진실된 사랑의 형태

(1) 주님께 대한 감사에서 바치는 경우.

어떤 기대나 대가를 생각해서가 아니라 영원히 죽을 수밖에 없는 나를 구원해 주신 것을 감사하고 그래서 바치는 것이 진실된 사랑입니다.

(2) 형제를 불쌍히 여기는 마음에서 주는 경우.

하나님 앞에서 탕감을 받은 체험을 가진 사람은 불쌍한 이웃을 볼 때 주고 싶은 마음이 생깁니다.

(3) 하나님의 말씀에 순종하기 위해서 바치는 경우.

주는 것이 아깝고 안 주고 싶은 마음도 들지만 그러나 하나님의 말씀에 순종하기 위해서 바치는 것도 사랑은 사랑입니다. 그러나 이것이 지나치면 위선이 될 위험성이 있습니다.

(4) 하나님의 영광을 나타내기 위해 바치는 경우.

이 사랑이야 말로 가장 고귀한 사랑입니다.

3. 사랑을 표현하는 구체적 방법.

에벌린 두발 박사는 사랑의 실천방법으로 여섯 가지를 지적했습니다.

첫째, 사랑은 언제나 밖을 향해 나간다.

둘째, 참된 사랑은 창조적이므로 모든 일에 열심을 낸다.

셋째, 사랑은 분담하기를 원한다.

넷째, 사랑은 '나'만을 생각하는 대신에 '우리'를 생각한다.

다섯째, 사랑하는 것과 동시에 좋아해야 한다.

여섯째, 시간이 사랑의 가장 확실한 시금석이다.

여러 가지 어려움에도 꾸준히 끈기 있게 계속되는 것이 참 사랑입니다. 그러나 저는 여기서 아주 평범한 사랑을 구체적으로 나타내는 방법을 말씀드리겠습니다.

(1) 남을 칭찬하라

미국에 유명한 육상 코치가 있습니다 그의 이름은 Dean Cromwell 입니다. 그는 캘리포니아 대학교의 육상코치입니다. 39년 동안 21명의 전국 선수권 우승자, 13명의 세계 기록 보유자, 다수의 올림픽 금메달 리스트를 길러내었습니다. 비결은 간단했습니다. 다른 사람의 장점을 포착해서 칭찬하는 일이었습니다. 이처럼 칭찬은 위력이 큽니다.

(2) 많은 친구를 갖도록 힘쓰라.

미국 미조리주 사반나에 Lowell Davis란 83살 난 노인이 있습니다. 그는 3487명의 친구를 가진 사람입니다. 그 방법은 만나서 인사한 사람의 이름을 적어 두고 그의 취미, 좋아하는 것 등을 적어두고 자주 만나도록 힘썼답니다. 우리의 문제점은 서로 섬처럼 떨어져서 살려고 하는 이기심입니다.

(3) 지금 곧 웃어라

왜냐하면 웃음은 사랑의 가장 자연스러운 표현이기 때문입니다. 웃으면 네 가지의 유익이 있습니다. 첫째로 웃음은 지루한 나날을 특별한 날로 만듭니다. 둘째로 웃음은 치료를 촉진합니다. 셋째로 웃음은 놀라울 정도로 전파됩니다. 넷째로 웃음은 참을 수 없는 상황을 참을 수 있도록 해줍니다.

(4) 미움을 버리라.

미움은 용서하기 전에는 버릴 수가 없습니다. 그런데 미움은 상대방을 죽이기 전에 자기 자신을 죽인다는 것을 많은 사람들은 모르고 있습니다. 참된 용서는 주님께서 나를 용서하신 것을 깨닫고 그것과 비교할 때만이 가능합니다.

(5) 서로 도와주어라.

등산가들은 항상 서로 도와줍니다. 누가 조난을 당해도 반드시 가서 도와줍니다.

(예화) 영국의 힐러리 경은 에베레스트 산을 최초로 정복한 사람으로 유명합니다. 그는 안내자 텐 싱과 함께 올랐는데 내려올 때 힐러리 경은 발을 잘못 디디게 되었습니다. 그때 텐 싱은 팽팽한 줄을 잡고 자기 도끼로 얼음을 파내어 두 사람이 다 추락을 면하게 되었다고 합니다. 이것이 바로 등산윤리입니다. 그런데 사회에서는 이 철학이 없다는 것이 참으로 불행한 일입니다.

(6) 범사에 감사하라.

사람은 감사하는 사람만이 성공할 수 있기 때문에 우리는 범사에 감사하도록 힘써야 합니다. 그러기 위해서는 일상생활의 사소한 일들로 인해 감사하는 마음으로 살아야 합니다.

(7) 날마다 그리스도를 증거 하라.

매일 증인이 되는 것은 그 날의 주님께 대한 사랑을 확인하는 것이기 때문입니다.

맺는말

고후 8:8절 하반절에 "너희의 사랑의 진실함을 증명하라"는 말씀이 나옵니다. 그러므로 우리는 이 시간 내게 과연 사랑이 있는지 없는지 살펴보고 그것이 거짓된 사랑이 아니라 참된 사랑이 되도록 해야 합니다. 사랑만이 이 세상을 활기차게 돌아갈 수 있도록 만들어 줍니다. 그러려면 구체적인 사랑의 실천자가 되어야 합니다. 남을 칭찬하고 많은 친구를 갖도록 힘쓰고 항상 미소와 웃음을 짓고 미움을 버리며 서로 도와주고 범사에 감사하며 무엇보다도 날마다 그리스도를 증거 하는 매일의 증거자가 되어야 합니다.

홍해 앞에서 우리는

(출14:10-31)

　　인생은 길을 가는 나그네와 같기 때문에 때때로 우리 앞에 예측 못할 장애물이 나타납니다. 홍해바다와 같은 큰물이 앞을 콱 가로 막기도 합니다. 그렇다고 뒤로 물러설 수도 없고 앞으로 갈 수도 없는 상황에 처하게 됩니다. 이런 때 우리가 어떻게 하느냐 하는 것은 성공과 실패의 갈림길이 되는 것은 물론입니다. 그래서 이 시간에는 홍해 앞에서 이스라엘이 어떻게 대처했는지를 살펴보면서 오늘의 상황을 잘 대처하는 지혜를 얻을 수 있기를 바랍니다.

　　사실 이스라엘 백성이 홍해 앞에서 '이것이냐 저것이냐'의 갈림길에서 저들이 하나님의 인도하심을 받은 이 사건은 오늘날 무엇을 해야 할지를 결정하지 못하고 머뭇거리는 우리들에게 하나님의 뜻이 어디 있는지를 보여주는 하나의 표준이 되기 때문입니다.

1. 당시 이스라엘이 당면한 문제

(1) 장애물 홍해

　　앞에는 홍해가 가로 막고 있었습니다. 그렇다고 배가 있는 것도 아니고 수영을 할 수 있는 사람도 없었습니다. 유대인들은 전통적으로 바다를 두려워하였습니다. 그래서 배도 페니키아인들의 것을 사용하였고 그것도 갈릴리 바다 정도지 지중해는 무서워서 감히 바다 밖으로는 못 나간 민족입니다.

(2) 추격하는 애굽군대

뒤에는 적이 접근해 왔습니다. 당시 애굽의 군대는 세계 제일의군대 였습니다. 이들은 이스라엘 백성을 다시 잡아가려고 아니면 죽이기 위 해서 바짝 추격해 왔습니다. 전차만 600대요 게다가 온 군대가 모든 병 거를 동원해서 온 것입니다.

(3) 홍해 앞의 허약한 민족

그런데 반대로 이스라엘은 아무런 준비도 하지 않은 소위 핫바지들의 무리였습니다. 심지어 어린애들과 부녀자들, 노약자들도 포함되어 있는 상태였습니다. 여러분은 이런 홍해가 가로막고 있는 입장에 처해본 적 이 있습니까? 소위 진퇴유곡, 사면초가의 경험을 가져본 적이 있는가를 묻는 것입니다. 예를 들면 돈도 벌어놓은 것 없는데 갑자기 가장이 죽 을 경우가 바로 이와 같은 경우이고 직장을 갑자기 잃든가 셋방 세를 낼 때가 되었는데 맨주먹으로 독촉을 받을 때가 바로 이런 경우입니다.

우리는 경우는 각기 다르지만 다 이와 같은 경우를 경험했고 또 지금 도 경험하고 있습니다. 국가적으로는 민주화를 위한 합의헌법을 만드는 일이나, 전국적으로 일어난 노사간의 대립이나 또 교회적으로는 총회를 앞둔 여러 파벌의 대립이나 개인적으로 뿐 아니라 교회적으로나 국가적 으로나 국제적으로도 우리에게는 다 같이 홍해라는 바다가 가로막고 있 는 것입니다.

2. 위기에 대처하는 길

이에 대한 해답을 얻기 위해서 우리는 홍해 앞에서의 이스라엘은 어 떤 태도를 취했으며 모세는 어떤 태도를 가졌는가를 살펴보겠습니다.

(1) 이스라엘의 태도

① 두려워하는 태도 : "심히 두려워하여"(10절), 두려움은 불신앙의

산물입니다. 반대로, 신앙을 가지면 두려움이 사라집니다.

② 감사가 없는 불평의 태도 : "어찌하여 우리를 이끌어내어 광야에서 죽게 하느뇨?"(11절) 종노릇하는 것들을 해방시켜 주었건만 원망뿐이었습니다. 감사가 신앙에서 나온다면 원망은 불신앙에서 나옵니다.

③ 비겁한 태도 : "애굽 사람을 섬기는 것이 광야에서 죽는 것보다 낫겠노라"(12절).

(2) 모세의 태도와 이스라엘 태도

모세의 태도 : 이스라엘의 태도와는 대조적이었습니다.

① 담대한 태도 : "너희는 두려워말고 가만히 서서 여호와께서 오늘 날 너희를 위하여 행하시는 구원을 보라"

② 하나님을 의지하는 절대 신앙적 태도 : "여호와께서 너희를 위하여 싸우시리니 너희는 가만히 있을지니라." 이 세상에는 역사를 보는 두 개의 눈이 있습니다. 하나는 인간이 모든 것을 한다는 무신론적 생각이고 다른 하나는 하나님이 모든 것을 주관하신다는 유신론적 생각입니다.

③ 하나님께 부르짖음 : "너는 어찌하여 내게 부르짖느뇨?"(15절).

(예화) 제가 아이를 좀 길러 보니 어린아이는 급할 때 그냥 웁니다. 그러면 만사가 다 해결됩니다. 똥을 싸도 울고, 기저귀를 갈아달라고 울고, 안아달라고 할 때도 웁니다. 울기만 하면 부모가 알아서 해결해줍니다. 우리 성도도 마찬가지입니다.

3. 기도를 들으시는 하나님

여기서 중요한 것은 모세가 이렇게 신앙적 태도를 취했을 때에 하나님께서 길을 열어주셨다는 사실입니다. 이스라엘에게 길이 열린 것은 그냥 이루어진 것이 아닙니다. 그들의 기도의 결과였습니다. 모세도 이스라엘도 다 같이 하나님께 부르짖었습니다. 그래서 하나님께서 저들에게 길을 열어주신 것입니다.

(1) 순종

"이스라엘 자손을 명하여 앞으로 나가게 하라"(15절) = 순종을 요구했습니다. 하나님이 우리에게 요구하는 것은 순종입니다.

(2) 지팡이를 내밀라

"지팡이를 들고 손을 바다 위로 내밀어 그것으로 갈라지게 하라."(16절) 그러나 지팡이 자체에 어떤 마술적 힘이 있다고 생각지 말아야 합니다. 지팡이는 평범한 살구나무 막대기입니다. 그러나 이것은 하나님이 인도하시고 돌보아 주신다는 하나의 상징을 가지고 있었습니다. 그래서 이 막대기는 무수한 많은 이적을 일으켰습니다.

(3) 인도하는 구름기둥

구름기둥(하나님의 임재의 표시)을 통하여 인도하심(19절)

(4) 애굽 군대를 가림

애굽 군대가 몰려오는 길을 구름과 흑암으로 가려 아무도 접근하지 못하게 하셨습니다.

4. 누구 앞에나 막는 홍해

끝으로, 누구나 다 각자의 홍해가 있는데 그러면 우리는 우리 앞에 놓인 홍해를 어떻게 건너갈까요?

방법은 오직 하나뿐입니다. 눈에 보이는 것을 의지하고 걸어가는 것이 아니라 믿음으로 걸어가야 합니다. 인간은 눈에 보이는 것을 무서워하고 눈에 보이는 것만 의지합니다. 바로 여기에 문제가 있습니다. 그러므로 우리는 보이는 것, 저 너머에 계신 전능하신 하나님을 의지하고 인생길을 걸어가야 합니다. 이 신앙은 세 가지 성격을 가지고 있습니다.

(1) 보이지 않는 비밀

신앙은 보이지 않는 비밀의 성격을 가짐 : 신앙이 없는 사람이 보지 못하는 전능하신 하나님의 섭리의 손길을 보여줍니다. 이스라엘은 이것을 보지 못하였으나 모세는 이것을 보았습니다.

(2) 신앙의 승리

신앙은 언제나 성공을 거둠 : 불신앙은 실패합니다. 그러나 신앙은 반드시 성공합니다. 따라서 성공의 비결은 바로 신앙입니다.

(3) 초자연적인 힘

신앙에는 초자연적 힘이 있음 : 신앙에는 인간이 보지 못하는 무한한 힘이 있습니다. 과거의 모든 선진들이 다 믿음으로 승리하였습니다.

(예화) 스코틀랜드의 메리 여왕은 종교개혁자인 존 낙스를 제일 무서워 하였습니다. 이것은 바로 그의 철저한 믿음 때문이었던 것입니다.

맺는말

인생은 누구나 다 자기 나름대로의 홍해가 있습니다. 이것을 건너가야 합니다. 그런데 많은 사람들은 이스라엘 백성들처럼 두려워하고, 불평하고 비겁하게 굽니다. 그러나 우리는 모세처럼 하나님께 부르짖어 그 해답을 받고 하나님이 주신 지팡이로 바다를 쳐서 갈라야 합니다. 그리고 담대히 홍해바다를 건너야 합니다. 홍해바다는 단순히 우리의 의지와 그릇됨을 시험하는 그림자에 불과합니다. 이것을 두려워말고 홍해바다가 없는 것처럼 즉 육지처럼 건너가야 합니다. 그러면 앞에 아무것도 없는 것을 발견하게 될 것입니다. 이제 개인적으로나 교회적으로나 국가적으로 홍해바다를 건너는 기적이 일어나기를 주님의 이름으로 축원합니다.

헌신의 이유와 방법

(롬12:1-2)

1. 헌신의 이유

성경의 구조를 보면 "내가 너희에게 은혜를 베풀었기 때문에" "그러므로 너희는 너희와 다른 사람을 위하여 이것을 행하라"는 형태로 되어 있습니다. 신 24:18에 "너는 애급에서 종이 되었던 일과 네 하나님 여호와께서 너를 속량하신 것을 기억하라"는 말씀은 은혜로 구원받은 너희는 다음과 같이 헌신하라는 말씀입니다. 이것은 출 20장에도 잘 나타나 있습니다. "나는 너를 애굽 땅 종 되었던 집에서 인도하여 낸 너의 하나님 여호와로라"고 언급한 다음에 10계명을 지킬 것을 말씀하셨습니다.

이것을 좀 더 분명히 알기 위해서 창세기의 구조를 살펴보겠습니다.

창 1-11장은 구약전체의 서론입니다. 그것은 왜 하나님께서 아브라함을 택할 수밖에 없었는가를 설명하고 은혜와 헌신의 관계를 가르쳐주는데 있습니다. 우선 창 11장까지의 내용을 살펴보면 3가지 주제가 반복됩니다. '죄 - 심판 - 은혜'가 바로 그것입니다. 예를 들면

① 아담, 하와의 불순종-실낙원-하나님께서 아담을 찾으셔서 가죽옷을 해 입히심

② 가인이 아벨을 죽임- 하나님이 가인을 하나님 면전에서 쫓아내심- 가인에게 보호의 표식을 주심

③ 하나님의 아들들이 사람의 딸들을 사랑하여 결혼함-홍수심판-노
　아의 가족과 동물에게 방주를 주셔서 구원하심

④ 노아의 후손이 바벨탑을 쌓음-언어의 혼잡-아브라함을 부르심.

왜 하나님은 아브라함을 부르셨는가?

잘못된 견해 :

① 의로운 사람

② 지도자로서의 능력을 가진 사람

③ 신앙의 소유자 즉 우상을 섬기지 않았음.

　그러나 아브라함은 죄인에 불과했다는 점을 우리는 기억해야 합니다. 여호수아 24:14-15절에 보면 "너희의 열조가 강 저편과 애굽에서 섬기던 신들을 제하여 버리고 여호와만 섬기라"고 하였습니다. 여기서 '강 저편'이란 말은 아브라함의 소명 이전의 생활을 말한 것입니다. 다시 말해서 아브라함은 하나님께서 그를 부르시기 전에는 우상을 섬겼다는 것입니다. 다시 말해 아브라함의 소명은 전적으로 하나님의 은혜입니다. 결국 창세기가 우리에게 보여주는 것은 하나님의 은혜로 인간이 구원받았다는 점입니다.

　다음으로는 로마서의 구조를 살펴보겠습니다. 1-11장까지는 구원의 교리편, 12-16장까지는 윤리편, 전반부에서 계속 강조하는 것은 믿음으로 말미암아 구원받았다는 점입니다. 바울은 창 15:6의 "아브라함이 여호와를 믿으니 하나님께서 이를 그의 의로 여기셨다"는 구절을 근거로 그의 유명한 이신득의의 교리를 전개합니다. 그러나 이것은 믿음이라는 공로로 구원받는다는 뜻이 아니라 은혜로 주신 믿음으로 구원받는다는 말입니다. 그래서 에베소서 2:5에는 "너희가 은혜로 구원을 얻은 것이라"고 하였고 2:8에는 "그 은혜를 인하여 믿음으로 말미암아 구원을 얻었나니"라고 선포하였습니다. 이렇게 바울은 전반부에서 은혜로

구원받은 것을 말한 뒤에 12장 1절을 선포한 것입니다. "그러므로 형제들아 내가 하나님의 모든 자비하심으로 너희를 권하노니 너희 몸을 하나님이 기뻐하시는 거룩한 산제사로 드리라 이는 너희의 드릴 영적 예배니라" 여기서 중요한 단어는 '그러므로'라는 단어입니다. 왜 우리는 헌신하는가? 하나님께서 은혜로 구원하신 것에 대한 감사의 응답입니다. 구원을 얻기 위해서도 아니고 천국에 가기 위해서도 아닙니다. 하나님께서 은혜로 구원해주신 것에 대한 우리의 응답일 뿐입니다.

2. 헌신의 방법

(1) 몸을 하나님께 바치는 것(12:1).

(2) 하나님의 뜻을 분별하는 것(12:2).

(3) 헌신자가 해야 할 것은 주님의 증인이 되는 것

눅 24:48에 "너희는 이 모든 일의 증인이라"고 했습니다. 행 1:8에도 "오직 성령이 너희에게 임하시면 너희가 권능을 받고 예루살렘과 온 유대와 사마리아와 땅 끝까지 이르러 내 증인이 되리라"고 하였습니다. 본래 증인이란 말은 법정 용어입니다. 본 것을 사실대로 증거하는 사람을 말합니다. 증인이 거짓말을 하면 법적인 처벌을 받는 것은 말할 필요도 없습니다. 그러므로 우리는 세상 사람들에게 증거해야 합니다. 무엇을? 예수께서 성경대로 오셨고 성경대로 십자가에서 우리 죄를 대속하기 위하여 죽으셨고 사흘 만에 다시 사셔서 천국 가는 길을 열어 놓으셨으므로 누구든지 저를 믿으면 다 구원받는다는 것을 증거해야 합니다. 롬 10:10에 "입으로 시인하여 구원에 이른다"는 말씀은 증인들의 임무가 얼마나 크다는 것을 말해줍니다.

(4) 헌신자는 제사장이 되어야 합니다.

출 19:5-6 "너희가 내 말을 잘 듣고 내 언약을 지키면 너희는 열국

중에서 내 소유가 되겠고 너희가 내게 대하여 제사장 나라가 되며 거룩
한 백성이 되리라." 베드로는 이 구절을 중심으로 2:9절에서 "오직 너희
는 택하신 족속이요 왕 같은 제사장들이요, 거룩한 나라요 그의 소유된
백성이니"라고 했습니다.

그러면 제사장은 무엇인가요? 제사장은 손을 위로 옆으로 벌리는 사
람입니다. 위로는 하나님을 찬양, 감사하고 옆으로는 이웃을 위해 하나
님에게로 가고, 하나님을 위해 이웃에게로 가는 사람입니다. 말하자면
peacemaker가 되는 것입니다.

(5) 헌신자는 청지기로서 산다.

출 19:5에 "세계는 다 내게 속하였으니"

학 2:8에 "은도 내 것이요 금도 내 것이니라"

고전 4:7에 "네게 있는 것 중에 받지 아니한 것이 무엇이뇨, 네가 받
았은즉 어찌하여 받지 아니한 것같이 자랑하느뇨" 그러므로 주인은 오
직 하나님뿐이시고 우리는 다 청지기입니다. 따라서 내 것의 얼마를 드
리는 것이 아니라 하나님께 속한 것 중에서 얼마 정도를 내가 필요로
하는 것을 위하여 남겨둘 것인가입니다. 이제 청지기로서 우리가 할 일
은 드리는 것이 아니라 분배하는 것입니다. 시간, 재능, 재산을 어떻게
분배하느냐입니다.

혈루증 환자

(마9:20-22; 막5:25-34)

1. 혈루증 환자는 우리의 모습

이 여인의 형편은 어떤가요?

(1) 깊이 병들었습니다.

에릭 프롬은 그의 「건전한 사회」란 책에서 오늘의 사회는 완전히 병들었다고 지적합니다. 그는 그 이유로서 정신병자들이 '나는 절대로 미치지 않았다. 다른 사람이 미쳤다'고 생각하듯이 현대 우리 사회는 자신은 절대로 잘못이 없다고 생각하는 바로 이것이 병든 증거라고 지적하고 있습니다. 그러면서 그는 구체적으로 세 가지를 듭니다. 즉 자살숫자의 증가, 강력범의 증가, 알코올 중독자의 증가가 바로 그 증거라고 말합니다. 따라서 에릭 프롬은 현대 문화가 병들었기 때문에 인간의 깊은 욕구를 만족시켜주지 못하고 있다고 말합니다. 그렇습니다, 우리 사회는 지금 완전히 병들었습니다. 학원가에 나도는 대자보나 유성환 의원의 구속사건은 법을 모르는 문외한인 제가 왈가왈부할 입장은 아니지만 이것이 한 가지 점만은 분명히 보여주고 있습니다. 정치가 병이 들어도 단단히 들었다는 점입니다. 교육도 돈으로 점수를 조작할 수 있게 되었고 교회도 진실보다는 거짓이 이기고 있습니다. 이것이 바로 이 혈루증 환자처럼 병든 증거입니다.

(2) 부정하여 격리상태에 있는 점

당시 혈루증 환자는 부정하다고 해서 법정에 증인으로 서지도 못하고 다른 사람과 함께 있지도 못하는 격리상태에 있어야만 했습니다. 즉 이스라엘 백성으로부터 격리되어 살았으며 섬처럼 소라처럼 떨어져 살아야만 했습니다. 지금 앞뒷집끼리 서로 모르고 사는 것이 정상입니다. 반상회 때문에 인사 정도는 하지만 그것도 여자들끼리만 그렇고 남자들은 누가 누구인지 모릅니다. 세상 사람들과 그런 것은 그렇다 치고 같은 교회 신자들끼리도 전혀 모릅니다. 그러니 서로를 위해 기도한다는 것은 불가능하고 더구나 서로 돕는다는 것은 있을 수도 없는 일이 되었습니다.

(3) 의원에 착취당하는 환자

같은 평행구절인 막 5:36절에 보면 "많은 의원에게 많은 괴로움을 받았고 있던 것도 다 허비하였으되 아무 효험이 없고 도리어 더 중하여졌던 차에"라고 기록하고 있습니다. 즉 의사들에게 아무런 도움도 받지 못하고 오히려 돈만 착취당하여, 그래서 병의 상태는 날로 더욱 심해 가기만 하였다는 것입니다.

(4) 가로막는 터널 비전

평행구절인 막 5:24절을 보면 주님 앞에 갈 수 없도록 '군중'이 막고 있었다고 하였습니다. 당시 주님은 야이로의 딸이 죽어서 그녀를 살리기 위하여 가고 있던 중이었습니다. 주변에 사람들이 많아서 도저히 접근할 수 없는 지경이었습니다. 지금 우리도 마찬가지입니다. 교인들이 주님을 만나기가 어렵습니다. 왜요? 군중이 막고 있기 때문입니다. 목사가 바쁘니 교인들을 만날 수 없는 것은 물론이고 교인들까지 주님을 만날 수 없습니다. 제도란 것이 막고 있는 것은 물론이고 개인적으로는 과거의 죄가 막고 있고 또 악령이 막고 있고 더욱 무서운 것은 부정한 병이라고 생각하는 편견이 주님 앞에 가지 못하도록 가로막고 있는 것입니다. 이것을 흔히 터널 비전이라고 말합니다. 터널에 가면 그 앞만 겨우 보이지 넓게 보지를 못합니다. 교단이라는 터널, 내 교회란 터널 때문에 멀리 보지는 못하여 남을 정죄하고 판단하려고만 듭니다. 이런 것이 바로 예수님에게 나가지 못하게 하는 현대판 군중입니다.

2. 혈루증 환자에게 주님은 어떤 축복을 주셨는가?

크게 세 가지의 축복을 주셨습니다.

(1) 심령의 평안

'딸아 안심하라'는 심령의 평안을 주셨습니다. 지금 그 여인은 불안에 떨고 있었습니다. 주님의 겉옷을 만졌으니 혹 주님께서 노하기라도 하시면 어떻게 할까? 하면서. 왜냐하면 당시 혈루증 환자는 부정하다고 해서 다른 사람과의 접촉을 금하고 있었기 때문입니다. 더구나 여자로서 남자의 옷을 만진다는 것은 있을 수 없는 일이었습니다. 그런데 주님은 딸아 안심하라고 말씀하신 것입니다. 이것은 용서를 뜻하는 말입니다. 또 이 혈루증 환자의 걱정거리인 병을 고쳐주신다는 암시이기도 합니다. 이것은 바로 평안의 축복인 것입니다. 지금 이 여인에게 있어서 이것보다 더 큰 축복이 어디 있습니까? 앞에서도 말씀드렸듯이 우리는 지금 이 혈루증 환자와 같은 입장입니다. 학원가도 걱정, 국회도 걱정, 외채도 걱정, 일본과의 무역역조도 걱정, 심지어 교단사정도 걱정, 교회 안에도 걱정, 모두가 걱정투성이입니다. 이런 우리에게 주님이 딸아, 아들아, 안심하라는 위로보다 더 큰 위로가 어디 있겠습니까?

(2) 주님께서 이 여인을 치유하여 주심

인간에게 있어서 세 가지의 고통이 있다고 합니다. 첫째는 배고픔이요, 둘째는 질병이요, 셋째는 감옥에 갇혀 가족은 물론 다른 사람들과 격리되는 것입니다. 그런데 이 여인은 지금 이 질병에서 해방된 것입니다. 또 부정하다는 이유로 타인들과 격리되어 살던 감옥 아닌 감옥에서 벗어나게 된 것입니다. 여러분들 가운데 질병으로 고생하는 분이 있습니까? 하나님의 권능이 이 시간 나타나셔서 모든 질병이 깨끗하게 치유되기를 예수님의 이름으로 축원합니다. 본의 아니게 남편과 혹은 아내와 가족과 격리되어 살고 있는 사람이 있는가? 이 시간을 기점으로 하나 되기를 축원합니다.

(3) 영적으로 용서함

"여자가 그 시로 구원을 받으니라"고 했을 때 이것은 영적으로 용서함을 받고 하나님의 자녀가 되었다는 뜻입니다. 우리가 축복의 개념을 살펴보면 구약시대에는 외적인 것이 중심을 이루었으나 신약시대에는 내적인 것이 중심을 이룹니다. 이 불쌍한 혈루증 환자는 주님에게서 이런 놀라운 축복을 받은 것입니다.

이 여인은 어떻게 이런 놀라운 축복을 받았습니까? 그것은 한 마디로 말해서 믿음이었습니다. 주님은 분명히〈네 믿음이 너를 구원하였느니라〉고 하셨습니다.

3. 혈루증 환자의 믿음은 어떤 믿음인가?

(1) 겸손한 신앙

겸손한 신앙입니다. 28절에 보면 "뒤로 와서 그 겉옷을 만지니"라고 하였습니다. 감히 앞으로 올 수는 없고 뒤로 갔습니다. 또 몸에 손을 대지 않고 겉옷에 손을 댄 것입니다. 이 얼마나 겸손한 모습입니까? 참 믿음은 겸손해야 합니다. 교만한 믿음이란 참 믿음이 될 수가 없습니다. 우리는 과거에 고려파의 독선을 잘 기억하고 있습니다. 일제 때 연약하여 신사참배한 형제들을 용서하지 못하고 정죄하고 혼자만 잘 믿는다고 교만하였던 고려파, 결과적으로 성장 못한 이유가 되고 말았습니다. 개인도 마찬가지입니다. 교만하면 앉은뱅이처럼 자라지 못합니다.

(2) 비이기적 신앙

그때 주님은 야이로의 딸을 살리러 가고 있는 중이었습니다. 이 혈루증 환자는 그것을 모를 리 없었습니다. 그래서 주님을 정지시켜 자신의 병을 고쳐달라고 붙잡지 않았습니다. 겉옷만 만지는 것만으로 병을 고칠 수 있다고 생각한 것입니다. 남에게 방해가 되지 않으려는 그 생각이 참으로 아름다운 것입니다.

(3) 단순한 신앙

"그 겉옷만 만져도 구원을 얻겠다 함이라" 얼마나 단순합니까? 주님은 바로 이런 믿음을 원하십니다. 이 단순한 믿음이 역사하는 힘이 있습니다. 이 단순한 믿음 즉 어린 아이와 같은 믿음이 바로 우리를 구원하는 것입니다. 마 18:3절에서 "너희가 돌이켜 어린아이와 같이 되지 아니하면 결단코 천국에 들어가지 못하리라"고 한 것은 바로 이런 단순한 신앙 없이는 천국에 못 간다는 뜻입니다. 예수님은 결단코 어린아이들이 무죄하다고 하신 것이 아닙니다. 어린아이들을 표현하는 말 가운데 두 가지가 있습니다. childish랄 말은 어린아이 같은 유치함을 말하는 나쁜 뜻이고 childlike란 말은 어린아이 같은 순진함, 즉 단순한 신앙을 뜻하는 말입니다. 기도할 때에도 어린애처럼 단순하게 기도해야 합니다. 어린애는 무엇을 요구할 때 결론만 말합니다. 무엇 무엇을 주세요 하고. 그러나 어른들은 이유를 설명하고 그것도 여러 가지 형용사를 총동원하고 게다가 자꾸만 반복합니다. 그러나 기도는 단순해야 합니다. 단순한 기도는 짧습니다. 긴 기도는 반복이 많고 자신도 믿지 않기 때문에 자꾸만 길게 해서 점수를 따려고 합니다. 그러지 말고 짧게 기도하고 단순하게 기도하시기 바랍니다.

요즈음 가짜가 많아서 어디어디에 가면 '진교회'가 있다고 합니다. 옆에 있는 교회가 화가 나서 자기들은 '진진교회'라고 이름을 지었다고 합니다. 교회 이름은 지역이름을 따는 것이 성경적입니다. 갈라디아 교회, 빌립보 교회니 하고, 그런데 요즈음 가짜가 많아서 그런지 자기 교회의 특징을 교회이름으로 붙이는 교회가 많아졌습니다. 순복음교회(아니 저들만 순수한 복음이 있나?) 사랑의 교회(자기들만 사랑이 있나?) 소망교회(저들만 소망이 있느냐구?) 제일교회(제일 작은 주제에 무슨 제일교회인가?) 중앙교회(변두리에 있으면서) 그래서 이런 특수한 교회들은 다 교만한 것을 알아야 합니다.. 그리고 대개는 그 이름과 정반대의 성격을 가지고 있습니다. 여러분들이여 제발 단순한 신앙을 가지고 단순하게 살고 진리는 언제나 단순하다는 것을 믿으시기 바랍니다. 세상을 어지럽히는 가짜가 언제나 복잡합니다.

맺는말

현대인들은 본문에 나오는 혈루증 환자처럼 다 병들었습니다. 타인과 격리되어 있습니다. 심지어 하나님과 떨어져 살고 있습니다. 더구나 군중들로 인해서 주님께 나아갈 수가 없습니다. 그러나 우리는 이 군중을 뚫고 주님께 믿음으로 나가야 합니다. 단순한 믿음을 가지고 나가시기 바랍니다. 그러면 딸아 안심하라는 위로와 함께 네 믿음이 너를 구원하였느니라는 치유는 물론 구원의 은총을 받게 될 것입니다. 여러분 모두에게 이런 놀라운 축복이 함께 하시기를 주님의 이름으로 축원합니다.

회개하는 자에게 주시는 주님의 축복

(눅7:36-50)

1. 회개하는 자의 자세는?

(1) 겸손입니다.

38절을 보면 예수님의 발 곁에 서있다고 하였습니다. 이것은 종의 자세요 겸손의 자세입니다. 죄인이 주님 앞에 나가려면 무엇보다도 이 겸손이 있어야 합니다. 구약에 보면 이사야는 성전에서 하나님께서 보좌에 앉으신 것을 보았다. 보니 스랍들이 모여 섰는데 두 날개로는 얼굴을 가리 우고 두 날개로는 발을 가리 우고 또 두 날개로는 훨훨 날아가는 것을 보고 "화로다 나여 망하게 되었도다. 나는 입술이 부정한 사람이요 입술이 부정한 백성 중에 거하면서 만군의 여호와이신 왕을 뵈었음이로라"고 외쳤다. 이것이 바로 겸손입니다. 모세도 타지 아니하는 떨기나무를 보고 이상해서 돌이킬 때에 "모세야 너의 선 곳은 거룩한 땅이니 네 발에서 신을 벗으라"는 음성을 듣고 신을 벗었습니다. 이것은 바로 이 죄인인 여인과 같이 종의 자세며 겸손의 표시인 것입니다. 이것이 하나님께서 원하시는 태도입니다.

(2) 부끄러워하는 태도

본문 38절에서 예수의 뒤로 그 발 곁에 서 있다는 말은 바로 부끄러워 감히 앞에서지 못하는 태도입니다. 아담은 그래도 범죄한 후에도 나

뭇잎으로 앞을 가릴 만큼은 부끄러움을 알았습니다. 그러나 현대는 그렇지 않습니다. 도무지 죄를 짓고도 뻔뻔한 것이 그 특징입니다. 도적놈이 오히려 '도적놈 잡아라.' 하고 소리를 지릅니다. 그래서 따라가던 사람이 오히려 도적 취급을 받는 세상입니다. 사실 인간은 완전한 존재가 못되기 때문에 잘못을 범할 수가 있습니다.

그러나 중요한 것은 부끄러워할 줄 알아야 합니다. 이것이 바로 양심의 소리인 것입니다. 이 여인은 자신이 죄인이라는 것을 잘 알고 있었습니다. 주님께서 죄를 지적하지 않았건만 자신이 죄인이라는 것을 잘 알고 있었습니다. 그래서 자신의 얼굴을 내밀 수가 없어서 뒤로 가서 선 것입니다.

(3) 거짓 없는 슬픔을 가져야

38절에 보면 "울며 눈물로 그 발을 적시고 자기 머리털로 씻고"라고 하였습니다. 참된 슬픔을 보여줍니다. 바울의 "오호라 나는 곤고한 사람이로다. 누가 나를 이 사망의 몸에서 건져내랴" 하며 슬퍼하는 그 눈물을 가져야 합니다. 거짓 없이 슬퍼해야 합니다. 슬픔에는 영적인 슬픔이 있고 세상적이고 육체적인 슬픔이 있습니다. 여기서 세상적인 슬픔은 고통과 괴로움을 가져오는 멸망의 것이지만 영적 슬픔은 마태복음 5:4절의 말씀대로 "애통하는 자는 복이 있나니 저희가 위로를 받을 것임이요……" 복된 슬픔이 됩니다. 바로 이런 슬픔을 우리는 가져야 합니다.

(4) 주님께 대한 참된 사랑을 가져야

38절에 보면 "그 발에 입을 맞추고"라고 하였습니다. 입과 입을 맞출 때는 동등한 사랑의 표현이지만 손이나 발에 입을 맞출 때에는 그것은 종이 주인에게 대하는 사랑의 표현인 것입니다. 이처럼 죄인인 이 여인은 주님께 대한 강한 열정과 사랑을 가지고 있었던 것을 알 수 있습니다.

(5) 진정한 봉사의 마음을 가져야

본문에 보면 눈물로 발을 적시고 자기 머리털로 씻었다고 하였습니다. 이 향유는 아마도 이 여인이 시집갈 때 지참금으로 사용하기 위해 간직한 것일 것입니다. 다시 말해서 이것은 바로 주님께 대한 이 여인이 할 수 있는 최대의 봉사였던 것입니다. 이것이 바로 회개자의 자세입니다. 물론 우리는 우리의 봉사나 공로를 통하여 구원을 받지는 못합니다. 그러나 이 봉사를 위해 하나님은 은혜로 우리를 구원한 것입니다. 엡 2:10절에 "그리스도 예수 안에서 선한 일을 위하여 지으심을 받은 자"라고 하였습니다. 다시 말해서 봉사를 통해 구원을 받은 것은 아니지만 봉사를 하기 위해서 구원을 하였다는 말입니다. 이 다섯 가지가 죄인인 한 여인에게서 볼 수 있는 회개자의 자세입니다.

2. 이 여인에게 주님께서 주신 축복의 내용은 무엇인가?

(1) 용서해주심

인간에게 가장 소중한 것은 바로 하나님의 용서입니다. 47절에 "이러므로 내가 네게 말하노니 저의 많은 죄가 사하여졌도다." 죄인인 이 여인에게 이것보다 더 큰 축복이 어디 있는가? 여러분은 하나님의 용서를 받았는가? 이 여인의 경우를 보면 "이는 저의 사랑이 많음이라"고 하여 마치 주님께 대한 사랑 때문에 용서함을 받은 것처럼 기록되어 있으나 그것은 문맥을 바로 보지 못하였기 때문입니다.

요일 4:19절에 보면 "우리가 사랑함은 그가 먼저 우리를 사랑하셨음이라"고 하였습니다. 다시 말해서 이 여인이 주님을 사랑한 것은 주님의 사랑에 대한 응답인 것입니다. 여기서 용서함을 받았다는 말은 의인이 되었다는 말이요 하나님의 자녀가 되었다는 말입니다. 여러분들은 하나님께서 여러분들이 모든 죄를 다 용서해 주셨다고 믿습니까? 하나님은 여러분들을 다 용서하셨습니다. 믿기 전에, 심지어 태어나기 전에 다 용서해주셨습니다.

(2) 평안을 주심

50절에 "평안히 가라 하시니라." 오늘날은 세상에도 가정에도 마음에도 평안이 없습니다. 가는 곳마다 불안과 초조와 불화와 싸움뿐입니다. 그런데 회개하는 심령에는 이 평안을 주십니다. 세상에는 두 가지 종류의 평안이 있습니다. 하나는 참된 평안이고 다른 하나는 거짓된 평안입니다. 그런데 주님이 주시는 평안만이 참된 평안입니다. 이 평안은 용서받은 자에게 주시는 선물인 것입니다. 회개하는 이 여인은 이 평안을 얻었습니다.

(3) 구원을 받음

50절에 "네 믿음이 너를 구원하였으니" 단순히 죄의 용서함을 받은 것이 아니라 새로운 생명, 영원한 생명을 얻게 되었다는 것입니다.

(4) 영화롭게 해주심

롬 8:30절에 보면 "미리 정하신 그들을 또한 부르시고 부르신 그들을 또한 의롭다 하시고 의롭다 하신 그들을 또한 영화롭게 하셨느니라"고 말씀하신 대로 주님은 이 여인을 영화롭게 하셨습니다. 다시 말해서 주님은 많은 사람들 앞에서 이 여인을 인정하실 뿐만 아니라 그것을 성경에 기록해서 영원토록 보존하게 하신 것입니다. 이보다 더 큰 영광이 어디 있습니까?

맺는말

여러분은 주님의 용서를 원하십니까? 마음에 참된 평안을 원하십니까? 구원과 영광을 원하십니까? 그러시면 이 여인처럼 회개하는 사람이 되어야 합니다. 겸손하고 거짓 없는 슬픔을 가지고 주님께 대한 사랑과 진실한 봉사를 하시면 용서와 평안과 구원과 영광을 얻을 줄로 믿습니다.

힘써 여호와를 알자

(호6:1-3)

　호세아란 이름의 뜻은 '구원'이란 말입니다. 가나안을 정복한 여호수아의 본 이름도 호세아였습니다(민13:16). 또한 이스라엘의 최후의 왕의 이름도 호세아(왕하15:30)였고, 예수님의 이름 히브리어의 음역도 호세아입니다.

　호세아가 하나님 앞에서 부름을 받은 것은 북 이스라엘 왕인 여로보암 2세 때였습니다. 참 이상한 것은 이때가 정치적으로 경제적으로 가장 부유한 때였습니다. 그러나 종교적으로는 가장 어둡고 부패한 때였습니다. 결국 인간의 문화란 정치적으로 경제적으로 가장 부유한 때가 가장 부패되기 쉬운 때인 것을 보여 줍니다. 호세아서의 주된 메시지의 내용은 '하나님 사랑'입니다.

　호세아가 활동할 즈음에는 이미 앗수르는 이스라엘을 침략하려고 마수를 뻗치고 있었으며, 나라 안에서는 서로 뺏고 빼앗기는 왕권 다툼이 한창 진행되고 있는 때였습니다.

1. 호세아서의 배경부터 살펴보겠습니다.

　호 1-3장을 보면 호세아 선지자의 배경상황을 자세히 살펴볼 수가 있습니다. 여기에 기록된 내용이 교훈을 위한 하나의 우화인가? 아니면 실제적 기록인가? 하고 문제가 됩니다만 그러나 내용을 자세히 살펴보면 실제로 일어난 사건임을 알 수 있습니다.

본래 고멜이란 여자는 1:2절에 보면 음란한 여자였다고 했습니다. 아마도 바알신전에 있던 창녀 출신으로 생각됩니다. 그런데 하나님께서 호세아 선지자에게 고멜과 결혼하라고 명령하십니다. 왜 그랬을까요? 그것은 하나님의 깊은 사랑을 체험적으로 깨닫게 하기 위해서입니다. 사실 당시의 유대인들은 고멜처럼 바알신을 섬겼습니다. 즉 결혼한 여자가 남편 이외에 또 다른 남자를 사랑하듯이 우상이란 정부를 두었다는 말입니다. 그럼에도 불구하고 하나님은 이스라엘을 사랑하셨습니다. 바로 이것을 보여주기 위해서 개인적으로 보면 너무도 비극입니다만 창녀인 고멜을 사랑하라, 결혼하라고 명령하셨던 것입니다.

그리고 그 사이에 세 자녀를 낳았습니다. 재미있는 것은 예언자가 되어서인지 자식들의 이름도 예언적으로 지었습니다. 첫 아이의 이름은 '이스르엘', 하나님께서 씨를 심으신다는 뜻입니다. 그런데 이스르엘이란 땅이 실제로 있었는데 어떤 곳인가 하면 예후가 이스라엘 왕 여호람과 유다왕 아하시야를 한꺼번에 죽였던 무서운 장소의 이름이 바로 이스르엘이란 곳입니다. 따라서 이 말의 뜻은 이스라엘이 너무나 엄청난 죄를 지었기 때문에 하나님께서 조금 후에 무서운 진노를 내리신다는 심판의 경고의 말입니다. 둘째 자녀의 이름은 '로루하마', 즉 긍휼히 여김을 받지 못하는 자란 뜻입니다. 이것은 당시 이스라엘이 너무 죄를 많이 지었기 때문에 하나님의 긍휼을 받지 못할 것이란 경고의 말입니다.

셋째 자녀의 이름은 '로암미'인데 그 뜻은 내 '백성이 아니다'라는 말입니다

2. 구체적인 이스라엘의 죄는 무엇일까요?

(1) 사랑과 긍휼을 송두리째 잊음

이스라엘은 하나님의 사랑과 긍휼을 송두리째 잊어버렸습니다. 역사를 보십시오. 저들을 애굽의 종살이에서 구원하여 주셨습니다. 2:8절에 보면 하나님은 좋은 것을 주시는 분임에도 그것을 잊었다고 했습니다. 이스라엘이 생각하는 것은 개인적인 소득(12:7-8)과 엄청난 재물(8:7)뿐이었습니다.

(2) 바알을 열심히 섬김

이스라엘은 바알을 섬기는 일에만 정성을 쏟았습니다. 바알과 더불어 음란한 행위를 저지르고(9:10) 바알신전을 재건하였습니다(8:5,11).

(3) 제사장과 선지자들의 수수방관

한편 제사장들과 선지자들은 수수방관해 버리는 죄를 범했습니다. 왜냐하면 하나님의 종들은 영적으로 무지할 뿐만 아니라(4:4-6) 스스로 범죄 하는 일에 빠져 들어갔던 것입니다(4:8-9).

(4) 왕들과 방백들도 마찬가지였습니다(5:1-2,10).

(5) 외부 나라와 동맹을 맺음

이스라엘 백성들은 외부 나라와 동맹을 맺고, 군비를 증강시킴으로써 안전을 도모하려고 계획하고 있었습니다(7:11; 8:9).

3. 이스라엘이 사는 비결은 무엇인가?

세 가지를 지적하고 있습니다.

(1) 여호와께로 돌아가라

회개란 다른 것이 아니라 바로 돌아간다는 뜻입니다. 세상을 향하던 우리가 주님을 향하여 돌아가는 것이 바로 회개입니다. 당시 유대인들은 바알신을 섬겼습니다. 그래서 호세아는 출애굽을 시키고, 이스라엘을 구원해주신 하나님에게로 돌아가라는 것입니다. 그러나 유대인들은 의식만 행하고 마음은 하나님께로 돌아가지 않았습니다.

(2) 하나님 앞에서 살라

우리 성도들에게 가장 중요한 것은 신전의식입니다.(코람데오) 즉 하나님 앞에서 사는 생활이 바로 신앙생활입니다. 세상 사람들은 사람 앞에서 삽니다. 그러나 우리 신자들은 하나님 앞에서 사는 것이 차이점이고 특징입니다. 여기서 하나님 앞에서 산다는 말은 하나님과 동행하는 삶을 말합니다. 창세기 5장에 보면 에녹은 자녀를 낳은 것과 하나님 앞에서 동행한 것밖에는 아무것도 한 것이 없습니다. 그러나 그는 죽음을 맛보지 않고 하나님이 데려가셨다고 했습니다. 다시 말하면 하나님이 가장 원하시는 것은 하나님과 동행하는 것입니다.

(3) 힘써 여호와를 알자

여기서 안다는 것은 단순한 지식이 아닙니다. 이것은 요 17:3절에 기록된 영생의 개념과 같은 것입니다. 다시 말하면 하나님과 깊은 교제를 가지는 것을 말합니다. 이것이 바로 하나님과 동행하는 것입니다.

본문에서 하나님을 안다는 것은 하나님이 저들의 주가 되시고 왕이 되심을 마음속 깊이 인정하고, 그의 언약 속에서 순종하며 사는 것을 말합니다. 칼뱅은 그의 유명한 「기독교 강요」란 책에서 하나님 지식이 바로 인간 지식이라고 지적하고 있습니다.

다시 말하면 하나님을 알아야 내가 누구인가를 깨닫게 되고, 나의 죄됨과 연약함과 유한함을 알게 된다는 것입니다. 그래서 하나님을 아는 것은 대단히 중요합니다.

4. 하나님을 힘써 알 때에 어떤 축복을 주시는가?

(1) 첫째로 빛같이 나오신다고 했습니다.

어둠속에서 방황하는 우리들에게 갈 길을 인도해주신다는 뜻입니다. 또 빛이 만물을 자라게 하듯이 자라게 해주신다는 것입니다.

(2) 둘째로 늦은 비같이 땅을 적셔주신다고 했습니다.

이것은 당시 사람들에게는 대단히 중요한 의미를 가지는 말씀입니다. 왜냐하면 중동에는 비가 오지 않아 가뭄이 심하여 흉년이 들었습니다. 그래서 저들은 바알이란 신을 섬겼는데 바알신은 비를 오게 하는 신이라고 믿습니다. 그들은 생각하기를 여호와보다는 비를 오게 하는 바알신이 더 필요하고 귀하다고 보았습니다. 따라서 하나님이 비를 오게 하신다는 것은 저들이 볼 때 최고의 축복이라고 할 수 있습니다.

그러나 이 말씀은 그 이상의 의미를 가지고 있습니다. 바로 성령의 충만을 약속하신 것입니다. 하나님은 이른 비와 늦은 비를 통해서 우리들을 축복해주실 것을 약속했습니다. 이른 비는 바로 오순절의 성령 강림입니다. 늦은 비는 재림 직전에 주실 성령의 충만을 말합니다.

지금 우리는 주님의 재림 직전에 살고 있습니다. 어느 때보다도 하나님의 지혜와 능력을 받아야 합니다. 늦은 비의 역사가 필요한 때입니다. 이제 바라기는 천국일꾼을 키우고, 대전을 복음화하고, 북한에 복음을 전하기 위해서는 우리에게 늦은 비의 역사가 일어나야 합니다.

그런데 우리들에게 늦은 비같이 땅을 적셔주신다고 했습니다. 바라기는 이 시간 성령의 단비가 우리의 마음속에 흡족히 적셔주실 것을 주님의 이름으로 축원합니다.

직분을 잘 감당하는 신자

(딤전3:8-13)

교회 안에는 여러 가지 직분이 있습니다. 그 중에서도 집사직은 평신도들과 가장 많이 접촉하는 직분입니다. 집사는

1) 교회의 교량이요.

2) 교회의 간판이요.

3) 봉사하는 손발입니다. 이들에 따라서 교회의 성장, 교회의 성격 및 교회의 모습이 결정됩니다.

1. 이상적인 집사의 자격(딤후2:15).

(1) 고상한 인품(8절)

고상한 인품은 그리스도를 담는 그릇입니다. 그러면 고상한 인품이란 무엇을 의미합니까?

첫째로(단정) : 외형적인 것만을 말하는 것이 아니고 '정직하고' '존경할 만한' 것을 의미합니다.

(예화) 충현교회 대학부에 '차'라는 교사가 있었습니다. 그는 일류대학을 졸업한 보기 드문 지성인이었으나 외형이 단정치 못하여 많은 말썽을 일으켰습니다. 결국 집사가 되지 못하였습니다. 그는 기인이었습니다. 그러나 중요한 것은 단정이란 결국 마음속까지를 포함하는 단어입니다.

둘째로 '일구이언하지 아니하고' : 일구이언이란 이 사람에게는 이 얘기, 저 사람에게는 저 얘기를 하는 것을 말합니다. 다시 말하면 여러 가지 목적으로 일관성 없이 말하는 것을 의미합니다. 교회의 문제는 바로 이런 사람들에게서 나옵니다. 이것은 이중인격에서 비롯됩니다. 요즈음 우리 사회가 혼란하니까 '유비통신'이 날뛰고 있습니다. 그런데 교회 안에도 이것이 있습니다.

(예화) 이솝이 우화(주인이 종에게 세상에서 제일 좋은 것을 사오라고 하니 혀를, 제일 나쁜 것을 사오라니 혀를 사왔다고 함). 사실 한국인은 대부분 4중 인격을 갖습니다. 불교식으로 생각하고 유교식으로 살고 무속적으로 믿고 가기는 교회에 가고.

셋째는 '술에 인박히지 아니하고' : 술에 마음이 사로잡히지 않은 사람을 말합니다.

넷째로 '더러운 이를 탐하지 아니하고' : 비열한 수단으로 사소한 이득을 취하는 것을 말합니다.

(예화) 50원 짜리 명찰을 75원씩 가져온 집사가 있었습니다, 불신자들에게 더 싸게 더 좋은 것을 살 수 있다는 것은 이해가 가지 않습니다. 고상한 인품이란 바로 이 네 가지를 종합적으로 말하는 것입니다.

(2) 믿음이 좋아야 함(9절)

그러면 믿음이란 무엇인가? 믿음이란 삶의 근거를 그리스도에게 두고, 그만을 의지하고, 그만을 바라보고, 그에게 모든 것을 내어 맡기는 것을 의미합니다. 그러려면 믿음의 비밀 즉 그리스도를 통한 구원의 비밀을 깨달은 사람이어야 합니다.

(3) 교회에서 인정을 받아야 함(10절)

즉 특별히 좋은 것, 장점이 없어도(책망 받을 것이 없는 상태)라야 된다. 11절에 나오는 '여자들도'라는 말은 여집사라기보다는 집사의 아내들(칼뱅의 견해)을 말합니다.

(4) 가정에서 존경받는 사람이어야 합니다.

12절에 "자녀와 자기 집을 잘 다스리는 자"라는 것은 바로 가정에서 개막나니가 되어서는 안 된다는 말입니다. 옛말에 '집에서 새는 바가지 나가서도 샌다'고 하였고 또 '수신제가 치국평천하'라고도 하였습니다.

(예화) 이런 사람은 곤란합니다. 즉 아들에게서 : '아이구! 아빠가 집
　　　사야, 웃기네?' 혹은 아내에게서 : '당신이 장로야, 집사야,
　　　그 교회 되게 사람 없네'라는 말을 들을 때 문제가 많은 것입
　　　니다.

2. 직분을 맡은 집사들이 해야 할 일은?

(1) 무엇을 하려고 하기 전에 자신부터 잘 믿어야 합니다.

교인들은 목사의 말보다 먼저 믿는 집사들을 본받습니다. 그러므로 어떻게 믿느냐 하는 것은 대단히 중요합니다.

(2) 섬기는 생활을 잘 해야 합니다.

요 13장을 보면 예수님은 제자들에게 섬기는 생활의 본을 보여주셨습니다. 또 막 10:45절에서 주님은 "인자의 온 것은 섬김을 받으려 함이 아니요 섬기려 왔노라"고 하였습니다. 그런데 우리는 섬기는 것을 안 하려고 합니다. 본래 집사라는 말은 영어로 deacon이란 말인데 이것은 헬라어의 diaconia에서 유래된 것인데 그 뜻은 먼저 속을 왔다 갔다 한다는 뜻입니다. 즉 봉사를 의미하는 말입니다. 봉사 안 하는 집사는 집사가 아닙니다. 요즈음 집사를 무슨 벼슬로 알고 봉사는 전혀 안 하

는 사람들이 적지 않습니다. 그거나마 주어야지 안 주면 교회에도 안 나오는 사람들이 많습니다.

(3) 교량적 역할 즉 전도자가 되어야 합니다.

그런데 어떤 집사들은 방해꾼이 되는 경우도 있습니다. 인간은 다 섬처럼 떨어져 살고 있습니다. 이들을 연결시켜주어야 합니다. 그 줄은 바로 사랑의 줄이요 교량입니다.

(4) 교회의 눈이 되어 어렵고 불쌍한 사람을 알리고 돌봐줘야 합니다.

여의도순복음중앙교회가 성장하는 이유 중 하나는 구역의 조직이 잘 되어 있어서 죽기 전에는 구역에서 나올 수 없게 되었기 때문입니다.

3. 맡은 사명을 충성스럽게 감당했을 때 주시는 축복은

고전 4:2절에 "맡은 자들에게 구할 것은 충성이니라"고 하였습니다. 이제 충성스럽게 맡은 바 사명을 잘 감당한 자가 받는 보상은 무엇인가요? 13절에 두 가지가 기록되어 있습니다.

(1) 아름다운 지위를 가짐

여기서 '칼로스'란 헬라어는 선한, 혹은 맡겨진 역할을 잘 감당하는 것을 말합니다. 그러면 여기서 말하는 지위는 어떤 것일까요? 지위는 발판, 계단을 의미합니다. 이것은 첫째 교회 안에서의 장로나 그 밖의 중요한 지위, 둘째 사회적인 높은 지위, 셋째 무엇보다도 하나님 나라에서의 위치와 면류관을 뜻하는 말입니다.

(2) 믿음에 큰 담력을 얻는다.

이것은 확신을 뜻하는 말입니다. 그런데 현대의 특징은 확신이 없다는 것입니다. 요즈음에 '…… 같아요'라는 말이 유행하지만 옛날에는 '글쎄요'라는 말이 유행한 적이 있습니다. 새해에는 집사로 봉사해야지요 라고 말하면 '글쎄요'라고 대답합니다. 천국이 있는 것을 '믿습니까?'라고 말하면 '글세요'하고 자신 없는 대답을 합니다.

  (예화) 심지어 '글쎄요'를 비판하는 교수에게 기자가 선생님은 이런
        사람들의 심리를 어떻게 생각하십니까? 하고 물으니 대답을
        '글쎄요'라고 하였습니다. 이게 바로 우리들의 병입니다. 그러
        나 성경은(딤후3:14) "그러나 너는 배우고 확신한 일에 거하라"
        고 말합니다.

  신앙의 성장이란 롬 10:17절의 말씀대로 "그러므로 믿음은 들음에서
나며" 먼저 하나님의 말씀을 읽고 들어야 합니다. "이 예언의 말씀을 읽
는 자와 듣는 자들과 그 가운데 기록한 것을 지키는 자들이 복이 있나
니 때가 가까움이라"(계1:3). 또 영적 exercise를 통해서 영적으로 건강
해져야 합니다. 주님은 '믿는 대로 될지어다'라고 하였습니다. 믿고 구원
받고 믿고 축복을 받으시기를 주님의 이름으로 축원합니다.

지혜 있는 자같이

(엡5:15-21)

어두운 밤에는 한 줄기의 등불이 그렇게 고마울 수가 없습니다. 더구나 길을 잃고 헤매고 있는 사람들에게는 이것은 구원의 빛이기도 합니다. 그런데 지금 우리가 살고 있는 세상은 과거에 전혀 들어보지도 못하고 생각지도 못했던 많은 문명 이기의 발달로 모든 것이 편안해진 것이 사실이지만 그렇다고 우리의 가는 길이 밝기만 한 것은 아닙니다. 어떤 면에서는 과거의 어느 때보다도 어디로 가야 할지 더욱 불분명하고 막연한 것이 오늘의 특징이기도 합니다.

TV의 무수한 광고나 신문의 수많은 기사들은 우리의 판단을 흐리게 하고 있습니다. 이런 정보의 홍수 속에서 무엇이 옳고 무엇이 그른지를 결정하는 것은 거의 불가능합니다. 본문에 "어떻게 행할 것을 자세히 주의하라"는 말은 걸려 넘어지지 않도록 조심스럽게 주위를 살핀다는 말입니다. 이것은 지혜롭게 행동하라는 말이요 무지해서는 안 된다는 뜻입니다. 사실 지금 얼마나 많은 그리스도인들이 생활에 걸려 넘어져 주님의 뜻을 알려고 하지 않는지 모릅니다.

주의하여 행하는 대신에 목표를 잃고 마침내는 우회하는 괴로움을 당합니다. 이것은 우리에게 표준이 없기 때문입니다. 지혜가 없기 때문입니다. 그런데 참 지혜는 사람에게서 나오는 것이 아니고, 하나님께서 주시는 것입니다. 그래서 이 시간에는 하나님께서 우리에게 주신 말씀의 표준에 따라 지혜 있는 자같이 사는 길이 무엇인가를 함께 살펴보면서 은혜를 나누려고 합니다.

1. 세월을 아끼라

성경에 세월을 아끼라고 하였습니다. 여기서 아낀다는 말은 원문에 보면 '산다', '구원합니다'는 뜻입니다. 즉 시간을 올바르게 사용함으로써 기회를 사라는 말입니다. 시간이란 그냥 두면 자꾸만 쓸데없는데 매이게 되기 때문에 그것을 자유롭게 해서 선한 일에 사용해야 한다는 말입니다. 인간에게 있어서 가장 공평한 것은 모든 사람에게 하루는 24시간이고 일 년은 12달이라는 점입니다.

똑같은 시간이 모든 사람에게 주어졌고 이제 남은 것은 각자 능력에 따라 이 시간이라는 실에 보석을 꿰매는 것입니다. 중년이 지나면 실에 꿰맨 것들이 눈에 보이기 시작합니다. 어떤 사람은 재물의 보화를, 어떤 사람은 지식의 보화를, 어떤 사람은 권력의 보화를, 또 어떤 사람은 기술의 보화를 이렇게 저렇게 모두 갖추게 됩니다. 사실 기회는 모든 사람에게 찾아오지만 그것을 잘 활용하는 자는 소수입니다.

그러나 지혜 있는 자는 기회를 행복으로 바꿉니다. 라블레는 기회를 이렇게 표현했습니다. '기회는 앞머리는 털이 있지만 뒤통수는 대머리다. 당신이 만약 기회를 만들려거든 그 앞머리를 꼭 잡도록 하라.' 그런데 많은 사람들은 왜 내게는 기회가 오지 않느냐고 합니다. 그것은 기회를 만들지 않았기 때문입니다. 왜냐하면 기회란 나 여기 간다 하고 오는 것이 아니라 우리 쪽에서 먼저 찾아내야 되기 때문입니다.

(예) 이솝의 우화에 개와 이리의 이야기가 있습니다. 배가 몹시 고픈 이리가 먹을 것을 찾아 돌아다니다가 닭장 앞에서 낮잠을 자고

있는 개를 만났습니다. 이상한 발자국 소리에 놀란 개가 몸을 피하려고 했으나 때는 이미 늦어 이리에게 잡히고 말았습니다. 그때 개가 애원했습니다. 이리님, 물론 잡수셔야 하지만 저는 병을 앓고 난 후라 살이 빠지고 맛이 없으니 앞으로 열흘만 있으면 주인댁에 큰 잔치가 있는데 그때 고기를 많이 먹고 살이 찔 테니 그때 잡수시면 좋지 않겠습니까? 이리는 살이 빠진 개를 먹는 것보다 그것이 좋겠다고 생각되어 개를 놓고 숲으로 갔다. 약속한 날이 되어 개가 있는 그 집으로 찾아 갔습니다. 그런데 개는 닭장에 있지 않고 높다란 지붕 위에서 낮잠을 자고 있었습니다. 지붕에 올라갈 수 없는 이리는 개를 불렀습니다. 그러자 개가 하는 말이 어떤 놈이 날 잡아먹으라고 내려가겠느냐고 핀잔을 주자 이리는 약이 올랐지만 참고 돌아올 수밖에 없었다는 것입니다.

이 이야기는 기회를 놓친 이리의 어리석음과 순간적인 부주의로 실수한 것을 기지로 모면한 개에 관한 교훈입니다. 롬 13:11절에도 "또한 너희가 이 시기를 알거니와"라고 시기, 즉 기회를 바로 알아야 할 것을 말씀하고 있습니다. 우리는 연말이 되면 아 참 세월이 빠르다 하면서 무언가 생각을 하는 척하다가 또 금방 잊고 맙니다. 그래서 일 년이 지나고 나면 어느 유행가의 가사대로 '빙글 빙글' 돌기만 하다 맙니다. 그 이유는 다른데 있는 것이 아니라 하나님의 뜻이 무엇인가를 파악하지 않고 제멋대로 살기 때문입니다. 내 뜻대로 사는 것은 바로 시간낭비입니다. 오직 하나님의 뜻대로 사는 것만이 시간을 아끼는 것이요 기회를 만드는 것이요 열매를 남기는 일입니다.

본문에는 왜 세월을 아껴야 하는가 하는 이유를 밝히고 있습니다. 때가 악하기 때문이라고 하였습니다. 이 말은 도처에 불필요한 유혹에 대한 기회가 많다는 얘기이고 사치와 쾌락에 대한 유혹이 많다는 말입니다. 우리는 가끔 백화점이나 가게에 갔다가 여기저기서 붙드는 바람에 빠져나오느라고 살 것도 못 사고 도망쳐 나오는 경우가 있습니다. 우리의 삶에도 모든 것이 우리를 유혹합니다. 눈을 통해서 귀를 통해서 감각을 통해서 유혹합니다.

그러므로 우리는 단 한 번밖에 없는 인생을 불필요한 일에 허비하고 나중에 후회하지 않기 위해서 기회를 사서 모으고 불필요한 일에 분요하지 말고 보다 값진 일을 위해서 저축해야 합니다. 이것이 첫째가는 지혜입니다.

2. 주의 뜻이 무엇인가 이해하라고 함

이것은 앞에서 말한 기회를 사는 구체적 비결을 말씀한 것입니다. 인간의 뜻대로 살면 결국 시간만 허송하고 마는 것이기 때문에 하나님의 뜻을 따라 살아야 합니다. 그러려면 무엇보다도 하나님의 뜻이 무엇인지 이해해야 합니다. 하나님의 뜻은 계시된 뜻이 있고 계시되지 않은 섭리의 뜻이 있습니다. 계시된 하나님의 뜻은 두 말할 필요도 없이 성경에 있습니다. 그런데 문제는 많은 사람들이 성경에 계시된 하나님의 뜻을 바로 이해하지 못하고 제멋대로 이현령비현령합니다. 또 편식하는 사람처럼 제가 좋아하는 구절만 순종합니다. 더욱 문제가 되는 것은 하나님의 섭리의 뜻을 알지 못해 괴로워합니다. 이것은 인간의 한계입니다. 하나님은 그의 섭리의 뜻을 사람들에게 말씀하시지 않고 비밀에 두시기를 원합니다. 그러므로 우리는 그 섭리를 찾아내려고 몸부림치는 어리석음을 범하지 말아야 합니다. 다만 하나님께 맡기고 지내노라면 오랜 체험 속에서 그것을 깨닫게 해주실 때가옵니다. 그것이 지혜입니다. 그러므로 보다 중요한 것은 하나님께서 우리에게 계시하시기를 원하는 성경에서 그의 뜻을 찾는 일입니다. 성경은 광산과 같아서 그냥은 하나님의 뜻이 발견되지 않고 찾아야 나타납니다. 구하고 찾고 문을 두 드려야 비로소 진리는 제 모습을 나타냅니다. 그래서 설교를 듣는 것은 아주 중요합니다. 혼자서 성경을 읽는 것도 좋지만 더욱 중요한 것은 강단을 통해서 들려주는 하나님의 말씀입니다. 그래서 칼뱅은 설교 없이 하나님의 구원의 역사는 일어나지 않는다고까지 말한 바가 있습니다.

3. 술 취하지 않고 성령 충만한 생활을 함

인생은 무엇인가 취하지 않고는 살 재미가 없습니다. 괴로움뿐입니다. 그래서 어떤 사람은 마초에 취하고 또 어떤 사람은 술에 취하고 또 어떤 사람은 여자에 취하고 또 어떤 사람은 돈에 취합니다. 아편에 취하기도 합니다. 그러나 인생을 지혜롭게 살려면 본래의 '자기의 본 모습으로 돌아와서' 모든 것을 해나가야 합니다. 그러려면 성령 충만해야 합니다. 많은 사람들은 성령 충만하다는 것은 좀 비정상적인 사람이 되는 것으로 착각합니다. 아닙니다. 오히려 가장 정상적인 사람이 되는 것을 말합니다.

요즘 성령 받았다면 사람들 대부분이 귀신에 홀린 사람처럼 뭔가 이상한 사람으로 봅니다. 큰일 났다. 성령이란 이름으로 무속적인 미신에 빠진 것과 혼동하고 있습니다. 그러나 성경은 그렇게 말하고 있지 않습니다. 성령 충만하다는 말은 성령에게 인도됨을 말합니다. 돛단배가 돛폭에 바람을 팽팽하게 타고 가는 것과 같이 사랑과 기쁨과 평화로 가득 차는 것을 말합니다.

어떤 역경에서도 오래 참고 남에게 자비한 마음을 가지고 선한 일을 하기를 좋아하고 자기가 맡은 일에는 충성하고 남들에게 온유하고 절제

할 줄 아는 사람이 바로 성령 충만한 사람입니다. 요즘 모든 것이 비정
상화되고 있습니다. 그래서 비정상적인 것이 정상적인 것처럼 보이고
있는 실정입니다. 그러나 성경은 참된 표준이 무엇인가를 분명하게 보
여줍니다. 따라서 지혜 있는 자는 이 표준에 따라 사는 사람입니다.

4. 항상 감사하고 찬송하며 사는 것

감사는 마술과 같은 힘을 가지고 있습니다. 가는 곳마다 이적을 일으
킵니다. 감사해서 싫어하는 사람 없습니다. 감사는 사람의 마음을 열어
줍니다. 하늘 문을 여는 열쇠이기도 합니다. 건성으로가 아니라 진정으
로 감사해 보십시오. 누구에게라도 좋으니 감사해 보십시오. 먼저 부모
님에게서부터 시작해 보십시오. 나는 그것을 찾으려고 얼마나 괴로워했
는지 모릅니다. 구체적으로 찾아야하기 때문입니다. 그러다가 나는 구
체적인 해답을 찾아냈습니다.

(1) 부모는 나를 낳아 길러주시고 성년이 되기까지 보살펴주셨다.

(2) 나를 공부시키기 위하여 시골서 서울로 올라오셔서 나를 눈뜨게
　　해주셨다.

(3) 좋은 음성을 유전해 주심

무엇보다도 나에게 좋은 음성을 유전으로 받게 해주셨습니다. 더 이
상 무엇을 바라겠습니까? 나는 그것으로 늘 부모님에게 감사합니다. 그
래서 매달 부모님에게 십의 이조 이상을 드리고 동생들의 모든 공부를
내가 시켰고 비록 시골이기는 하지만 그 마을에서 가장 좋은 집을 사서
살게 해주고 아무리 바빠도 매달 두 번 이상 찾아뵙습니다.

다음으로 나는 감사를 아내에게서 찾습니다. 나는 지금의 내가 성공
한 뒤에는 아내의 눈물과 수고와 땀의 밑거름 없이는 불가능하다는 것
을 잘 압니다. 그래서 나는 이것을 어떻게 감사할까 하고 늘 찾습니다.

이렇게 감사를 차츰 넓혀나가면 마침내 하나님의 은혜가 너무 큰 것에 목이 메게 됩니다. 나 위해 독생성자를 보내 십자가에 대신 죽게 하여 나를 살려주신 그 하나님, 어떻게 이것을 우리는 다 감사할 수 있는가 며칠 전에 소령으로 있는 믿음의 형제가 내게 찾아와서 자기가 지금 시험을 받고 있는데 그것이 다 하나님을 원망한 데 있다고 고백하였습니다.

내가 하나님을 믿고 잘된 것이 무엇이냐? 돈을 벌었느냐? 큰 출세를 했느냐? 도대체 무엇이냐고 반발했다는 것입니다. 그 후에 그는 지금 부도로 인해서 도의적 책임을 지고 군생활을 그만두어야 할지도 모르는 처지라고 했습니다.

여기서 우리가 한번 생각해 봅시다. 많은 사람들은 무엇을 받으니까 감사하고, 믿고 하는 것이 사실이지만 그 사람은 아직도 믿음의 초보단계에 있을 뿐입니다. 하박국 선지자를 보십시다. 그는 "비록 무화과나무가 무성치 못하며 포도나무에 열매가 없으며 감람나무에 소출이 없으며 밭에 식물이 없으며 우리에 양이 없으며 외양간에 소가 없을지라도 나는 여호와를 인하여 즐거워하며 나의 구원의 하나님을 인하여 기뻐하리로다"(합3:17-18)고 하였습니다. 감사하는 사람은 항상 찬송하며 삽니다. 이것이 바로 지혜 있는 자로 사는 삶입니다.

5. 그리스도를 경외함으로 피차 복종함

그 구체적 내용이 22절 이하에 나옵니다. 부부간의 관계, 부모와 자식 간의 관계, 노사 간의 관계 등에서 질서와 사랑과 의무가 있다고 하였습니다. 여기서 무엇보다도 중요한 것은 그리스도를 경외하는 것을 표준으로 하고 있다는 점입니다. 인간에게는 어쩔 수 없이 계급이라는 것이 존재하기 마련입니다. 이것이 바로 질서입니다. 그러나 그것은 일방적인 것이 아니라 피차 책임을 지는 것입니다. 지금 우리 사회의 문제점은 이것이 깨어졌다는 데 있습니다. 국민은 정부를 무조건 불신할 것이 아니라 우리의 협력과 의무를 다해야 합니다. 또 정부는 국민의 소리를 들어야 합니다. 이것이 피차 복종하는 일입니다.

맺는말

연말을 당하여 지금까지 우리가 어리석게 살아온 과거를 반복하지 않기 위해서는 참 지혜 있는 자같이 행하여야 합니다. 그것은 먼저 나의 삶을 다시 하나님의 말씀의 나침판 위에 올려놓고 그것이 지시하는 방향으로 가는 것입니다. 왜냐하면 인간은 변해도 하나님의 말씀은 변하지 않기 때문입니다. 시편 90편에 보면 모세의 기도가 나옵니다. 그는 "우리에게 날 계수함을 가르치사 지혜의 마음을 얻게 하소서"라고 기도했습니다. 그렇습니다. '지혜는 날 계수에서 시작'합니다. 자기의 인생의 한계를 알고 그것을 어떻게 하나님의 뜻대로 순종하며 사는 것밖에는 없습니다. 그래서 주의 뜻을 분별하고 성령의 충만을 받아 항상 감사하고 찬송하며 피차 복종하고 살아야 합니다. 그래서 후회 없는 삶이 되도록 하시기 바랍니다.

지혜의 사람

(잠 16:3-4)

학생 여러분은 지금 갈림길에 서 있습니다. 진학이냐? 취업이냐? 진학할 경우 무슨 학과를 택할 것이냐? 취업할 경우에는 무슨 일을 시작할 것이냐? 아마도 취업을 하려고 하는 사람들의 대부분은 소위 열등감을 가지고 있을 것입니다. 왜 나는 남들처럼 공부를 못하는가 하고, 그러나 그럴 필요는 없습니다.

정주영이 대학을 나왔는가? 강인득이 대학을 나왔는가? 그러나 그들 밑에는 대학을 나온 수만 명의 사람들이 취직하려고 줄을 서 있습니다. 악성 모차르트는 학력만 따진다면 그는 무학입니다. 처음엔 아버지에게서, 나중에는 개인 교수로부터 음악을 배웠을 뿐입니다.

노벨상으로 이름을 떨치는 노벨도 거의 독학이었습니다. 에디슨의 경우는 더욱 참담했습니다. 그는 담임선생으로부터 네 머리는 텅텅 비었다는 핀잔만 들어야 했습니다. 그의 아버지도 그를 저능아로 취급하였습니다. 그러나 그는 뒷날 1300종의 발명특허를 갖는 발명왕이 되리라고는 아무도 생각지 못했습니다. 아인슈타인도 그렇습니다. 그는 고등학교 때 너 같은 멍텅구리 때문에 모두의 규율이 문란해졌다고 욕을 먹은 사람입니다.

그러므로 공부를 좀 못한다고 해서 기가 죽으면 안 됩니다. 최선을 다한 후에는 하나님이 길을 열어주신 대로 하십시오. 왜냐하면 그것이 가장 좋은 길이기 때문입니다. 아무튼 지금 여러분들은 가장 중요한 갈림길에 서 있습니다. 여기서 어떻게 정하느냐에 따라 인생의 길은 결정됩니다.

〔예〕 백두산의 빗방울이 동으로 떨어지느냐 서로 떨어지느냐에 따라 방향이 결정된다. 그러면 어떻게 해야 하나?

1. 너의 행사를 여호와께 맡기라

우리는 양처럼 무지하고 힘이 없다는 것을 알고 본문의 말씀대로 "너의 행사를 여호와께 맡기라 그리하면 너의 경영하는 것이 이루리라"(잠 16:3)하신 말씀, 여호와께 맡긴다는 말은 무슨 뜻인가요? 주어진 기회를 활용하라는 말입니다. 근시안적으로 보지 말고 멀리 인생을 보라는 말입니다.

〔예〕 내가 대학에 진학할 때 나는 고등학교 때 일등을 했기 때문에 신학을 하겠다고 했더니 다들 '야, 이놈아 너처럼 똑똑한 놈이 왜 거기를 가느냐'고 했습니다. 물론 그 당시에는 공부를 잘못하는 사람도 신학교에 갔습니다. 그러나 나는 고집을 부리고 그것이 하나님의 뜻이라고 생각하고 갔습니다. 세월이 30년 가까이 지나니 결과가 나타났습니다. 그 당시 가장 인기 있는 과가 경제과를 졸업하고 은행에 가는 것이었습니다. 그러나 그때 은행에 들어간 사람들의 대부분이 쫓겨났거나 지금은 후회하고 있습니다. 그러나 버스 지난 다음 손드는 격이 되고 말았습니다.

그러므로 지금 가장 인기 있는 과가 여러분이 졸업하고 취업을 할 때 인기 있는 것은 아닙니다. 오히려 적성에 맞는 과에 좀 미련하게 보여도 들어가면 여러분들이 졸업하고 취직을 할 때는 가장 인기 있고 보람 있는 과로 만들어 줍니다. 지금 많은 학생들이 과보다는 대학 배지만 보고 들어가는데 약 60%가 후회하고 있습니다.

(예화) 20여 년 전에 서울여대에 들어간 처녀가 있었습니다. 남들은 서울대학, 연세대학, 고려대학에 들어갔으나 이 처녀는 고집을 부리고 서울여대에 들어갔습니다. 그가 지금의 학장인 정구영 박사입니다. 그가 서울대학이나 연세대학에 들어갔다면 교수자리 하나 차지하지 못했을 것입니다. 그러므로 근시안적으로 세상을 보지 말고 눈을 멀리 뜨고 인생을 보시기 바랍니다.

2. 비전을 가지고 도전하기를

비전을 가져라. 꿈을 가져라. 아이고, 목사님 꿈이고 뭐고 지금은 예비고사의 점수가 어떻게 되느냐가 중요합니다. 나중에 삼수갑산에 가는 한이 있어도 우선 시험이 문제예요 라고 말할 것입니다. 나도 지금까지 살면서 시험 깨나 봤습니다. 28년 전에, 충현고등부를 졸업했으니 말입니다. 그러나 그렇지 않습니다. 창 28장에 보면 야곱이 하란으로 가는 도중에 한 광야에서 잠을 잤습니다. 꿈에 본즉 사닥다리가 땅위에 섰고 그 꼭대기가 하늘에 닿은 것을 보았습니다. 그리고 하나님의 사자가 그 위에서 오르락내리락 하는 것을 보았습니다. 이때 그는 하나님의 음성을 들은 것입니다. "내가 너와 함께 있어 네가 어디로 가든지 너를 지키며 너를 이끌어 이 땅으로 돌아오게 하리라"(28:15). 여기서 꿈의 성격을 잘 말해줍니다. 큰 뜻, 혹은 꿈을 가진다는 것은, 공상만 하는 것이 아닙니다. 그것은 땅에 근거하여 서 있지 않으면 안 됩니다.

(예화) 윌리엄 클라크의 마지막 말 : Boys ambitious! 그렇다. 야망의 두 날개를 가져라. 그러나 그것을 이루려면 두 가지를

가져야 합니다. 그 두 날개가 무엇인가요? 하나는 실력이고 다른 하나는 때와 장소를 분별하는 지혜입니다. 베이콘이 그의 유명한 책 「Novum Organum」이란 책에서 "아는 것이 힘이다."라는 유명한 말을 했습니다. 그러므로 여러분들이 대학에 진학하든 취업을 하든 안 하든 아는 것이 힘이기 때문에 계속해서 배워야 합니다. 좋은 대학 나와도 졸업 후에 공부 안하면 몇 년 후에 바보 병신이 됩니다.

지금은 평생교육을 해야 하는 시대에 살고 있습니다. 더구나 지식의 홍수시대에 살고 있는 여러분들은 계속해서 배워야 합니다. 그러나 그것만으로는 부족합니다. 지혜가 있어야 합니다. 전도서 3장에 보면 "모든 것이 때가 있다"고 하였는데 그것을 아는 것이 지혜입니다.

내가 서야 할 장소가 어디고 서지 말아야 할 장소가 어디인가를 아는 것이 지혜입니다. 이것은 책에서 배우는 것이 아닙니다. 이 지혜를 갖고 싶지 않습니까? 그 해답이 야고보서 1:5에 있습니다. "너희 중에 누구든지 지혜가 부족하거든 모든 사람에게 후히 주시고 꾸짖지 아니하시는 하나님께 구하라 그리하면 주시리라" 왜 시험공부로 바쁜 여러분들에게 예배드리려, 신앙생활 하라고 하는지 아십니까? 우리의 의무이기도 하지만 순간순간이 하나님에게서 지혜를 받기 때문입니다. 세상 사람들은 그것을 '운'이라고 말합니다. 그러나 그것은 하나님이 주시는 지혜를 통해서 얻어지는 것입니다.

3. 최선을 다하고 하나님께 맡기는 삶

끝으로 최선을 다하고 나머지는 하나님께 맡기라고 권하고 싶습니다. (예화) 개미와 배짱이(기회 있을 때 최선을 다하지 않으면 후회한다는 얘기), 최선을 다한 뒤에 나머지는 하나님께 맡기십시오. 한문에 '진인

사대천명'이란 말이 있습니다. 본문에 보면 "여호와께서 온갖 것
을 그 쓰임에 적당하게 지으셨나니"라고 했습니다. 최선을 다하
고도 안 되는 것은 하나님의 뜻이 아니기 때문입니다. 이제 주
사위는 던져졌습니다. 지금까지 뿌린 씨에 따라 추수를 할 것입
니다. 그러나 비록 그동안 실수를 해서 추수를 못한다 해도 그
것으로 인생이 끝나는 것은 아니니 다시 재기하면 하나님께서
도와주실 것입니다. 인생의 갈림길에서 방황하는 여러분들에게
하나님께서 지혜를 주셔서 후회 없는 결정을 할 수 있기를 주님
의 이름으로 축원합니다.

지켜야 할 하나님의 법도

(렘9:12-22)

강릉에 가려면 대관령을 넘어야 합니다. 이 고개는 해발 800미터가 넘는, 그러면서도 길이 대단히 험난한 곳입니다. 그래서 기사가 졸기라도 하면 천야만야한 절벽에 떨어져 죽게 됩니다. 처음 저는 이 고개를 운전하고 가면서 아슬아슬한 경험을 한 적이 있습니다. 그런데 이 고개에는 이 위험을 방지하기 위해 ① 시속 40km이하라는 표지판이 있고 ② 길가에 쇠말뚝을 박고 그것을 다시 노란색깔로 칠해서 위험을 알리고 있습니다.

그런데 이상한 점은 이 위험한 길에서 차사고로 죽는 사람이 평평하고 좋은 경부선 고속도로에서보다 적다는 것입니다. 무엇 때문일까요? 그것은 조심하기 때문입니다.

인생을 살아가는 것도 따지고 보면 자동차를 운전하는 것과 같습니다. 평평한 길이 있는가하면 험한 고갯길도 있고 또 내려가는 길도 있습니다. 언제나 4단, 5단으로 가는 길만 있는 것이 아니라 때로는 겨우 2단이나 1단으로 올라갈 수 있는 험한 길도 있다는 말입니다. 그러나 모든 길에는 반드시 표지판이 있어서 어떻게 운전을 해야 안전한가를 알려주고 있습니다.

이것은 성경도 마찬가지입니다. 조심해야 할 것이 무엇이며, 시속은

어떻게 해야 하며, 네거리를 가면 건너가야 할지 서야 할지를 가르쳐
주는 신호판이 있고, 또 서울로 가려면 어떤 길로 가야 하는지 가르쳐
주는 이정표가 있습니다. 성경을 우리는 하나님의 법도라고 부릅니다.
따라서 이 하나님의 법도는 반드시 지켜야 합니다. 이 시간에는 우리들
이 지켜야 할 하나님의 법도는 무엇인지를 살펴보면서 함께 은혜를 나
누려고 합니다.

1. 왜 하나님은 우리에게 법도를 주셨는가?

이것은 마치 왜 교통법규를 만들었는가 하는 질문과 같습니다. 여기
에는 두 가지 목적이 있습니다. 첫째는 우리의 '생명을 보호하기 위해서'
교통법을 만들었고, 둘째는 우리를 '안전하고 편리하게 우리의 목적지에
도착하게 하기 위해서' 교통법규를 만들었습니다. 마찬가지로 하나님의
법도도 첫째는 우리로 하여금 영혼이 불의에 빠지지 않고 시험에 빠지
지 않고 죄에 빠지지 않도록 우리를 보호하기 위해서이고, 둘째는 천국
에 가는 길에 갓길로 빠지지 않고 인생이 가야 할 길을 바로 갈 수 있도
록 하려는데 그 목적이 있는 것입니다. 즉 소극적인 목적과 적극적인
목적, 이렇게 두 가지가 있다는 말입니다. 소극적 목적이란 단순히 보
호받는 것을 말하고 적극적 목적이란 하나님의 귀한 축복을 받는 것을
의미합니다.

2. 하나님 법도의 핵심은 무엇인가?

이렇게 하나님께서 두 가지의 중요한 목적을 가지고 우리에게 법도를
주셨다면 도대체 하나님의 법도의 내용은 무엇인가요? 여기서 우리는
그 법도를 다 살펴볼 수는 없습니다. 그래서 그 핵심만을 살펴보려고
합니다. 하나님의 법도의 내용은 구약에는 출 20장에서 10계명이란 형
태로 요약되어 있습니다.

여러분, 인간(人間)이란 무엇인가? 한문의 글자 그대로 사이에 있는 존재입니다. 어떤 사이인가? 하나님과 이웃사이 입니다. 그래서 십계명도 보면 1에서 4계명까지는 하나님과의 관계를 어떻게 하면 바로 가질 수 있는가를 가르쳐주고 있습니다. 이것을 우리는 종교라는 말로 표현합니다. 그리고 5계명에서 10계명까지는 이웃과의 관계를 어떻게 가지는 것이 옳은가를 가르쳐주고 있습니다. 이것을 우리는 윤리라는 말로 표현합니다. 제1계명에서 제4계명까지의 내용을 분석해보면 여호와 하나님만이 참 신이므로 그만을 경배하고 우상이나 다른 신을 경배해서는 안 되고 그 하나님께 불경해서는 안 되며 안식일을 잘 지켜서 세속주의에 빠지지 않게 하라는 것입니다.

이웃과의 바른 관계는 하나님의 대리인인 부모를 공경하고 삶의 존엄성을 지키며, 결혼의 존엄성을 알고 음행을 하지 말 것이며, 소유물에도 존엄성이 있으므로 도적질을 하지 말고 인격의 존엄성을 알고 남을 비방하거나 중상하지 말고 남의 것에 대한 탐욕을 부리지 말고 자기 것으로 만족하게 살라는 것으로 되어 있습니다.

신약에 오면 예수님은 이것을 두 가지로 요약하고 있습니다. 마 22:37-40절에서 '경천애인'(敬天愛人)이란 말로 요약하고 있습니다. 즉 1-4계명은 하나님을 공경하라는 말로 요약되고, 5-10계명은 이웃사랑이란 말로 요약된다는 말입니다.

그러나 더욱 놀라운 것은 마 7:12절에서 '황금율'이란 것으로 더 축소하여 말씀하고 있다는 점입니다. 남에게 대접을 받고자 하는 대로 너희도 남을 대접하라는 말씀입니다. 이 구절은 아이삭 와트에 의해 황금률이란 별명을 듣게 되었습니다. 그러나 이것과 대조되는 그러면서도 소극적이며 부정적으로 말한 교훈이 있습니다. 이것을 은률이라고 말합니다.

랍비인 힐렐이 하신 말씀입니다. '네가 싫은 것은 남에게 하지 말라'는 것입니다. 공자는 '기소불욕 물시어인'이라고 했습니다. 사실 이 은률도 위대한 교훈이기는 하지만 너무 소극적이고 부정적인 단점이 있습니다.

이제 우리가 주님의 황금률대로만 산다면 다른 것들은 다 이것의 일부일 뿐입니다.

3. 우리의 현주소는 어떤가?

13-14절에 보면 예레미야는 당시의 문제점을 크게 네 가지로 요약하고 있습니다. 이것은 바로 오늘의 문제점이기도 합니다.

(1) 버리다

버렸다고 하였다. 쓰레기처럼 못 쓸 것을 버린 것이 아니라 버려서는 안 될 것까지 버렸다는 데 문제가 있습니다. 바로 하나님의 법도를 버렸다는 것입니다. 종교도 버리고 윤리도 버렸다는 말입니다. 현대의 비극은 바로 여기에서 시작됩니다.

(2) 귀를 버리다

청종치 않는다는 것이 두 번째 문제입니다. 들어야 할 하나님의 말씀은 듣지 않고 들어서는 안 될 죄악의 소리는 듣는다. 들어야 할 양심의 소리는 듣지 않고 듣지 말아야 할 육체의 소리만 듣는다는 데 현대문화의 문제가 있습니다.

(3) 길을 잃다

행치 아니하는데 있다고 하였다. 행한다는 말은 영어로 Walk 즉 걸어간다는 뜻입니다. 인생이 기차의 선로와 같이 걸어가야 할 길이 있는데 그리고 걸어가지 않고 제멋대로 간다는데 문제가 있습니다.

(4) 우상을 좇다

바알을 좇았다고 하였다. 즉 우상을 좇았다는 말입니다. 현대의 바알은 황금만능주의입니다. 미국의 어떤 학자는 현대의 우상으로 3에스를 들고 있습니다. screen, sex, sport가 현대의 우상이라고 하였습니다. 요즘 할리우드에서 만들어지는 비디오나 영화는 전 세계를 뒤덮고 있습니다. 학자의 이름은 몰라도 배우의 이름은 짤짤 외운다. 섹스의 시대라는 것은 가전제품은 물론 심지어 전혀 관계없는 약품광고까지 섹스를 동원하고 있습니다. 스포츠계는 더합니다. 프로야구나 프로축구선수는 말할 것도 없고 지금 모든 스포츠선수들은 청소년들의 우상이 되고 있습니다.

4. 우리의 살길은 무엇인가?

(1) 눈물이 메마른 시대

18절에 보니 우리의 눈에서 눈물이 떨어지게 하라고 하였다. 현대인들은 영화를 보면서 우는 경우는 있으나 이웃의 고통을 보면서 함께 울어주지를 않고 있습니다. 눈물이 메마른 시대입니다. 그러나 눈물은 마음의 문을 여는 열쇠입니다. 하나님은 할 수 없는 것이 없으신 전능하신 분이지만 사실은 하실 수 없는 것이 몇 가지 있습니다.

그 첫째가 거짓말을 못하시고 둘째는 눈물을 흘리며 회개하는 죄인을 지옥에 보내지 못하십니다. 지금 우리 민족이 사는 길도 통회 자복하는 눈물이 있어야 합니다.

(2) 고집대로 사는 시대

20절에 보니 하나님의 말씀을 듣고 받아야 한다고 하였습니다. 현대인들은 제멋대로 삽니다. 심지어 신자들까지 제 고집대로 믿습니다.

(3) 이웃에게 애가를 가르치라

20절 마지막에 보니 각기 이웃에게 애가를 가르치라고 하였다. 아마도 이것은 예레미야 애가서를 언급한 것으로 보입니다. 그런데 애가서의 내용을 보면 예루살렘의 황폐와 주의 진노의 날의 참상을 언급한 후에 하나님께로 돌아올 것을 언급하고 있습니다. 다시 말하면 하나님께로 돌아와야 산다는 것입니다. 우리도 하나님께로 돌아와야 우리 민족이 살고 저와 여러분들이 삽니다.

중앙 크리스천 아카데미에 대한 소원

(렘29:12-13)

본문의 말씀은 예레미야가 바벨론에 포로로 잡혀가 있는 그의 백성들에게 쓴 편지의 내용입니다. 많은 사람들은 이 고난과 역경의 포로시대가 금방 끝나고 다시 고향으로 돌아갈 수 있을 것이라고 기대하고 있었습니다. 그러나 29:5절 이하에 보면 예레미야는 바벨론에 있는 그의 백성들에게 너희는 집을 짓고 정원을 만들고 아내를 취하고 그곳에서 장기 체류할 것을 계획하라고 하면서 우리 중앙 크리스천아카데미(대전중앙교회의 수양관)의 표어인 12-13절의 말씀을 주신 것입니다.

이 말씀은 크게 두 가지로 요약할 수 있습니다. 첫째는 부르짖어라. 둘째는 찾으라는 것입니다. 왜 그러면 하나님은 부르짖으라고 했을까요? 그것은 사람들이 위기에 처해 있는데도 부르짖지 않고 벙어리처럼 가만히 있기 때문입니다. 하나님이 못 들으시기 때문에 부르짖으라고 한 것이 아니라 대단히 위급함을 알리려고 부르짖으라고 한 것입니다.

우리는 불이 났을 때, 강도가 들었을 때 소리를 질러서 부르짖습니다. 이것은 자연스러운 것입니다. 그러므로 개인적으로나 가정적으로나 사회적으로나 어려움이 있는 우리 성도들은 이 수양관에 오셔서 부르짖기를 바랍니다. 다시 말해서 기도하시기를 바란다. 그러면 하나님께서 응답해주신다고 약속을 하였습니다.

그러므로 첫째는 이 수양관이 하나님의 응답을 받는 장소가 되기를 주님의 이름으로 축원을 드립니다. 다음은 이곳에 와서 찾으시기를 바랍니다. 그러면 무엇을 찾습니까? 우리가 잃은 것을 찾아야 합니다. 그러면 우리가 잃은 것이 무엇입니까? 사실 현대인들은 자신을 상실한 채 살고 있습니다.

본래 하나님이 주신 그 풍성한 성품을 다 상실하고 거지처럼 해진 옷을 입고 살고 있습니다. 이제 우리는 찾아야 합니다. 잃은 것을 찾아야 합니다. 하나님의 형상을 찾아야 하고, 잃어버린 사랑을 찾아야 하고, 길 잃은 자신을 찾아야 합니다. 그러나 그냥 찾는 것이 아니라 전심으로 찾아야 합니다. 여기서 전심이란 말은 일편단심 한가지의 목적을 가지고 찾는 것을 말합니다. 그러면 하나님을 만난다고 하였습니다. 바로 여기에 모든 해답이 있습니다.

하나님만 만나면 이 세상에 해결 안 될 것이 하나도 없습니다. 개인 문제나 교회문제나 국가문제나 그 어떤 문제도 다 해결할 수 있는 것입니다. 문제는 하나님 없이 무엇을 해결하려고 하고 하나님 없이 무엇을 이루려고 하는데 있습니다. 바로 그런 우리에게 이 수양관이 하나님을 만나는 호렙산, 하나님의 계시를 받는 시내산, 주님을 만나는 갈보리산이 되기를 주님의 이름으로 축원합니다.

여러분들이 잘 아시겠습니다만 서울 수유리에 가면 크리스천아카데미란 곳이 있습니다. 강원룡 목사가 그 원장으로 되어 있습니다. 그는 지금 경동교회 원로목사입니다만 바로 그 크리스천아카데미를 통해서 한국의 자유주의 신학을 보급했고 종교 간의 대화를 모색함으로 한 시대의 금을 그은 분입니다.

저는 이와 비슷한 꿈을 가지고 있습니다. 그래서 이곳이 보수 신학을 보급하는 곳이요 교파 간에 진정한 대화를 하는 곳이요 영성개발의 제

련소며 보급소요 교회성장의 비결을 터득하는 곳이요 더욱이 피곤한 영혼들이 쉬어가는 곳이요 심지어 갓 결혼한 부부들이 이곳에 와서 일생을 계획하는 곳이요, 목회자들이나 평신도 지도자들이, 또 청소년들이 신앙훈련을 받고 재충전 받는 곳이 되기를 진심으로 소망하고 있습니다.

끝으로 부탁드리는 것은 한 방울의 물들이 모여 강을 이루고 호수를 이루듯, 여러분들의 기도와 작은 헌금의 정성이 모아지면 이 수양관은 계속해서 발전할 수 있을 것이지만 나 같은 것은 빠져도 괜찮아 하고 한 사람씩 빠지면 이 수양관은 아무 쓸데없는 곳이 되고 말 것입니다. 그러므로 계속해서 이곳에 와서 기도하시고 작은 금액이라도 모두가 힘을 합칠 수 있기를 진심으로 바랍니다. 앞으로 수양관 위에 하나님의 축복이 영원하기를 주님의 이름으로 축원을 드립니다.

죽는 연습을 하자

(고전15:19-34)

이 세상에서 가장 공평한 것은 누구나 죽는다는 것입니다. 어른이나 아이나 영리한 자나 바보나 가난한 자나 부자나 다 죽습니다. 죽음에는 상하가 없습니다. 평등합니다. 그리고 인생은 관을 덮고서야 그의 가치가 결정 됩니다. 쉽게 말하면 인생의 가치는 죽어서야 결정된다는 말입니다. 그런데 이 죽음은 아무리 동반자살을 해도 결국 혼자 갑니다. 그리고 죽으면 모든 것이 공개됩니다. 그의 모든 비밀, 음모, 간계의 베일이 다 벗겨지는 것입니다. 그런데 사람들은 다 감추려고 합니다.

죽음은 우리를 두렵게 하지만 죽음은 우리로 하여금 인생을 진지하게 살도록 만들어 줍니다. 물론 죽을 테니 먹고 마시고 즐기자 하고 말하는 사람도 없는 것은 아니지만 오픈 게임도 없고 일회적 인생이기에 우리는 진지하게 삽니다. 아무 예고도 없이 찾아오는 이 한계상황, 죽음은 인생의 필연적인 운명인 것입니다. 그러면 우리는 죽음 앞에서 어떻게 해야 하겠습니까?

1. 인생을 계수하는 지혜를 배워야 합니다.

시편 90편에 보면 모세의 기도가 나옵니다. 10절과 12절에 "우리의 연수가 칠십이요 강건하면 팔십이라도 그 연수의 자랑은 수고와 슬픔뿐이요 신속히 가니 우리가 날아 가나이다. 우리에게 우리 날 계수함을 가르치사 지혜의 마음을 얻게 하소서." 바로 이 인생을 계수하는 지혜를 모세는 얻었기 때문에 그는 인생을 보람 있게 살다가 하나님께 간 것입니다. 지구상에 살고 있는 사람들은 1초에 두 사람이 죽고, 한 시간에 7,200명이 죽는다는 것입니다.

물론 올 때는 차례가 있지만 죽을 때는 차례가 없습니다. 저는 저에게 예수님을 증거해준 김선운 박사님을 잊을 수가 없습니다. 그는 이런 말을 자주 했습니다. 인생이란 엄벙덤벙 20년, 이것저것 20년, 아차아차 20년, 이래서 인생 60년이 지나간다. 인생을 70년 산다고 가정하면 달로는 840달, 날짜로는 2만 5,550일이고 시간으로 따지면 61만 3200시간입니다.

이중에서 잠자는 시간과 어려서 자라는 시간과 쉬는 시간 등을 빼고 나면 정말 우리가 활동하는 시간은 삼분의 일도 안 됩니다. 그래서 성경은 인생을 '나그네 인생'이라고 정의하고 있는 것입니다. 아침 이슬 같은 인생이요 안개 같은 인생이라고 말합니다.

2. 호사유피(虎死留皮) 유방백세(流芳百世)

그러므로 이 짧은 인생에서 호랑이는 죽어서 가죽을 남기듯이 사람은 죽어서 아름다운 이름을 만세에 남겨야 합니다. 이름을 남긴다는 말은 '업적을 남긴다'는 말입니다.

그러면 우리가 하나님 앞에 설 때에 하나님이 원하시는 업적은 어떤 것인가요? 구약성경 중에 열왕기상하 역대기상하를 읽어보면 수많은 왕의 이름 들이 나옵니다. 그러나 놀라운 것은 저들이 무엇을 했느냐고 묻지 않습니다. 지식이 얼마나 되느냐고 묻지 않습니다. 세상에서 지위가 얼마나 높았느냐도 묻지 않습니다. 오직 한 가지만 기록하고 있습니다.

저들이 하나님과의 관계가 어떠했느냐고 묻습니다. 그리고 그것은 의로웠다, 악하였다, 우상을 섬겼다는 세 가지로 평가가 되어 있을 뿐입니다. 그렇다면 저와 여러분은 어떤가요? 하나님 앞에서 의로운가요? 아니면 악한가요? 아니면 우상을 섬기고 있지는 않나요? 이제 우리가 하나님께 바칠 보고서는 무엇이라고 기록되어 있을까요?

3. 죽음을 연습해야 합니다

바울은 날마다 죽노라고 하였습니다. 예수님도 누구든지 나를 따라오려거든 자기를 부인하고 자기 십자가를 지고 따라야 한다고 했는데 결국 자기중심의 생활에서 벗어나고 자신의 욕심을 죽이고 주님만 따르라고 말씀하셨습니다.

그러면 우리는 어떻게 죽음을 연습하나요? 체육관에서 승리하는 팀은 다 연습을 많이 한 선수를 가진 팀입니다. 인생에 승리한 사람들은 다 죽음을 연습한 사람들입니다. 그러면 어떻게 우리는 죽음을 연습할 수 있을까요?

(1) 날마다 자는 잠은 바로 죽음의 연습이며 잠이 길면 죽음

그러므로 오늘이 나의 인생의 마지막이라 해도 후회 없는 종말론적 삶을 살아야 합니다. 이것을 바울은 '깨어'라는 말로 표현하고 있습니다.

(2) 병들어 눕는 것이 죽음을 연습하는 것

병들어 누워 있을 때의 심정으로 살면 그가 바로 죽음을 연습하는 것입니다. 병들었을 때는 누구나 다 욕심을 버립니다. 살기만 하면 남들을 미워하지 않으리라. 열심히 맡은 일을 감당하리라고 결심합니다. 그러나 사람이 변소에 들어갈 때만 급하듯이 건강이 회복되면 욕심이 또 나오기 시작합니다. 그래서 항상 병들어 누워 있을 때의 심정으로 사는 것이 죽음을 연습하는 사람입니다. 본문에서 바울이 '의를 행하라'는 것

은 바로 이것을 두고 하는 말입니다.

(3) 절제하는 생활이 바로 죽음을 연습하는 생활

물질만 절제하는 것이 아니라 말도 절제하고(하고 싶은 말 다하면서 살지 말고)시간도 절제하여 주님 위해 사용하고 감정도 좀 절제하여 참을 줄도 알아야 합니다. 본문에서 바울이 '죄를 짓지 말라'는 것은 바로 절제를 두고 하는 말입니다.

(4) 자기를 부인하고 십자가를 지고 사는 삶

자기를 부인하고(자기중심에서 벗어나는 것) 날마다 자기 몫에 태인 십자가를 지고(고난과 희생과 죽음을 각오하고) 주님을 따르는 것이 바로 죽는 연습입니다. 이제 저와 여러분들이 날마다 죽음의 연습을 통해서 아름다운 삶을 살다가 천국 가기를 축원합니다.

주일 성수는 왜 하는가?

(출20:8-11)

최근에 우리 교인들 가운데 주일 성수에 매우 해이해지고 있는 것을 보면서 이 교회의 성도들의 신앙을 담당한 목사로서 걱정을 하지 않을 수 없습니다. 그래서 오늘은 주일성수 문제를 다루려고 합니다.

사실 오늘의 설교는 어떻게 보면 무의미한 설교일지도 모릅니다. 왜 냐하면 선생님이 학생들에게 결석하지 말라고 간곡히 얘기하지만 정작 들어야 할 결석생들은 아무도 듣지 않는 것처럼 삼일 저녁에 출석하는 분들이야 말하지 않아도 다 주일을 성수하는 분들이니 정작 들어야 할 사람들은 결석한 분들이니 의미가 없다는 말입니다.

그러나 여러분들도 저와 함께 자신을 재다짐해야 하고, 또 초신자들을 비롯한 다른 사람들에게 주일 성수의 의미를 전달할 것을 믿고 함께 은혜를 나누려고 합니다.

성경을 좀 아는 사람들이 '아니, 성경 어디에 주일 성수하란 말이 있느냐?'고 묻습니다. 아닌 게 아니라 '안식일을 지키라'는 말은 있어도 주일 성수하라는 말은 없습니다.

1. 안식일 신학과 주일신학의 관계

먼저 안식일 신학과 주일신학의 관계부터 말씀을 드리겠습니다.

먼저 '안식일은 창조기념일'입니다. 그래서 그 날에 하나님이 모든 것을 창조하시고 나도 창조하신 것을 기념하면서 잘못한 것은 회개하고, 받은 것은 감사하고, 앞으로를 결심하는 날입니다. 이 날을 지키기 위해서 여기에 장애가 되는 것을 금하게 하였습니다. 더욱이 당시는 노예가 많은 시대이기 때문에 그 날에 완전히 쉬지 않으면 안식일을 지킬 수가 없었습니다. 그래서 하나님은 아무 일도 하지 말라고 했던 것입니다. 다시 말하면 쉬는 것은 하나님의 일을 하려는 목적에서였습니다.

그러므로 안식일의 핵심은 여호와 하나님께서 그 날을 복되게 하여 그 날을 거룩하게 하였다는 점입니다. 간단히 말하면 하나님으로부터 복을 받기 위하여 우리들은 쉬어야 하고 회당에 모여야 했습니다.

그러나 예수님이 부활하심으로 안식일은 없어지고 부활을 기념하는 주일을 지키게 되었던 것입니다. 안식일과 주일 사이에는 연속성과 비연속성이 있습니다. 연속성은 하루를 쉬면서 예배를 드린다는 점입니다. 그러나 비연속성도 있습니다. 날짜가 한 주간의 마지막 날인 토요일에서 첫날인 주일로 바뀌었다는 점입니다. 또 구약시대에는 부정적인 것이 많았습니다. 무엇도 하지 말고, 또 무엇도 먹지 말고, 그래서 39가지나 해서는 안 될 것들을 만들어 놓았습니다.

그러나 신약의 주일에는 하지 말라보다는 하는 것이 더 중요합니다. 다시 말해서 '주일은 예배를 드리고 성경을 배우고, 전도하고 봉사하고, 성도간에 친교하는 날'입니다.

왜 우리가 주일을 지켜야 할까요?

첫째는 주님이 주일에 부활하셔서 그 날을 거룩하게 하셨기 때문입니다.

둘째는 주일에 자신의 모습을 제자들에게 나타내 주셨습니다.

셋째는 사도행전 2장을 보면 주님은 주일에 성령을 보내주셨습니다.

넷째는 주님이 부활한 다음부터는 성도들이 주일에 함께 모여서 예배를 드리기 시작하였습니다(행20:7; 고전16:2). 즉 위의 기록을 보면 주일에 성찬식을 행하였고, 주일에 헌금을 하였다고 했습니다.

다섯째는 저스틴의 「변증서」에 보면 주일에 설교와 기도와 주의 만찬을 행하였다고 했습니다. 그래서 우리는 주일을 지키는 것입니다.

2. 주일에 우리가 해서 바람직하지 않은 것은?

신약시대에는 하지 말라는 것이 전혀 없지는 않습니다. 또 주일 날 우리가 하는 것은 주의 일을 한다는 것이지 세속적인 일을 한다는 말은 아닙니다. 그러나 세속적인 일이라도 두 가지는 할 수 있습니다.

첫째는 생명에 관한 일. 예를 들면 환자가 갑자기 죽어갑니다. 그런 때는 병원에 입원시켜서 그 환자를 살려야 합니다.

둘째는 꼭 필요한 것, 다시 말해서 전쟁 때 주일이라도 군인들이 전방을 안 지킬 수 없습니다. 또 여행 중에 호텔의 식당에서 음식을 안 먹을 수 없습니다. 이런 것은 꼭 필요한 것입니다. 이런 것은 우리가 할 수 있습니다. 그러나 문제가 되는 것은 주일 날 다방에 간다든지, 음식을 배달하게 한다든지 시장에 가서 물건을 산다든지 하는 일입니다.

왜 그렇습니까? 하나님께서 우리에게 복을 주시기 위해 준비하신 것을 받는데 방해가 되기 때문입니다. 우리가 세상일에는 좀 손해를 보아도 좋지만 신앙에는 손해를 보아서는 안 됩니다. 그러나 주일날 낮잠이나 자면서 쉰다고 그것으로 주일 성수했다고 착각해서는 안 됩니다. 죄에는 두 가지가 있는 것을 기억해야 합니다.

첫째는 하나님의 말씀을 어기는 것입니다.

둘째는 선인 줄 알면서 행하지 않는 것입니다. 즉 하는 죄도 있지만 안 하는 죄도 있다는 것을 기억해야 합니다. 그러므로 우리는 바리새파처럼 아무 것도 안 하는 것으로 만족해서는 안 됩니다. 안식일 개념과 주일의 개념의 차이는 안식일은 소극적이란 데 있고, 주일은 적극적이란 데 있기 때문입니다. 다시 말해서 주일에는 주님의 일들, 즉 신령한 것을 위한 일들을 해야 합니다. 예배도 드려야 하지만 말씀도 배우고, 교회봉사도 하고, 구역의 성도들과 만나 성도의 교제도 하고, 전도하는 일도 해야 합니다.

어떤 분들은 주일날 시장에 안 가고, 일 안 하는 것만으로 주일성수를 했다고 생각하는 분들이 있는데 이것은 반만 행한 것입니다. 안 하는 것만으로는 부족하고 적극적으로 봉사를 해야 합니다. 주일에는 주님의 일을 하는 날이 되어야 합니다. 요약해서 말씀드리면 세속적인 일은 안 하는 날이고, 주님의 일은 하는 날이 바로 주일입니다.

3. 주일 성수를 할 때 하나님이 주시는 축복은?

주일은 하나님이 복주시마 하고 약속한 날입니다. 그러면 왜 우리가 안식일, 즉 토요일을 지키지 않고 주일을 지킵니까? 안식교인들은 우리들을 일요일 신자들이라고 놀립니다. 물론 이 날이 로마시대에는 태양을 섬기는 날, 소위 일요일이었습니다. 그러나 기독교가 콘스탄틴 때 공인되면서 주일을 공휴일로 만드는데 힘이 들지 않았습니다. 왜냐하면 그 날이 다행히 태양신을 섬기는 날이었기 때문입니다. 이것이 바로 하나님의 섭리였던 것입니다.

그러면 왜 우리가 날짜를 바꿔야 합니까? 아까도 잠시 말씀을 드렸습니다만 '안식일은 창조기념일'입니다. 그런데 인간이 범죄한 후에 모든 것이 뒤틀려 버렸습니다. 하나님의 형상까지 깨어졌습니다. 그래서 예수님께서 우리를 구원하시기 위해 이 땅에 오셨습니다. 마침내 사망을 이기시고 부활하셨고 승천하셨습니다. 그 후부터 '부활기념일이 창조기념일을 대신'하게 된 것입니다. 왜냐하면 주일날에 모든 것이 완성되었기 때문입니다. 말하자면 '안식일이 모형이라면 주일은 원형'입니다. 구약이 그림자라면 신약은 실물입니다. 그러므로 이제 실물이 왔으니 그림자는 마땅히 사라져야 합니다. 만약 신약시대가 되었는데도 구약시대의 의식이나 제사법을 주장한다면 사진으로 중매한 사람이 서로 만난 뒤에도 실물은 저버리고, 사진만을 고집하는 것처럼 어리석은 짓입니다. 그러므로 우리는 안식일이 아니라 주일을 지켜야 합니다.

다음은 주일 성수할 때에 하나님이 주시는 축복의 내용을 살펴보겠습니다.

첫째로 은혜를 받습니다. 우리 중에는 아무도 은혜를 받지 않고 살 수 없습니다.

둘째로 우리 영혼이 쉼을 얻습니다. 안식을 하게 되는 것입니다. 사람마다 쉬는 방법이 다릅니다. 그러나 주님을 만나고, 주님의 음성을 듣는 것보다 더 좋은 방법은 없습니다. 이 안식에 방해가 되는 것이 많이 있는데 이것을 율법이란 이름 밑에서 우리가 금하는 이유가 바로 여기에 있습니다.

셋째로 천국을 이 땅에서 맛보게 해주십니다. 교회가 천국 자체가 아니지만 그러나 교회를 떠나서는 천국은 없습니다. 그런데 주일 성수를 통해서 우리는 천국을 이 땅에서 맛보게 됩니다. 먼저 주일 성수하면 가정이 하나가 되고 교회가 하나가 됩니다.

넷째로 영적인 힘을 얻게 되어 월요일부터 토요일까지의 세상일에서 성공하는 힘을 줍니다. 그러므로 우리는 구약 시대처럼 안식일을 지키는 것이 아니라 주님이 부활하신 주일을 지킴으로써 하나님이 예비하신 축복을 받으시기 바랍니다.

주님께서 설정하신 성만찬

(눅22:7-20; 막14:17-26)

이 시간에는 우리 주님께서 설정하신 성찬, 좀 더 정확하게는 성만찬의 의미는 무엇이며 또 이 성만찬에 참여할 때 어떤 태도를 가지고 참여해야 하는지를 살펴보면서 은혜를 나누려고 합니다.

1. 성만찬이란 무엇인가?

한 마디로 말해서 주님께서 설정하신 거룩하신 예식입니다. 성경에는 7가지의 거룩한 예식이 있는데 우리 개신교에서는 그 중에서 오직 두 가지만 즉 세례와 성만찬만 지킨다. 그러나 로마 가톨릭 교회에서는 이 두 가지 외에 견신례(영세를 받은 후 신앙고백을 하고 교회의 정회원이 되는 예식), 고해성사(영세를 받은 신자가 범한 죄를 뉘우치고 사제에게 고백하여 용서를 비는 것), 종부성사(죽을 위험이 있는 신자가 받음), 성직임명과 결혼식까지 성례로 지킵니다. 그런데 개신교에서 오직 두 가지만 성례로 지키는 이유는 첫째로 주님께서 이 두 가지만 꼭 지키라고 말씀을 하셨기 때문이고 둘째는 구원에 있어서 이 두 가지는 없어서는 안 될 것이기 때문입니다. 그러나 다른 것은 구원사역과는 관계가 없습니다.

2. 성만찬의 성격은 무엇인가?

성만찬은 구약의 유월절과 관련되어 있습니다. 그래서 요한복음 18:28절을 보면 예수님께서 유월절 어린양이 죽임을 당하는 날(유월절

양을 잡는 날) 오후에 죽으셨다고 기록하고 있습니다. 즉 구약의 성도들은 유월절 양을 잡아먹으면서 출애굽 사건에 참여하였던 것입니다. 다시 말하면 미래에 있게 될 구원을 바라보았던 것입니다. 그러므로 신약의 성만찬은 구약의 유월절의 연속이요 완성이라고 할 수 있습니다. 이제 성만찬의 의미를 살펴보면 다음 네 가지의 성질을 가지고 있습니다.

(1) 성만찬은 주님의 죽음을 기념하는데 의미가 있음

나를 위해 십자가위에서 속죄양으로서 방울방울 피흘려주신 십자가의 사건을 기념하는데 의미가 있습니다.

(2) 은혜의 수단이 됨

하나님께서는 두 가지 종류의 세상을 우리에게 주셨습니다. 하나는 이 세상이고 다른 하나는 하나님의 나라입니다. 그리고 이 두 세계를 알게 하기 위해서 이성과 신앙을 주셨습니다. 그리고 은혜의 수단으로 귀로 듣는 말씀과 눈으로 보는 말씀인 성만찬을 주신 것입니다. 그러므로 성만찬에 참여하면 은혜를 받습니다.

(예화) 나폴레옹이 세인트 헬레나 섬에 유배되어 있을 때 그는 세상의 허무함을 깨달았습니다. 전에는 종교에 대해서 관심도 없었으나 유배된 뒤에는 열심히 예배를 보았습니다. 한번은 누가 그에게 질문을 하였습니다. 당신의 일생에서 가장 기쁘고 보람 있었던 때가 언제이냐? 전쟁에서 승리했을 때인가? 아니면 황제로 즉위했을 때인가? 그러나 나폴레옹은 고개를 저으면서 아니요, 제가 처음으로 성찬식에 참여 했을 때입니다 라고 대답했다고 합니다.

(3) 연합시키는 줄이 됨

먼저 주님과 연합되는 줄이 되고(임재의 체험) 다음은 이 성만찬에 참여하는 모든 성도들과 연합하는 줄이 됩니다(형제 의식을 느낌), 마치 한 가족이 함께 식사를 나눔으로써 사랑이 더 두터워지고 가까워지듯이 우리가 함께 성만찬에 참여함으로써 성도들 간의 연합이 더욱 두터워집니다.

(4) 앞으로 있게 될 어린양의 혼인잔치를 위한 예행연습이 됨

천국잔치는 신부되는 성도들이 의의 세마포 옷을 입고 신랑 되신 예수님의 혼인잔치에 참여하여 참 기쁨을 누립니다.

3. 누가 성만찬에 참여해야 하는가?

다음 네 종류의 사람만이 성만찬에 참여할 수 있습니다.

(1) 하나님 사랑을 간구하는 사람

아, 나는 사랑이 너무 없구나. 어떻게 하면 더 주님의 사랑을 받을 수 있을까? 하면서 더 큰 주님의 사랑을 갖기를 간절히 원하는 사람입니다.

(2) 하나님의 능력 받기를 바라는 사람

하나님께 좀 더 봉사하고 싶으나 육신이 약하여 감당할 수 없어 하나님의 능력을 받기를 원하는 사람입니다.

(3) 죄를 회개하는 사람

죄 있는 사람. 그러나 주여 나는 참으로 거룩하기를 원합니다 하면서 거룩해지기를 원하는 사람은 참여해야 합니다.

(4) 고통 중에 안식을 구하는 사람

세상의 여러 가지 일로 고통을 당하면서 주여 참된 안식을 원합니다 하면서 참 안식을 원하는 사람은 이 성만찬에 참여할 수 있고 또 해야 합니다.

4. 누가 성만찬에 참여해서는 안 되는가?

(1) 죄를 지으며 회개하지 않은 사람

죄를 지으면서도 거기에서 즐거움을 느끼고 이 죄를 버리기를 원치 않는 사람은 성만찬에 참여할 수 없습니다. 참여해도 은혜가 안 됩니다.

(2) 지극히 오만한 사람

나는 선하다. 부족한 것이 없다고 생각하는 사람은 참여할 필요가 없습니다. 그런 사람은 자격이 없습니다. 그러나 그 밖의 사람들은 다 자격이 있습니다.

5. 성만찬에 참여하는 자가 가져야 할 태도는 무엇인가?

(1) 과거의 죄를 회개하고
(2) 받은바 은혜에 감사하고
(3) 미래의 바른 삶을 위해서는 결심하고
(4) 기도하는 마음으로 참여해야 합니다.

그러나 그밖에 몇 가지를 더 말씀드리겠습니다.

① 겸손해야 합니다. 왜냐하면 우리는 성만찬에 참여해야 할 자격이 없으나 주님의 은혜로 참여하기 때문에 우리는 먼저 겸손해야 합니다.

② 믿음을 가지고 참여해야 합니다. 어린아이와 같은 단순한 신앙을 가지고 참여해야 합니다. 의심을 가지고 참여하는 자는 아무런 은혜를 받을 수 없습니다.

③ 진심을 가지고 참여해야 합니다. 형식적으로 참여하는 자에게는 형식적으로 끝나기 때문입니다.

④ 경건한 마음을 가지고 참여해야 합니다. 왜냐하면 주님께서 우리 가운데 지금 임재하고 계시기 때문입니다.

⑤ 정규적으로 참여해야 합니다. 바쁘다고 안 하고 손님 왔다고 안
하고 해서는 안 됩니다.

⑥ 기쁨으로 참여해야 합니다. 왜냐하면 이 성만찬은 앞으로 있게 될
하늘나라에서의 어린 양의 혼인잔치에 참여할 것에 대한 예표이기
때문입니다.

6. 성찬에 참여한 자의 세상에서의 생활은?

(1) 무엇보다도 화해의 삶을 살아야 합니다.

주님과 화해되었으니 이제는 이웃과 화해하는 삶을 살아야 하는 것입
니다.

(2) 주님께 헌신하는 삶을 사는 것입니다.

떡과 포도주가 우리의 뱃속에 들어가 자취도 없이 사라져서 우리의
에너지가 되었듯이 우리도 주님께 완전히 바쳐지는 삶을 살아야 하는
것입니다.

(3) 성만찬이란 주님과의 친교를 뜻합니다.

따라서 성만찬에 참여한 사람들은 기도를 통하여, 사랑을 통하여 주
님과 교제를 나누는 생활을 하여야 합니다.

(4) 언약을 기억하고 참여

주의 만찬을 기념한다는 말은 'anamnesis' 하나님께서 메시야와 그
의 언약을 기억하시고 그 나라를 회복시켜 주신다는 약속이므로 우리는
항상 중재의 기도를 쉬지 말고 드려야 합니다.

맺는말

이제 바라기는 귀로 듣는 말씀뿐 아니라 눈으로 보는 성찬을 통하여
주님의 임재를 체험할 수 있기를 주님의 이름으로 축원합니다.

주님의 재림과 선교적 사명

(계22:20-21)

1. 왜 선교를 해야 하나``?

(1) 주님의 지상명령(마28:19-20)이기 때문에.

(2) 예수님이 우리를 선교하라고 보내심(요17:18).

(3) 복음을 전하지 않으면 우리에게 화가 있을 것이기 때문에(고전9:16)

(4) 그리스도의 사랑이 우리를 강권하심(고후5:14)

(5) 주님의 재림이 선교와 직결되기 때문에(막13:10)

말세의 개념 : last days(초림부터 재림 때까지), 따라서 이 천년 전에도 말세고 지금도 말세입니다. 다음은 the Last Day(주님의 재림 직전, 말세지말이라고 흔히 부른다).

2. 우리의 선교적 사명은?

선교는 교회의 본질입니다. 따라서 선교 없는 교회는 교회가 아닙니다. 초대교회를 보면 선교가 교회의 전부였습니다. 그러나 교회가 성장하면서 차츰 교회는 선교 외에 다른 문제점에 관심을 갖기 시작하였습니다.

(1) 선교란 무엇인가?

(가) 훌러신학교의 이론 : 문화권이 다른 나라에 복음을 전하는 것
(해외선교, 국제선교의 개념이 생김). 문제점 : 북한에 복음을 전하는

것은 전도하는 것인가? 선교하는 것인가?

(나) 존 스타트의 이론 : 선교는 복음화 더하기 봉사

(2) 충현의 현재 형편은?

타교회보다 먼저 원로 목사님을 통해 시작. 현재 11명이지만 그러나 일차단계에 불과하다. 이제 이차단계를 이루어갈 때가 되었습니다. 선교의 개념 확립은 물론 선교의 전략까지 만들어서 선교를 해야 할 단계에 왔습니다.

(가) 공산권 선교에 박차를 가해야 합니다. 북한선교회를 먼저 시작했으나 지금은 저를 비롯한 후임자들이 무능해서 떨어져 있는 상태. 러시아에 있는 한국인들, 중공에 있는 한국인들을 통한 간접선교가 필요하고, 의료, 농업, 공업기술, 무역을 통한 북한 선교를 해야 할 때가 왔습니다. 북한선교회 측에게서 원로목사님이 고발당한 상태여서 해결되는 대로, 안 되어도 금년 말부터는 시작할 것입니다.

3. 선교하면 어떤 결과가 나타나는가?

(1) 하나님의 영광이 나타납니다(요15:8).

(2) 구원의 역사가 나타납니다

(3) 교회가 부흥됩니다(행4:4)

(4) 개인이 축복을 받습니다. 순교자 다음의 자리인 선지자의 반열에 세움을 받습니다.

(5) 주님의 재림이 속히 이루어집니다. 재림은 불신자들에게는 저주의 날이지만 우리 성도들에게는 최대의 기쁨의 날이 됩니다. 왜냐하면 모든 것이 다 성취되는 날이기 때문입니다.

족한 하나님의 은혜

(고후12:7-10)

인간이 행복을 원하면서도 불행해지는 이유 중의 하나는 하나님이 주신 은혜를 족한 줄 모르고 자꾸만 더 많이, 더 많이 하다가 그만 함정에 빠지기 때문입니다. 그래서 성경은 "욕심이 잉태한즉 죄를 낳고 죄가 장성한즉 사망을 낳느니라"고 했습니다. 그래서 이 시간에는 자신의 분복을 족한 줄로 알았던 바울의 경우를 살펴보면서 우리도 함께 은혜받기를 원합니다.

당시 바울은 가시가 있었다고 하였습니다. '가시'란 말은 다른 말로 하면 '말뚝'이란 뜻입니다. 당시 죄수들은 잘못을 범할 때에 말뚝에 묶여 지독한 죽임을 당하였습니다. 그래서 말뚝 즉 가시란 말은 우리를 붙들어 매어 괴롭히는 그 무엇을 뜻합니다. 우리는 구체적으로 바울이 가졌던 가시가 무엇인지 알지 못합니다. 어떤 분은 선교할 때 얻은 학질이라고도 하고 또 어떤 분은 바울이 회심할 때에 갖게 된 눈병이라고 합니다. 또 어떤 분은 불면증이니 편두통이니 간질이니 구토성 두통이라고 생각하는 사람도 있습니다. 우리는 그것이 무엇인지 모르나 분명한 것은 바울이 이 가시로 인해 고통을 당했다는 사실입니다. 그래서 바울은 세 번이나 이 가시를 제거해 달라고 기도하였습니다. 그러나 하나님은 이루어주지 않았습니다. 다만 하나님께서는 "내 은혜가 네게 족하다"란 응답뿐이었습니다. 이것은 지금도 우리에게 주시는 응답인 것입니다. 내 은혜가 네게 족하다, 이 말은 풍부하다는 뜻입니다. 인간이 보기에는 부족하게 보일는지 모르나 전능하신 하나님께서 보실 때에는 풍부하다, 꼭 알맞다는 말입니다.

참으로 이상한 것은 인간의 욕심의 정체입니다. 이스라엘이 광야 생활을 할 때에 매일 만나를 그 날에 필요한 것만 주었습니다. 더 가져와도 썩어서 냄새가 나 먹을 수가 없었습니다. 오직 안식일 전날만 두 배로 주신 것입니다. 이것이 바로 하나님의 경제학입니다. 노아의 홍수 때도 그 당시 사람들이 살고 있던 아라랏 산을 덮을 정도였고 그 이상의 비를 내리지 않으셨습니다. 하나님은 우리에게 꼭 알맞게 주십니다. 왜 그러면 넘치도록 주시지 않을까요? 그것은 하나님을 떠나기 때문이고 자고하면 겸손해지지 않기 때문인 것입니다. 그러므로 우리는 하나님께서 주신 분복에 대해 만족할 줄 알아야 참으로 행복해질 수가 있습니다.

우리는 1-6절에 바울의 놀라운 신비 체험을 봅니다. 삼층천 즉 하늘 나라의 체험을 했습니다. 사람이란 누구든지 남이 없는 것을 가지면 자랑하고 교만해집니다. 바울도 예외는 아니었습니다. 그래서 하나님은 바울을 자고치 않게 하기 위하여(7절) 그에게 가시를 남겨두었다는 것입니다. 다시 말하면 자신의 연약함을 통하여 바울은 더 큰 은혜를 받았고 또 더 강하게 되었다는 말입니다. 고전 1:27절에 보면 대단히 역설적인 진리를 발견합니다. 미련한 자를 통하여 지혜 있는 자를 부끄럽게 하시고 약한 것들을 통하여 강한 것들을 부끄럽게 하시는 하나님이라고 하였습니다. 다시 말해서 인간이 가장 강하다고 생각할 때가 사실은 가장 약하고 가장 약하다고 생각할 때가 사실은 강하며 또 자신이 미련하다고 생각할 때가 가장 지혜 있고 지혜 있다고 생각할 때가 가장 미련하다는 것을 말해줍니다. 그래서 소크라테스는 네 자신을 알라고 하였던 것입니다.

왜 그랬을까요? 그것은 인간이 강하다고 생각할 때 교만해져서 사탄의 시험에 걸려 넘어지는 연약성을 보이나 약하다고 생각할 때 하나님을 의지하고 매달리기 때문에 히브리서 11장에 기록된 세상이 감당할 수 없는 강한 사람이 되는 것입니다. 바울은 천국 비밀을 본 후에 교만해지려고 하는 유혹이 있었습니다. 그러나 하나님은 바울에게 육체의 가시를 주심으로써 그를 교만하지 못하게 하신 것입니다.

우리 인간은 누구나 가시가 있습니다. 저에게도 가시는 있습니다. 때로는 남보다 잘났다고 착각할 때가 있습니다. 이때 저의 가시는 저를 겸손하게 만들어주는 역할을 합니다. 그래서 나도 가시가 있는 것을 불평을 하다가도 이 불평이 변하여 하나님께 감사하는 것으로 변합니다.

(예화) 지난 금요일 저녁에 KBS에서 7시 반부터 특별 심방이란 프로그램에서 운보 김기창에 대한 방영이 있었습니다. 그는 7살에 귀에 듣는 신경이 마비되어 농아가 되고 만 것입니다. 지금은 듣지는 못하지만 겨우 말을 하기는 하는데 아직도 다른 사람들이 알아듣기가 어려운 정도였습니다. 이낙훈 탤런트가 그에게 물었습니다. 듣지 못해 불행하다고 생각지 않습니까? 그러자 그는 그의 친구얘기를 했습니다. 친구가 와서 한쪽 귀를 바꾸자고 했다는 것입니다. 세상이 시끄러워 못살겠다는 것입니다. 그러자 운보는 거절했다고 하였습니다. 자기는 사람의 소리는 못 들어도 하나님의 음성을 듣는다는 것입니다. 사실 그가 동양화가로서 재벌이 될 수 있었던 것은 그가 귀머거리였기 때문이었습니다. 7살 때부터 어머니와 필담을 시작하였고 학교에 가면 듣지를 못하니까 선생님 얼굴이나 그리다

가 마침내 화가가 된 것입니다. 그는 이제 30만 농아의 아버지가 되었습니다. 그는 지금도 여기저기 다니면서 "내 은혜가 네게 족하다"는 하나님의 말씀의 의미를 손짓으로 또 때로는 떠듬거리는 말로 간증합니다. 그러나 그의 말은 제가 이 세상에서 들은 어떤 웅변보다도 더 힘이 있고 그 속에는 마치 하나님의 음성 같은 진실이 있는 것을 발견합니다.

오늘 본문이 주는 교훈은 무엇인가?

영적인 축복은 육적인 축복보다 더 귀하다는 것을 가르쳐줍니다. 그런데 사람들은 무엇이 더 귀한지 모릅니다. 아프리카 사람들이 다이아몬드가 황금을 초콜릿이나 사탕, 겨우 몇 안 되는 돈과 바꾸는 것은 그 가치를 모르기 때문입니다.

사람이란 눈에 보이는 외적인 것에 집착하기 쉽습니다. 그래서 내적 행복보다는 외적인 행복에 집착하게 되고 그러다 보니 점점 더 물질에 얽매여 살게 됩니다. 그러나 물질적인 것보다 영적인 것이 더 중요하다는 것을 알아야 합니다. 그래야 내 은혜가 네게 족하다는 뜻을 깨닫게 됩니다. 운보 김기창 할아버지가 자신은 행복하다고 생각하는 것은 그가 돈이 많기 때문이 아니고 그렇다고 동양화가의 정상이기 때문도 아닙니다. 하나님의 음성을 들을 수 있고 그의 유명한 바보산수화를 그릴 수 있기 때문입니다. 그는 말합니다. 참멋은 좀 모자라고 덜 되었을 때 있다고 하면서 그는 바보산수화를 그린다는 것입니다.

다음은 기도가 응답되지 않는다고 문제가 해결되지 않는 것은 아니라는 점입니다. 우리는 'Yes'만이 응답으로 생각합니다. 그러나 하나님의 응답은 'No'도 있고 'wait'(기다리라)도 있다는 것을 알아야 합니다. 바울은 많은 사람들의 병을 고쳐준 신유의 은사를 받은 사람입니다. 그는 심지어 죽은 사람을 살리기도 하였습니다. 그러나 자신의 가시로 인해 고통을 당하였습니다. 처음에는 괴로움 때문에 세 번이나 고쳐달라고 기도했으나 하나님의 응답은 '내 은혜가 네게 족하다'는 것이었습니다. 족하다는 말은 라틴어로는 '위험을 피하다'란 뜻이 있습니다. 다시 말하면 하나님께서는 바울에게 교만이란 위험을 피할 수 있도록 '가시'를 그냥 주어서 그를 자고하지 않도록 그의 소원을 들어주지 않았던 것입니다.

다음은 각자가 가진 연약함이나 가시는 주님이 함께 계실 때는 오히려 그것이 힘이 되고 도움이 된다는 것을 보여줍니다. 왜냐하면 그로 인해 하나님을 더욱 의지하기 때문입니다.

(예화) 다윗의 경우 : 어린 목동이 연약할 때에 그는 세계적인 장군인 골리앗을 물리쳤습니다. 그러나 왕이 되고 강성해지자 그는 범죄하고 존엄이 떨어진 것입니다.

끝으로 하나님의 은혜는 모든 필요에 대처하므로 족하게 여길 줄 알아야 합니다.

(예화) 나는 처음에 결혼하고 고려대학교 부근에 있는 안암동에서 방한 칸짜리 전세를 살았습니다. 부엌도 없었습니다. 그때 소원은 작아도 좋으니 내 집하나만 장만했으면 하는 것이었습니다. 그 후 정릉의 연탄을 때는 13평 반짜리의 아파트를 샀습니다. 너무 좋고 기뻐서 영원히 여기서 살기를 원할 정도였습니다. 그러나 더 좋은 집에 사는 친구들을 볼 때에 조금만 더 컸으면 하고 생각하기 시작했습니다. 그러나 이 집도 미국에 갔다 오는 바람에 부모님의 빚으로 그 아파트를 날리고 귀국해서는 갈현동 산꼭대기에 24평짜리 집을 샀습니다. 남들은 거기서 어떻게 사느냐고 했으나 나는 등산하는 기분으로 천국처럼 여러 해를 살았습니다. 그러나 아파트에 사는 친구들을

볼 때 연탄 안 피우는 곳에서 살았으면 했습니다. 아내가 불쌍해서 견딜 수가 없었기 때문이었습니다. 목욕도 마음대로 하고 또 집을 비우고 지날 수도 있는 아파트를 원했습니다. 마침내 지금 학교 옆 큰 아파트를 샀습니다. 남들이 다 부러워하지만 다른 사람들이 좋은 집에 사는 것을 보면서 나도 모르게 아이구 나도 언젠가 저런 집에서 살았으면 하고 유혹을 받습니다. 그런 때 내 안에 이런 음성이 들립니다. '야, 이놈아 네가 도적놈이지 지금 집 없는 사람이 반은 되는데 그것을 족한 줄 알아라.' 하는 양심의 소리에 하나님 앞에 회개의 기도를 드리는 것입니다.

롬 8:28절에 "우리가 알거니와 하나님을 사랑하는 자 곧 그 뜻대로 부르심을 입은 자들에게는 모든 것이 합력하여 선을 이루느니라"고 하였습니다. '내 은혜가 네게 족하다'는 말씀과 같은 뜻입니다. 인간이 행복해지는 것은 계속 승진되고 올라가고 돈을 버는 데 있는 것이 아닙니다. 하나님이 주신 것을 족한 줄로 아는 데 있는 것입니다. 조금 받아도 족하게 생각하고 많이 받으면 남에게 나누어 주라는 뜻으로 알고 이것이 바로 행복인 것입니다. 그러면 모든 것이 합력하여 선을 이룬다는 것은 무엇을 의미하는가? 이것은 바로, 하나님의 섭리에 아멘하고 응답하는 것을 말합니다. 신앙이 무엇인가? 하나님의 은혜에 아멘하고 응답하는 것이요 겸손하게 받아들이는 자세인 것입니다. 성도들이여, 우리는 하나님의 주신 분복에 족한 줄로 알고 감사하는 생활을 한다면 오늘부터 우리들의 생활에 새로운 전환점이 되리라 믿습니다. 이런 축복이 여러분 모두에게 넘치기를 축원합니다.

족장들의 십일조사상

(창14:20)

십일조는 근본적으로 크게 두 가지의 중심적인 의미가 있습니다.

첫째 모든 재물과 헌물은 하나님의 것이라는 것과 재물을 주시는 하
　나님께 기억하여 감사하는 것입니다.

둘째 모든 주어진 재물은 자기의 자신의 선물이 아니라 하나님의 백
　성의 전체를 위한 선물인 고로 당연히 자기의 것으로 삼아서도
　안 됩니다. 십일조의 헌납의 관계는 모세의 율법의 이전 태고
　적부터 비롯되었으며 다소간에 강제성을 띠고 전래되었음을 알
　수가 있습니다.

아브라함이 특정한 경우에 십일조를 낸 것이라든지(창14:20) 야곱이
특정한 경우에 십일조의 이행을 서원한 것이 그렇습니다(창29:22).

헌금의 역사를 소급한다면 그 기원은 하나님께로 소급됩니다. 하나님
이 인간은 범죄로 말미암아 파괴된 관계를 회복시키기 위하여 찾아 오
셨습니다. 범죄의 수치를 가리고 하나님 앞에 서도록 희생의 제물을 바
쳐야 했습니다. 이것이 헌금의 모델로서 범죄의 수치를 가리기 위한 속
죄와 창조주 되신 하나님과 그분의 지으신 만물의 다스리는 인간관계의
표가 되는 것입니다.

이것은 하나님이 인간의 조상들에게 가르쳐주신 것으로 아담 이후로

부터 시작되는 모든 인간의 헌금은 신적이라는 것입니다. 십일조의 역사도 역시 마찬가지입니다. V.P. Black의 의견에 따르면, 무릇 인간은 그 조물주에게 수입의 일정 양을 바쳐야 하며 그 한계선으로 십분의 일이어야 한다고 하나님은 시초부터 인간에게 명하셨다는 것입니다. 즉 제사의 의식과 십일조의 헌납은 세상의 시초로부터 알려졌고 이행되었으며 인류가 세계 각지로 확산될 때 이 전통 역시 각처로 묻혀 옮아갔다는 것입니다.

창세기 4장 3-7절을 읽으면 가인과 아벨의 제사의 이야기가 나옵니다. 여기서 문제가 되는 것은 가인의 제사가 열납되지 않는 이유가 무엇이냐? 하는 것입니다. 이에 이유는 많겠지만 V.P. Black의 의견에 따르면, 아벨은 하나님이 명령하신 그대로 바쳤지만 가인은 바친 바의 최소의 부분을 바치지 않았으므로 그 점에 관한 하나님을 거역했다는 것입니다. 가인이 바친 제물에 흠은 없었으나 하나님이 명령하신 전부 또는 그대로를 바치지 않음으로써 결점이 드러난 것입니다. 그것이 사실이라면 가인이 정죄된 것은 예물의 정량을 채우지 못했거나 충분한 제물을 가져오지 않았기 때문이라는 결론을 낼 수가 있습니다.

한편 노아가 홍수 후에 제단을 쌓고 번제를 드린 기록(창 8:20)이 있습니다. 노아의 희생의 제사는 인간이 하나님께 바치는 두 번째 경우로 보는데 여기서는 제단, 불, 그리고 정결한 짐승과 부정한 짐승의 구별이 언급되기 시작합니다.

이후로는 아브라함이 두 번이나 단을 쌓고 야훼의 이름을 불렀고(창 12:7-8) 이어 이삭이 브엘세바에서 단을 쌓았고(창 26:35) 야곱 또한 단을 쌓은 기록이 나옵니다(창 33:20).

이상에서 열거된 사실을 종합해 볼 때에 아담의 두 아들의 최초에 기록된 행위에서 수입의 첫 열매를 바침으로 하나님께 대한 인간의 본연의 의뢰심과 의무감 등을 알 수가 있습니다. 그 후 대대손손 땅의 소산이나 정결한 짐승 또는 날짐승을 정선하여 하나님께 드린 사실을 보는데 이 모든 것은 각 민족 각 시대에 창조주 하나님께 각자의 제물의 일부를 바치는 것을 자기의 본분으로 삼았다는 것을 입증해주는 것입니다.

아브라함이 연합한 원수들을 쳐부수고 돌아오는 길에 살렘 왕이요 제사장인 멜기세덱에게 전리품 중 십분의 일을 선물했습니다(창 14:17-24).

"아브람이 그돌라오멜과 그와 함께한 왕들을 파하고 돌아올 때에 소돔 왕이 사웨 골짜기 곧 왕곡에 나와 그를 영접하였고 살렘 왕 멜기세덱이 떡과 포도주를 가지고 나왔으니 그는 지극히 높으신 하나님의 제사장이었더라. 아브람에게 축복하여 가로되 천지의 주재시요 지극히 높으신 하나님이여 아브람에게 복을 주옵소서. 너희 대적을 네 손에 붙이신 지극히 높으신 하나님을 찬송할지로다 하매 아브람이 그 얻은 것에서 십분 일을 멜기세덱에게 주었더라. 소돔 왕이 아브람에게 이르되 사람은 내게 보내고 물품은 네가 취하라 아브람이 소돔 왕에게 이르되 천지의 주재시요 지극히 높으신 하나님 여호와께 내가 손을 들어 맹세하노니 네 말이 내가 아브람으로 치부케 하였다 할까 하여 네게 속한 것은 무론 한 실이나 신들메라도 내가 취하지 아니하리라 오직 소년들의 먹은 것과 나와 동행한 아넬과 에스골과 마므레의 분깃을 제할지니 그들이 그 분깃을 취할 것이니라(창세기 14장17-24절)."

여기 아브라함이 낸 십분의 일을 단순히 내는 자의 십분의 일을 내는 자의 기분을 따라 낼 수도 있고 안 낼 수도 있는 성격의 것이 아니라 당연히 내야 하는 의무적인 것이었습니다. 즉 신분이 낮은 자가 신분이 높은 자에게 복 빎을 받기 위해서 바치는 정당한 것이었습니다. 또 멜기세덱에게 바친 이 십일조는 강제적이고 의무적인 것 만 아니라 믿음의 발로요 은혜에 대한 감사의 사례로도 볼 수 있습니다.

야곱이 만일 자기에게 하나님이 먹을 것, 마실 것, 입을 것을 주시고 안전하게 해주시면 자신이 받은 것의 십분의 일을 돌려드리겠다고 약속 했습니다(창세기 28:20-22).

"야곱이 서원하여 가로되 하나님이 나와 함께 계시사 내가 가는 이 길에서 나를 지키시고 먹을 양식과 입을 옷을 주사 나로 평안히 아비 집으로 돌아가게 하시오면 여호와께서 나의 하나님이 되실 것이요 내가 기둥으로 세운 이 돌이 하나님의 전이 될 것이요 하나님께서 내게 주신 모든 것에서 십분의 일을 내가 반드시 하나님께 드리겠나이다. 하였더라(창세기 28장 20-22절)."

여기에서 특이한 것은 야곱이 십일조를 서원하는데 하나님께 조건을 내걸고 하나님과 합의를 도출해 내고자 하는 것입니다. 이는 계약의 백성에게만 가능한 것으로 신학적으로도 매우 중요한 의미를 갖습니다. 십일조는 모세의 율법으로 제도화되었으며 모세의 오경에 구체적으로 명시되어 있습니다. 당시 이스라엘에는 세 가지 십일조가 있었는데 십일조의 일을 드림으로 그들의 소유의 전체가 하나님께 바쳐짐을 상징하고 민수기의 규정은 십일조를 토지의 문제와 관련해서 설명하고 있습니다.

"내가 이스라엘의 십일조를 레위 자손에게 기업으로 다 주어서 그들의 하는 일 곧 회막에서 하는 일을 갚나니 이후로는 이스라엘 자손이 회막에 가까이하지 말 것이라 죄를 당하여 죽을까 하노라 오직 레위인은 회막에서 봉사하며 자기들의 죄를 담당할 것이요 이스라엘 자손 중에는 기업이 없을 것이니 이는 너희의 대대에 영원한 율례라 이스라엘 자손이 여호와께 드리는 십일조를 레위 인에게 기업으로 준 고로 내가 그들에 대하여 말하기를 이스라엘 자손 중에 기업이 없을 것이라 하였노라(민수기 18장:21-24절)."

"너는 레위인에게 고하여 그에게 이르라 내가 이스라엘 자손에게 취하여 너희에게 기업으로 준 십일조를 너희가 그들에게서 취할 때에 그 십일조의 십일조를 거제로 여호와께 드릴 것이라 내가 너희의 거제 물을 타작마당에서 받드는 곡물과 포도즙 틀에서 받드는 즙같이 여기리니 너희는 이스라엘 자손에게서 받는 모든 것의 십일조 중에서 여호와께 거제로 드리고 여호와께 드린 그 거제 물은 제사장 아론에게로 돌리되 너희의 받은 모든 예물 중에서 너희는 그 아름다운 것 곧 거룩하게 한 부분을 취하여 여호와께 거제로 드릴지니라(민수기 18장:26-29절)."

레위 족속을 제외한 나머지 이스라엘의 12지파는 모두 자기네들의 토지를 소유하고 있습니다. 그들은 그 토지가 유산과 기업으로 생계에 유일한 수단이었습니다. 그러나 레위인들만은 이 토지를 할당받지 못했습니다. 이들은 토지가 없는 까닭에 생계의 수단이 없었습니다. 그래서 십일조 중에서 그들의 수입이 되게 해주셨습니다.

이상 위의 성구들에서 십일조는 레위 인에게 해당됩니다. 그들은 이스라엘에게서 받은 십일조의 십일조를 또한 바쳐야 합니다. 여기에서 십일조의 선택은 기계적이 아님을 알 수 가있습니다. 그들은 그들의 가장 좋은 것에서부터의 선택입니다. 십일조는 최상의 것을 드리는 것을 원칙으로 하였습니다. 이상에서 볼 때에 신명기 법전의 십일조는 '함께 나누는 잔치'의 성격이 강하게 반영된데 반해 제사 법전에서의 십일조는 하나님이 직접 요구하시는 것으로 성전의 봉사자들의 몫으로 규정되어 나타납니다. 모세의 오경에 나타나 있는 십일조의 규정 속에는 다음과 같은 십일조의 사상이 흐르고 있습니다.

첫째 십일조는 하나님을 진정으로 경외하는 마음에서 드려져야 하고 예배에 참석하는 모든 사람들의 사이에서 교제로 사용되어야 하고 함께 사용되어져야 합니다.

둘째 십일조는 믿는 사람들이 살고 있는 사회에서 가난하고 궁핍한 자를 위해 사용하여야 한다는 것입니다. 즉 십일조는 구제와 분배의 원칙하에 이루어져야 합니다.

셋째 모든 것이 하나님께 주어졌으므로 하나님이 정한 일정량을 곧 십분의 일을 정확히 드려져야 합니다. 드리는 모든 것은 최상으로 드리도록 합니다. 그리고 이 헌금은 하나님의 사역을 감당하는 이들에게 지원되어야 합니다.

헌신의 이유와 방법

(롬12:1-2)

1. 헌신의 이유

성경의 구조를 보면 "내가 너희에게 은혜를 베풀었기 때문에" "그러므로 너희는 너희와 다른 사람을 위하여 이것을 행하라"는 형태로 되어 있습니다. 신 24:18에 "너는 애굽에서 종이 되었던 일과 네 하나님 여호와께서 너를 속량하신 것을 기억하라"는 말씀은 은혜로 구원받은 너희는 다음과 같이 헌신하라는 말씀입니다. 이것은 출 20장에도 잘 나타나 있습니다. "나는 너를 애굽 땅 종 되었던 집에서 인도하여 낸 너의 하나님 여호와로라"고 언급한 다음에 10계명을 지킬 것을 말씀하셨습니다.

이것을 좀 더 분명히 알기 위해서 창세기의 구조를 살펴보겠습니다.

창 1-11장은 구약전체의 서론입니다. 그것은 왜 하나님께서 아브라함을 택할 수밖에 없었는가를 설명하고 은혜와 헌신의 관계를 가르쳐주는데 있습니다. 우선 창 11장까지의 내용을 살펴보면 3가지 주제가 반복됩니다. '죄 - 심판 - 은혜'가 바로 그것입니다. 예를 들면

① 아담, 하와의 불순종-실낙원-하나님께서 아담을 찾으셔서 가죽옷을 해 입히심

② 가인이 아벨을 죽임-하나님이 가인을 하나님 면전에서 쫓아내심-가인에게 보호의 표식을 주심

③ 하나님의 아들들이 사람의 딸들을 사랑하여 결혼함 – 홍수심판 – 노아의 가족과 동물에게 방주를 주셔서 구원하심

④ 노아의 후손이 바벨탑을 쌓음 – 언어의 혼잡 – 아브라함을 부르심.

왜 하나님은 아브라함을 부르셨는가?

잘못된 견해 :

㉮ 의로운 사람,

㉯ 지도자로서의 능력을 가진 사람

㉰ 신앙의 소유자 즉 우상을 섬기지 않았음.

그러나 아브라함은 죄인에 불과했다는 점을 우리는 기억해야 합니다. 여호수아 24:14-15절에 보면 "너희의 열조가 강 저편과 애굽에서 섬기던 신들을 제하여 버리고 여호와만 섬기라"고 하였습니다. 여기서 "강 저편"이란 말은 아브라함의 소명 이전의 생활을 말한 것입니다. 다시 말해서 아브라함은 하나님께서 그를 부르시기 전에는 우상을 섬겼다는 것입니다. 다시 말해서 아브라함의 소명은 전적으로 하나님의 은혜입니다. 결국 창세기가 우리에게 보여주는 것은 하나님의 은혜로 인간이 구원받았다는 점입니다.

그러면 이제 로마서의 구조를 살펴보겠습니다. 1-11장까지는 구원의 교리편, 12-16장까지는 윤리편, 전반부에서 계속 강조하는 것은 믿음으로 말미암아 구원받았다는 점입니다. 바울은 창 15:6의 "아브라함이 여호와를 믿으니 하나님께서 이를 그의 의로 여기셨다"는 구절을 근거로 그의 유명한 이신득의의 교리를 전개합니다. 그러나 이것은 믿음이라는 공로로 구원받는다는 뜻이 아니라 은혜로 주신 믿음으로 구원받는다는 말입니다. 그래서 에베소서 2:5에는 "너희가 은혜로 구원을 얻은 것이라"고 하였고 2:8에는 "그 은혜를 인하여 믿음으로 말미암아 구원을 얻었나니"라고 선포하였습니다. 이렇게 바울은 전반부에서 은혜로

구원받은 것을 말한 뒤에 12장 1절을 선포한 것입니다.

"그러므로 형제들아 내가 하나님의 모든 자비하심으로 너희를 권하노니 너희 몸을 하나님이 기뻐하시는 거룩한 산 제사로 드리라 이는 너희의 드릴 영적 예배니라"

여기서 중요한 단어는 '그러므로'라는 단어입니다. 왜 우리가 헌신하는가? 하나님께서 은혜로 구원하신 것에 대한 감사의 응답입니다. 구원을 얻기 위해서도 아니고 천국에 가기 위해서도 아닙니다. 하나님께서 은혜로 구원해주신 것에 대한 우리의 응답일 뿐입니다.

2. 헌신의 방법

(1) 몸을 하나님께 바치는 것입니다(12:1).

(2) 하나님의 뜻을 분별하는 것입니다(12:2).

(3) 헌신자가 다음으로 해야 할 것은 주님의 증인이 되는 것입니다. 눅 24:48에 "너희는 이 모든 일의 증인이라"고 했습니다. 행 1:8에도 "오직 성령이 너희에게 임하시면 너희가 권능을 받고 예루살렘과 온 유대와 사마리아와 땅 끝까지 이르러 내 증인이 되리라"고 하였습니다. 본래 증인이란 말은 법정 용어입니다. 본 것을 사실대로 증거하는 사람을 말합니다. 증인이 거짓말을 하면 법적인 처벌을 받는 것은 말할 필요도 없습니다. 그러므로 우리는 세상 사람들에게 증거해야 합니다. 무엇을? 예수께서 성경대로 오셨고 성경대로 십자가에서 우리 죄를 대속하기 위하여 죽으셨고 사흘 만에 다시 사셔서 천국 가는 길을 열어 놓으셨으므로 누구든지 저를 믿으면 다 구원받는다는 것을 증거해야 합니다.

롬 10:10에 "입으로 시인하여 구원에 이른다"는 말씀은 증인들의 임무가 얼마나 크다는 것을 말해줍니다.

(4) 헌신자는 제사장이 되어야 합니다.

출 19:5-6 "너희가 내 말을 잘 듣고 내 언약을 지키면 너희는 열국 중에서 내 소유가 되겠고 너희가 내게 대하여 제사장 나라가 되며 거룩한 백성이 되리라." 베드로는 이 구절을 중심으로 2:9절에서 "오직 너희는 택하신 족속이요 왕 같은 제사장들이요. 거룩한 나라요 그의 소유된 백성이니"라고 했습니다.

그러면 제사장은 무엇인가? 제사장은 손을 위로 옆으로 벌리는 사람입니다. 위로는 하나님을 찬양, 감사하고 옆으로는 이웃을 위해 하나님에게로 가고, 하나님을 위해 이웃에게로 가는 사람입니다. 말하자면 peacemaker가 되는 것입니다.

(5) 헌신자는 청지기로서 산다.

출 19:5에 "세계는 다 내게 속하였으니"

학 2:8에 "은도 내 것이요 금도 내 것이니라"

고전 4:7에 "네게 있는 것 중에 받지 아니한 것이 무엇이뇨, 네가 받았은즉 어찌하여 받지 아니한 것같이 자랑하느뇨"

그러므로 주인은 오직 하나님뿐이시고 우리는 다 청지기입니다. 따라서 내 것의 얼마를 드리는 것이 아니라 하나님께 속한 것 중에서 얼마 정도를 내가 필요로 하는 것을 위하여 남겨 둘 것인가입니다. 이제 청지기로서 우리가 할 일은 드리는 것이 아니라 분배하는 것입니다. 시간, 재능, 재산을 어떻게 분배하느냐입니다.

제자의 자격과 사명

(마5:1-12)

조금 전에 읽은 말씀은 너무 잘 알려진 말씀이지만 이 구절만큼 잘못 해석되고 있는 구절도 드물 것입니다. 그래서 이 말씀을 새로운 각도에서 조명하여 보면서 함께 은혜를 받으려고 합니다. 간단히 말해서 이 구절은 '행복에 이르는 사닥다리'라고 할 수 있습니다. 그래서 중요한 것은 이 팔복의 순서입니다.

행복은 마치 사닥다리와 같아서 본문에 있는 순서대로 올라가야 한다는 말씀입니다. 그러나 그것을 또 다른 면에서 말씀드리면 앞에 말한 4가지는 주님의 제자가 되는 자격을 말해주고 뒤에 말한 4가지는 주님의 제자가 해야 할 사명이 무엇임을 말해줍니다. 다시 말하면 행복이란 행복해지겠다고 해서 되는 것이 아니고 주님의 제자가 되고 그 사명을 감당할 때에 행복은 부수적으로 주어진다는 말씀입니다. 이것이 바로 행복의 사닥다리입니다.

1. 주님의 제자가 되는 자격

주님의 제자가 되려면 먼저 자기 자신에 대한 태도부터 바로 가져야 하고 둘째는 죄에 대한 태도가 바라야 하고 셋째는 다른 사람들에 대한 태도가 좋아야 하고 넷째는 하나님께 대한 태도가 바라야 한다는 말입니다. 즉 '심령의 가난'은 주님의 제자가 되는 첫 번째 단계입니다. 이것은 자기 자신에 대한 태도를 말해줍니다. '애통함'은 죄에 대한 태도로서 두 번째로 가져야 할 태도를 말합니다. 셋째는 '온유함'인데 이것은 다른 사람에 대해 가져야 할 태도입니다. 넷째는 '주리고 목마름'은 하나님께 대해 우리가 가져야 할 태도입니다. 이 4가지가 바로 주님의 제자가 되는 자격이고 이때에 행복은 우리에게 자연적으로 주어집니다. 그러므로 행복은 부산물이지 행복 자체를 추구한다고 주어지는 것은 아닙니다.

2. 주님의 제자가 꼭 해야 할 사명

주님의 제자는 무엇보다도 다른 사람들을 대할 때 '긍휼히 여김'을 가집니다. 그리고 자신은 '마음을 청결'하게 유지합니다. 그뿐 아니라 가는 곳마다, 또 어디서나 '화평케 하는 자'가 됩니다. 끝으로 '의를 위하여 핍박을 받는다'는 것은 이것이 바로 주님의 제자가 꼭 해야 할 사명입니다.

3. 하나님은 어떤 축복을 주시는가?

먼저 기억해야 할 것은 여기서 말하는 '복이 있나니'라는 말은 세상적인 때 묻은 그런 불완전한 복이 아니라 하나님이 주시는 참된 복을 말합니다. 그러면 이제 축복의 구체적 내용을 살펴보겠습니다.

(1) 천국이 저희 것

천국이 저회 것이라고 하였습니다. 미국에 살려면 미국 시민권이 있어야 합니다. 한국에 살려면 한국의 시민권이 있어야 합니다. 마찬가지로 천국에 가서 살려면 천국의 시민권이 있어야 하는데 그것이 바로 주님의 제자들에게만 주는 비자입니다. 천국은 아무나 못 갑니다. 반드시 주님의 제자만이 갈 수 있는 곳입니다.

(2) 위로를 받을 것

위로를 받을 것임이요 = 이것은 참으로 역설적인 진리입니다. 애통하는 자가 위로를 받는다고 하는 것은 세상에서는 있을 수 없는 것이기 때문입니다. 그러나 하나님 나라에서는 순서가 거꾸로 되는 것이 많습니다. 우리는 교회에서도 가끔 사장님은 집사이고 밑에서 일하는 전무님은 장로님인 경우를 종종 볼 수 있듯이 전국에 가면 세상에서 그 유명하고 잘난 사람은 얼굴이 안 보이고 시시하고 별 볼일 없다고 생각되던 사람들이 오히려 많이 있게 될 것이기 때문입니다.

(3) 땅을 기업으로 차지할 것

땅을 기업으로 차지할 것입니다. 여기서 말하는 땅은 세상의 땅이 아니고 약속의 땅을 의미합니다.

(4) 저희가 배부를 것

저희가 배부를 것임이요 = 배부름은 축복입니다. 원문의 뜻을 보면 '살찌게 합니다'라는 말입니다. 영어 성경에 보면 '만족합니다 = satisfy'란 말로 번역되어 있습니다.

(5) 긍휼히 여김을 받을 것

긍휼히 여김을 받습니다. 이것은 갈 6:7절에 "스스로 속이지 말라, 하나님은 만홀히 여김을 받지 아니하시나니 사람이 무엇으로 심든지 그대로 거두리라"는 말씀대로 이루어지는 도덕적 세계의 질서입니다.

(6) 하나님을 볼 것

하나님을 볼 것임이요 = 거룩함이 없이는 아무도 하나님을 볼 수 없습니다. 죄로 말미암아 눈이 어두워진 인간은 절대로 하나님을 볼 수 없습니다. 그러나 주님의 제자들은 하나님의 양자, 양녀가 될 수 있습니다. 그리고 이때에 우리는 하늘나라의 기업을 얻게 되고 하나님과 함께 거하는 축복을 누리게 됩니다.

(7) 기뻐하고 즐거워하라

12절에 있습니다. "기뻐하고 즐거워하라 하늘에서 너희의 상이 큼이라. 너희 전에 있던 선지자들을 이같이 핍박하였느니라." 무슨 뜻인가? 우리가 큰 상을 받는데 바로 옛날 선지자들의 반열에 서는 축복입니다. 이 얼마나 큰 축복입니까?

4. 축복을 받으려면 어떻게 해야 하는가

그러면 이제 이런 축복을 얻으려면 어떻게 해야 하는지 구체적으로 살펴보겠습니다.

(1) 심령의 가난해야

먼저 심령의 가난입니다. 우리는 채워지기 전에 먼저 비워야 합니다. 세상의 더러운 것으로 가득 차있는 사람은 위엣 것으로 채울 수가 없습니다. 이것은 바로 겸손입니다. 롬 7:24절에서와 같은 고백을 의미합니다. 자신의 힘으로는 행복도 구원도 아무것도 얻을 수 없다는 것을 깨닫게 될 때 우리는 정말 심령이 가난하게 됩니다.

(2) 애통하는 심령이어야

애통함이란 자기의 죄와 남의 죄에 대해 가지는 태도입니다. 이 애통은 하나님의 자비와 손길을 구하게 됨으로 마침내는 위로를 받게 됩니다. 결국 이 애통은 우리들을 하나님께로 향하게 하여 하나님으로부터 자비와 위로를 받게 됩니다.

(3) 온유한 자가 되어야

온유함 : 결코 연약함이 아닙니다. 온유한 자는 자신의 의지를 내세우지 않고 항상 주님의 뜻에 말없이 순종합니다.

(4) 의에 주리고 목말라야

의에 주리고 목마름 ; 건강한 사람의 특징은 왕성한 식욕입니다. 영적으로도 마찬가지입니다. 여기서 '의'란 하나님과의 바른 관계를 말합니다. 영적으로 얼마나 건강한가는 그가 얼마나 하나님과의 관계를 바로 가지려고 하느냐에 따라 정비례합니다.

(5) 긍휼히 여김을 받아야

긍휼히 여김 : 주님은 당시 천대받은 사람들에게 자비하심을 나타냈습니다. 마찬가지로 그의 제자들도 다른 사람들에게 긍휼히 여기는 자세를 가지는 것입니다.

(6) 마음이 청결해야

마음이 청결 : 이것은 죄가 없다는 뜻이 아닙니다. 영어로 말해서 Single mind 즉 나누어지지 않은 마음을 말합니다. 인생의 초점을 하나로 삼는 것을 말합니다.

(7) 화평케 하는 자가 되어야

화평케 함 : 나누어진 곳에 다리를 놓는 것을 말합니다. 인간들은 본래 한 가족처럼 살게 되어 있었으나 범죄한 후에는 소라처럼 섬처럼 따로따로 살고 있습니다. 이것을 연결시키는 것을 말합니다.

(8) 경건한 삶으로 핍박받아야

핍박을 받음 : 죄를 지어 당하는 핍박은 가치가 없습니다. 그러나 거룩한 삶을 살기 위해 당하는 핍박은 귀한 것입니다. 경건하게 살고자하는 자는 핍박을 받는다고 성경은 말합니다.

맺는말

우리가 진정으로 행복을 원한다면 먼저 주님의 제자가 되어 맡겨진 사명을 감당해야 합니다. 주님의 제자가 되는 자격은 자신에 대해서는 먼저 가난한 마음을 가지고 죄에 대하여는 애통하는 태도를 가지고 이웃에 대해서는 온유하고 하나님께 대해서는 사슴이 시냇물을 찾는 갈급함같이 주리고 목말라해야 합니다. 그러나 여기서 모든 것이 끝나는 것은 아닙니다. 남을 긍휼히 여기고 마음은 언제나 하나의 목표를 향하여 갑니다. 가는 곳마다 평화의 다리를 건설하고 의를 위하여 핍박을 받는 생활을 두려워하지 않을 때에 우리는 행복한 사람이 될 수 있습니다. 이런 행복을 모두 누리시기를 축원합니다.

제자가 되는 4가지 필수조건

(마4:18-22)

　　교회에서 찬송을 할 때 흔히 예배의 분위기 조성이나 준비로만 생각하는 경향이 있습니다. 그래서 찬송을 부를 때도 '준비찬송'이란 말을 사용합니다. 그러나 히 13:15절에 보면 "항상 찬미의 제사를 하나님께 드리자. 이는 그 이름을 증거하는 입술의 열매나"라고 했습니다. 다시 말해서 찬송은 그 자체가 하나님께 드리는 아름다운 제사인 것입니다. 또 '입술의 열매'라고 하였습니다. 그런 면에서 성가대원들은 자신의 일에 프라이드를 가져야 합니다. 구약시대를 보아도 다윗은 성가대원들을 구성해서 예배의 중요한 역할을 감당하게 하였던 것을 볼 수 있습니다. 그러나 여기서 찬양대원들이 기억해야 할 것은 성가란 음성만 좋거나 기술만 좋아서 되는 것이 절대로 아니라는 점입니다. 하나님께서 기뻐하는 찬미의 제사를 드리려면 무엇보다도 주님의 제자가 되어야 합니다. 이것이 기본조건입니다. 아무리 기술이 좋고 음성이 좋아도 주님의 제자가 되지 않으면 하나님이 기뻐 받으시는 찬미의 제사를 드릴 수 없고 또 성도들에게 은혜 되는 성가를 부를 수가 없습니다.

　　그래서 이 시간에는 '제자가 되는 4가지 필수조건'에 대해서 살펴보는 가운데 함께 은혜와 교훈을 받기를 원합니다.

1. 제자가 되는 첫 번째 필수조건

제자가 되는 첫 번째 필수조건은 19절에 나옵니다. "나를 따라 오너라". 주님을 따라가야만 한다는 말씀입니다. 이 말은 현재의 위치를 떠나야 한다는 말입니다. 내가 서 있는 자리를 떠나야 참 제자가 될 수 있습니다. 그러면 내가 서 있는 자리를 떠난다는 말은 무엇을 말하는가? 여기에는 중요한 뜻이 있습니다.

(1) 나의 주관을 버리라

나의 주관을 버리라는 말입니다. 사람은 누구나 자기의 주관이 있습니다. 그러나 주님의 제자가 되려면 하나님의 뜻이 무엇이며 주님은 무엇을 원하고 계시는가를 항상 찾아야 합니다. 왜냐하면 하나님은 주권자이시기 때문에 언제나 그의 뜻을 세워놓고 일하시기 때문입니다. 그러면 어떻게 하나님의 뜻을 알 수 있는가?

첫째는 성경을 읽고 묵상하므로 안다.

둘째는 하나님과의 가까운 교제(기도)를 통하여 우리는 생활 속에서 하나님의 뜻을 알 수가 있다(요14:10-15, 15:4, 7).

셋째는 믿음의 공동체인 교회를 통하여 알 수 있습니다. 즉 설교를 듣는다든지 간증을 통해서 알 수 있다는 말입니다. 나의 주관을 버린다는 말은 하나님의 입장에서 사물을 보는 것을 말합니다.

(2) 따라 오너라

따라 오너라는 말씀은 나의 목적과 주님의 목적이 같아야 한다는 말입니다.

(예화) 미국 필라델피아에 가면 존 워나메이커란 큰 백화점이 있습니다. 이 백화점은 신앙을 가지고 세계적인 기업으로 성장시킨

유명한 기업입니다. 한번은 어떤 사람이 워나메이커에게 이런 질문을 했습니다. 현대 젊은이들에게 가장 부족한 것이 무엇입니까? 그는 대답하기를 목적의식이 부족하다고 하였습니다. 그렇습니다. 많은 사람들이 성공하기를 원하고 출세하기를 원하지만 그것이 인생의 목적이 아니라 수단이라는 것을 알지 못합니다. 삶의 목적이 분명하지 않기 때문입니다.

(예) 헨델이라고 하면 할렐루야로 모르는 사람이 없습니다. 한번은 그가 연주를 끝내고 돌아오자 어떤 사람이 칭찬했습니다. 그랬더니 헨델은 이렇게 말하였습니다. "내 연주가 당신을 즐겁게 하는 것으로 끝났다면 정말 유감스러운 일입니다. 나는 당신이 이 음악을 통하여 좀 더 선해지고 하나님의 영광이 나타나기를 원하였습니다."

우리는 모든 일에 분명한 목적을 가져야 합니다. 그러나 내 목적이 아니라 주님의 목적이 이루어지도록 해야 합니다. 우리는 기도할 때 "뜻이 하늘에서 이루어진 것같이 땅에서도 이루어지이다."라고 합니다. 그러나 실제의 생활 속에서는 내 뜻대로 하려고 합니다. 이것은 제자의 자세가 아닙니다.

(3) 따라 오라는 뜻은

따라 오너라는 말은 주님과 함께 간다는 뜻입니다. 그러나 많은 사람들은 영광을 받는 데는 주님과 함께 가지만 고난을 받는 데는 주님과 동행하려고 하지 않습니다. 바로 여기에 문제점이 있습니다. 최근 삼박자 구원에 대해 논란이 많습니다. 요삼 2절에 "네 영혼이 잘됨같이 네가 범사에 잘되고 강건하기를 내가 간구하노라"는 말씀에 근거한 것이 옳으냐 그르냐 하는 논란입니다. 분명 예수 믿으면 이런 축복이 있습니다.

그러나 중요한 것은 예수 믿으면 이것만 있는 것이 아니라 고난도 있다
는 사실을 기억해야 합니다. 즉 십자가도 있다는 말입니다. 그래서 롬
8:17절에 "우리가 그와 함께 영광을 받기 위하여 고난도 함께 받아야
될 것이니라."고 하였습니다.

2. 제자가 되는 2번째 필수 조건

제자가 되는 두 번째 필수조건은 "내가 너희로 사람을 낚는 어부가
되게 하리라"는 말씀에 있습니다. '되게 하리라' 즉 내 힘으로 제자가 되
는 것이 아니라 우리를 제자가 되게 해주신다는 말입니다. 우리는 주님
을 믿으면서도 내 힘으로 무엇을 하려고 할 때가 많습니다. 그러나 이
것은 율법주의입니다. 내가 행함으로 구원받은 것이 아니라 은혜로 구
원을 받았습니다. 마찬가지로 주님의 제자가 되는 것도 내 힘으로 되는
것이 아니라 주님께서 만들어주신다는 것을 기억해야 합니다. 우리가
할 일은 다만 주님께서 주시는 것을 받아들이면 됩니다. 그것이 바로
믿음입니다. 예수 믿으면 평안하다고 했는데 왜 피곤하고 괴로운지 아
십니까? 그것은 내가 믿으려고 하고 내가 무엇을 행하려고 하기 때문입
니다. 그러나 주님은 우리를 율법에서 해방하셨습니다. 그러므로 내가
무엇을 하려고 하지 않으면 항상 무거운 짐을 받지 못합니다. 예수 믿
는 것은 마치 장애물 경기처럼 늘 괴롭기만 합니다. 그러므로 주님께
맡겨야 합니다. 그렇다고 내가 하는 것이 전혀 없다는 말은 아닙니다.
할 일이 있습니다. 주님 뒤만 따라가면서 주시는 것을 받아들이면 됩니
다.

3. 제자가 되는 3번째 필수조건

제자가 되는 3번째 필수조건은 20절에 나옵니다. "곧 저희가 그물을
버려두고" 주님 앞에서 부름을 받은 자는 버려야 합니다.

(예화) 선생이 학생에게 그림을 그리게 하기 위하여 종이를 한 장씩 주었습니다. 그런데 몇 아이들은 선생님이 무엇을 그려야 할지 말하기도 전에 생각나는 대로 이것저것 그렸습니다. 그때 선생님이 예수님의 얼굴을 그리라고 하였습니다. 이것저것 제 멋대로 그린 사람들은 고무로 지우지 않을 수 없게 되었습니다. 다 지워버린 다음에 학생들은 예수님의 얼굴을 그릴 수가 있었습니다. 마찬가지입니다. 우리는 하나님께서 이것을 가지라고 말씀하시기 전에 이것저것 너무 많이 가졌습니다. 하나님께서 천국의 귀한 것, 여러 가지 좋은 것을 주시고 싶은데 우리 손에 너무 많이 불필요한 것을 가지고 있기 때문에 우리는 받을 수 가 없게 되었습니다. 그러므로 이제 할 일은 버리는 것입니다. 예수 믿기 전에 가지고 있던 그물, 배를 버리지 않으면 안 됩니다. 이제 예수를 믿은 후에는 그것은 필요 없기 때문입니다. 지금 우리는 생각해 보십시다. 주님을 따르는 데 필요 없는 것을 손에 너무 많이 가지고 있지 않은가 하고. 사실 우리 손에는 불필요한 것이 너무 많습니다. 이생의 정욕과 육신의 안목과 이생의 자랑을 버려야 합니다(요일 1:15). 갈 5:19-21절에 기록된 육신의 열매를 버려야 합니다. 모든 죄악을 버려야 합니다. 그런데 여기서 중요한 것은 '곧'이란 단어입니다. 버리되 한참 있다가 버리는 것이 아니라 곧 버려야 한다는 말씀입니다. 세상에는 금방 해야 할 것이 있고 천천히 해도 될 것이 있습니다. 그런데 주님의 제자가 되려면 곧 버려야 합니다. 왜냐하면 버리기 전까지는 하나님께서 주시는 은혜를 받을 수 없기 때문입니다.

4. 네 번째 주님의 제자가 되려면

끝으로 주님의 제자가 되려면 20, 22절의 말씀대로 "예수를 좇으니라" 즉 주님을 따라가야 합니다. 본래 제자라는 말은 'follower'라는 뜻입니다. 세상을 좇아가거나 지식을 좇거나 경험을 좇아서도 안 됩니다. 권력을 좇아서도 안 됩니다. 물론 우리 교회에는 그런 분이 한분도 안 계시지만 요즘에는 가짜 목자도 적지 않습니다. 그러기 때문에 사람을 따라가서도 안 됩니다. 좀 죄송한 얘기는 저를 따라와서도 안 됩니다. 예수님만 따라가야 합니다. 왜냐하면 저를 따라 오면 땀 냄새와 구린내가 나서 곧 실망하고 말기 때문입니다. 그러므로 예수님만 좇아가야 합니다. 그런데 여기서 '곧'이란 단어는 '버려두고'란 말에만 붙는 것이 아니라 '좇으니라'는 말에도 붙는 말입니다. 다시 말해서 예수를 좇을 때에도 '곧' 따라야 한다는 말씀입니다.

사탄의 전술전략 가운데 가장 많이 쓰는 것 가운데 하나가 소위 연기 전술이라는 것이 있습니다. 다시 말해서 오늘 할 일을 내일로 미루게 하는 전술입니다. 그러므로 우리는 선한 일을 할 때에 혹은 주님의 일을 할 때에 절대로 연기해서는 안 됩니다. 사실 오늘만이 나에게 주신 시간이지 미래는 하나님의 시간이기 때문입니다.

맺는말

이제 설교를 맺으려고 합니다. 하나님께서 기뻐하시는 제사 가운데 하나는 찬미의 제사입니다. 이것은 우리 모든 성도들이 꼭 맺어야 할 입술의 열매입니다. 그런데 하나님이 기뻐하시는 찬미의 제사를 드리려면 첫째로 우리가 주님의 제자가 되어야 합니다. 그리고 주님의 제자가 되려면 먼저 나의 주관을 버리고 나의 목적을 버리고 주님을 따라가야 합니다. 둘째는 내가 그 무엇을 하는 것이 아니라 주님께서 되게 해주신다는 점을 명심하고 우리는 주시는 것을 받아들이는 믿음을 가져야 합니다. 내가 무엇을 하려고 하면 결국 인간 냄새만 피우다가 실패하고 만다. 셋째는 버릴 것은 버리는 것입니다. 내 손에 있는 더러운 것을 버리기 전에는 하나님의 귀한 것을 받을 수가 없기 때문입니다. 끝으로 즉시 주님을 좇아야 합니다. 사탄마귀는 연기 작전을 통하여 우리로 하여금 오늘 이 시간에 주님을 좇지 못하도록 유혹합니다. 그러므로 지금 주님을 좇아야 합니다. 그러면 우리가 드리는 찬미가 하나님 앞에서 아름다운 제사가 되고 천군천사들이 화답하는 은혜로운 찬송이 될 것입니다. 이제 여러분 모두가 하나님 앞에서 이런 축복이 넘치기를 주님의 이름으로 축복합니다.

적극적 사고방식을 가지고

(막9:23-29)

우리는 다 성공자가 되기를 원합니다. 그런데 성공자의 수는 그렇게 많지 않습니다. 그것은 성공의 비결을 모르기 때문입니다. 그러면 어떻게 할 때 우리는 성공할 수 있습니까? 여러 가지가 있으나 그 중에서도 가장 중요한 것은 사고방식이 적극적일 때 성공할 수 있습니다. 나는 안 돼, 나는 못해, 하고 생각하는 사람은 아무리 기회가 와도, 또 능력이 있어도 성공할 수가 없는 것입니다.

사실 많은 사람들은 잠재력을 가지고 있으면서도 그것을 10분의 1도 발휘하지 못합니다. 왜냐하면 사고방식이 부정적이거나 소극적이기 때문입니다. 사람에게는 누구나 그릇이 있습니다. 큰 그릇, 작은 그릇, 중간 그릇이 있습니다. 이것은 바로 사고방식에 따라 결정됩니다. 그러면 성공적 삶을 살기 위한 적극적 사고방식은 어떤 것인가요?

1. 인간의 잠재력

사람은 누구나 다 잠재력을 가지고 있는데 이 잠재력을 행동으로 나타나도록 하라는 것입니다. 그러면 어떻게 잠재력을 활용할 수 있는가? 그것은 동기유발에 있습니다. '야, 네가 뭘 해'하고 어려서부터 바보취급을 하면 바보가 됩니다. 그러나 부모가 자녀들에게 큰 기대를 하고 인정해 주면 그 자녀는 크게 됩니다. 왜 장자가 일반적으로 더 크게 되는가? 그것은 부모가 기대를 갖고 인정을 해주기 때문입니다.

(예화) 나도 급하니까 자꾸만 공부하라 공부하라 하였으나 별 효과가 없었습니다. 그런데 큰아이에게는 너는 할 수 있어. 하나님이 함께하시니까 하고 말하고 둘째 녀석에게는 미국에 간다는 동기 유발을 시켜 영어를 잘하게 하였습니다. 영어에서 삶을 'life'라고 하는데 여기서 중간에 'if'란 말이 가운데 있습니다. 다시 말하면 '만약에'라는 말을 빼면 놀라운 신념의 마력이 나타난다는 말입니다

2. 불가능하다는 생각을 버려라

'불가능'이란 말에서 앞에 있는 '불'이란 말을 빼면 가능이란 말이 됩니다. 이 세상에 사는 사람은 누구나 다 한 두 번은 역경에 처하게 됩니다. 그때에 최선을 다하고 그 다음에는 나머지를 다 하나님께 맡겨보시기 바랍니다. 그러면 그것이 이루어지는 이적을 볼 것입니다. 본문에서 예수님이 "할 수 있거든이 무슨 말이냐? 믿는 자에게는 능치 못할 일이 없느니라"는 것은 믿음의 능력을 말씀한 것입니다. 그래서 주님은 믿는 대로 될지어다라고 말씀하셨습니다. 여러분들은 할 수 있다고 믿습니까? 그러면 믿는 대로 될 것입니다. 그러나 할 수 없다고 생각하십니까? 빨리 불가능이란 말에서 불이란 단어를 버려야 가능해집니다.

3. 역경 앞에 과감히 분발하라

역경에 처할 때 분발하십시오. 사실 우리는 재난을 극복할 능력이 있습니다. 그러므로 닥칠 역경을 두려워 말고 과감히 분발하기 바랍니다. 하나님은 우리를 사랑하고 있고 더구나 우리가 처한 상황을 우리가 알고 있는 것보다 더 잘 알고 계십니다. 아무튼 기억해야 할 것은 우리가 처한 상황이 생각하는 만큼 그렇게 나쁘지 않다는 것입니다. 그런데도

공연히 좌절하고 자신의 잠재력을 믿지 않는 데 문제가 있습니다. 그러므로 과감히 분발하여 역경에 대처하면 해낼 수 있습니다.

4. 중단 없이 도전하라

계속해서 열심을 내면 세상에서 어떤 역경도 극복할 수 있습니다. 나이를 좀 먹었다고 초조해하지 말고 젊은 기개를 발휘하면 무엇이든지 해결할 수 있습니다. 문제는 육체 나이보다 도전하는 정신 연령이 승패를 좌우합니다. 공연히 의기소침해서 모든 일에 찬물을 끼얹지 마십시오. 사실 대부분의 세상일은 어렵게 보여도 과감히 도전하면 거뜬히 해결할 수 있습니다.

5. 곤비한 생각을 버려라

지겹다는 생각을 버리고 용기를 가지십시오. 인간은 어떤 사고를 하느냐에 따라 그 결과가 달라집니다. 왜냐하면 그 사람의 사고가 그 사람의 삶을 좌우하기 때문입니다. 우리는 저녁에 호주머니를 깨끗이 털어버립니다. 그렇듯이 마음을 항상 비우십시오. 그러면 일에 대한 새로운 기대를 갖게 될 것입니다. 마음을 비우는 최고의 방법은 기도입니다. 새벽기도도 좋고 철야기도도 좋습니다. 소리를 높여 하나님께 외쳐 기도하면 놀라운 기적을 체험할 것입니다.

6. 성구를 품고 도전하라

위대한 성구를 외우고 그것을 생활해 보십시오. 예를 들면 빌 4:12; 막 9:23; 마 7:7은 하나님께 대한 신앙이 우리에게 자신감을 주기 때문입니다.

(예화) 1986년 4월 25일 밤 kbs의 에베레스트란 특집에서 고려대학, 산악부, 김종호 단장의 경우를 소개했습니다.

사 40:31 "오직 여호와를 앙망하는 자는 새 힘을 얻으리니 독수리가

날개 치며 올라감 같을 것이요 달음박질하여도 곤비치 아니하겠고 걸어
가도 피곤치 아니하리로다.

7. 부단히 노력하며 구하라

꾸준한 노력은 성공이 보장됩니다. 성경에 구하라, 찾으라, 문을 두
드려라 그러면 얻으리라는 말은 꾸준한 노력을 권한 말입니다. 예부터
'태산이 높다 하되 하늘 아래 뫼이로다. 오르고 또 오르면 못 오를리 없
건마는 사람들이 제 아니 오르고 뫼만 높다 하더라'는 시조가 있습니다.
그리고 바보처럼 꾸준히 노력하면 목적을 달성할 수 있다는 우공이산(愚
公移山)이라는 성어가 있고, 똑똑 떨어지는 물방울이 바위를 뚫는다는
수적천석(水滴穿石)이란 성어도 있습니다. 그렇듯 느긋한 자세로 목적을
향해 습관화되도록 계속하면 결국 뜻을 이룰 것입니다.

8. 역경을 슬기롭게 대처하라

역경에 처할 때 슬기롭게 대처하시기 바랍니다. 사람은 누구나 역경
이 옵니다. 역경 없이 성공한 사람은 하나도 없습니다. 그러나 기억할
것은 하나님은 당신 편에 계시므로 결코 당황하거나 두려워할 필요가
없습니다. 남이 당신을 비판할 때 감정적인 반응을 보이지 말고 냉철하
게 분석한 후에 그 비판의 정당성 여부를 파악하고 만약 그것이 정당한
것이 아닐지라도 참고 묵묵히 시간을 두십시오. 시간이 지나면 그가 자
기 잘못을 깨닫고 당신 앞에 고개를 숙일 것입니다. 슬픈 일이 다가올
때도 하나님께서 당신을 사랑하고 있다는 것을 잊지 마십시오. 당신은
결코 버림받지 않았음을 깨닫고 끝까지 참아내면 하나님은 당신을 보살
펴주실 것입니다.

9. 난관의 핵심 문제점을 파악하라

난관을 극복하려면 문제 핵심을 파악하고 대처하시기 바랍니다. 그

다음에는 하나님 앞에 기도로 문제를 맡기십시오. 그리고 오늘을 긍정적으로 어깨를 펴고 사시기 바랍니다. 내일은 당신의 날이 아니고 하나님의 날입니다. 하나님을 믿고 역경을 맡기면 당신은 실제로 하나님의 도움을 받아 성공할 것입니다.

10. 적극적 사고로 도전하라

정력적으로 활기차게 도전하시기 바랍니다. 부정적 의식을 버려야 합니다. "만약 우리가 실천 가능한 일을 전부 다 한다면 깜짝 놀라게 될 것이다"라고 말한 에디슨의 말을 기억하십시오. 모든 활동을 적극적 사고방식대로 살면 정력적이고 활기찬 생활을 하게 될 것입니다.

11. 역경극복의 힘은 믿음에서 나온다

믿음으로 난관을 극복하십시오. 하나님의 임재를 깨닫지 못하기 때문에 두려워하는 것입니다. 우리는 내가 결코 혼자가 아니라는 것을 영의 눈을 뜨고 보십시오. 항상 하나님께서 함께 계신다는 것을 알게 될 때 그대에게 힘이 생길 것입니다. 연구와 실천을 계속하고, 강렬한 신념과 깊은 신앙을 발전시켜 나가십시오. 내 자신이 얼마나 큰 잠재력을 가지고 있는지를 깨닫고 스스로 놀랄 것입니다.

12. 그리스도 믿음 안에 활기차게 살라

마지막으로 그리스도 안에서 활기찬 인생을 살아야 합니다. 언제나 마음의 문을 열고 영감과 동기에 항상 참신하고 활기차고 정력적으로 대응하시기 바랍니다. 매사에 깊은 관심을 가지고 날마다 흥미를 가지고 그 흥미에 활력을 넣으십시오.

스스로 나이를 잊어야 합니다. 사람들은 스스로 늙었다고 생각하기 때문에 할 수 있는 것도 못합니다. 구약의 아브라함이나 모세 같은 인물이 늙어서도 큰일을 할 수 있었던 것은 그들이 나이를 잊고 활기찬 인생을 살았기 때문입니다. 젊은이들과 접촉하면서 마음을 젊게 가지고 계속 활기찬 인생을 살기 바랍니다.

맺는말

저는 지금까지 위와 같이 생활철학을 가지고 하고 싶은 이야기를 피력하였습니다. 학자로서는 더 이상의 꿈을 이룰 수가 없기 때문에 목회라는 무한정한 바다로 뛰어든 것입니다. 저는 믿습니다. 우리 성도들에게 동기만 부여된다면 무한한 힘이 생길 것이고. 이 힘을 가지고 한국 교회와 한국 사회를 깜짝 놀라게 하는 놀라운 역사가 일어나리라고 믿습니다. 그러므로 이제부터는 적극적 사고방식으로 모든 일을 해결하는 우리가 되어 성공자가 다 되기를 주님의 이름으로 축원합니다.

장애인의 사명

(요9:1-12)

1. 피조물들의 사명

이 세상의 모든 피조물은 다 만들어질 때 다 사명을 가지고 있습니다. 더구나 인간은 그가 비록 식물인간이라 할지라도 다 사명을 가지고 있습니다. 그 사명을 감당할 때 참 행복과 의미가 있습니다.

(예화) 시계는 사람들에게 시간을 알려주어 서로 협력하게 합니다.
돌은 조각품, 건축, 아스팔트 등에 사용합니다.

2. 자식보다 아픈 부모 마음

장애인 자신보다 장애인을 가진 부모의 마음이 더 아프고 괴롭습니다. 전생에 무슨 죄가 있어서 팔자가 왜 이런가? 차라리 내가 대신 죽고 내 자녀가 정상인이 된다고 하면 그렇게 하겠다는 것이 부모 마음입니다.

본문에 나면서부터 왜 시각 장애인으로 태어났는가?란 질문에 대해서 논쟁을 하고 있습니다.

(1) 부모나 자신의 죄 때문이 아니라고 하였습니다.

(2) 하나님의 영광을 위해서(3절).

(예화) 쓴 '씀바귀'도 제 구실을 할 만큼 필요합니다. 봄에 입맛을 돋
게 하고 또 몸에 좋습니다. 어쩌면 많은 장애인들이 나 같은
것도 살아야 하는가 하고 생각한 적이 있을 것이고 심하면 자

살을 시도한 사람도 있을 것입니다. 그러나 하나님의 뜻은 사람과 다릅니다.

정말 괴로운 것은 과연 장애인이 필요한가? 하는 질문입니다. 눈만 장애인이 아닌 각종 신체적 장애인이 많습니다. 보이지 않는 정신적 장애인과 영적 장애인도 있습니다. 그렇다면 장애인이 아닌 사람이 과연 얼마나 되겠습니까? 자기는 절대 아니라고 해도 인간은 누구나 예비 장애인입니다. 정부의 통계를 보면 인구의 3%, 약 120만의 장애인이 있다고 합니다. 그러나 교통사고와 산업재해가 가장 많은 한국에서 그 정도뿐일 수 없습니다. 오스트리아는 16%, 가나다는 23%의 장애인이 있습니다.

3. 장애인이 어떻게 하나님께 영광을 돌릴 수 있는가?

고전 10:31절 "먹든지 마시든지 다 하나님의 영광을 위해 하라". 심지어 먹고 마시는 것을 통해서도 하나님께 영광을 돌릴 수 있다는 것입니다. 어떻게? 먹을 때 감사의 기도를 드리면 이것이 바로 전도가 되고, 하나님께 영광이 됩니다. 마실 때도 마찬가지입니다.

4. 장애는 불편할 뿐

장애인은 불편하기만 할 뿐 일을 못하는 것은 아닙니다. 세계적인 인물들의 다수가 장애인이란 것을 아시기 바랍니다.

소아마비 / 영국의 시인이며 소설가 스코트

심장병 / 스웨덴의 발명가 노벨(355가지의 특허를 가짐)

폐결핵 / 미국의 극작가로서 최초의 희곡을 쓴 오닐

영국의 소설가 「지킬 박사와 하이드」는 스티븐슨의 작품입니다.

한경직 목사와 김창인 목사, 조용기 목사는 다 폐결핵환자였습니다.

맹인 / 8000편의 찬송시를 쓴 크로스비 여사

「실낙원」을 쓴 / 존 밀턴

위장병 / 일생을 위장병으로 고생한 비평가요 역사가인 칼라힐

차이코프스키 / (결혼생활에 실망하고 낙담하다가 자살할 지경) : 비창,

귀머거리 / 베토벤

샬랍 엘리오트 여사 / 150여 편의 찬송시를 쓴 천재, 병약한 몸으로 교회의
여학교 모금을 위해 자선시화전을 열고, 병석에 누워 고민하다가 쓴 것이 399
장의 '큰 죄에 빠진 날 위해 주 보혈 흘려주시고, 또 나를 오라 하시니 주께로
거저 갑니다.'

5. 장애인들의 사명은 무엇인가?

(1) 신앙심은 장애를 이긴다

하나님의 사랑을 깨달아야 합니다. 미스 코리아가 손가락이 못생겨
불평하고, 나도 한때는 키가 작고 못생긴 것을 비관까지 한 적이 있었
습니다. 그러나 그것을 극복하기 위해서 남보다 더 많은 공부를 했습니
다. 그것이 오늘의 나를 있게 만들었습니다. 그러나 가장 중요한 것은
신앙을 가지는 것입니다.

(2) 내가 하나님의 영광을 위해서 할 것

있는 자리에서 내가 하나님의 영광을 위해서 할 것이 무엇인가를 발
견해야 합니다. 세상에는 나보다 못한 사람이 많이 있습니다. 그들에게
무엇인가를 주려고 하면 다 줄 것이 있습니다. 우리 교회에서는 그리스
도의 편지를 보내고 있습니다. 많이 하는 사람이 건강한 사람이 아니고
대개 병약한 사람들입니다. 건강한 사람은 돌아다닐 곳이 많고 놀러 다
닐 곳이 너무 많기 때문입니다.

(3) 신앙적으로 할 일을 찾아

장애로 좌절하지 말고 신앙적으로 해야 할 것이 무엇인지 찾아보십시
오. 소위 건강한 사람보다 더 큰 일을 할 수 있을 것입니다. 그것이 하
나님이 여러분들에게 주신 사명입니다.

절망의 극복

(욥3:1-10)

욥기는 1-2장에 욥의 재난, 3-37장에는 욥의 논쟁, 38-42장에는 욥의 구원에 대해 기록되어 있습니다. 욥기는 의인이 왜 고난을 당해야 하는가?를 말하는 욥의 체험기록입니다. 신앙인들도 때때로 고난을 당합니다. 경제적 고난, 질병에서 오는 고난, 정치적 고난, 가족 간에 일어나는 정신적 고통 등 여러 가지의 고난을 당합니다.

그래서 괴로워하기도 하고 절망하기도 합니다. 우리는 누구나 적어도 몇 번은 그런 체험을 해보았을 것입니다. 그런데 이때 넘어지면 우리는 이 어두움의 골짜기에서 헤어나기가 어렵습니다. 한번 빠지면 헤어나기 어려운 곳이 바로 이 절망의 골짜기입니다. 그래서 키엘케코르라는 철학자는 절망은 죽음에 이르는 병이라고 진단을 하였습니다. 그래서 이 시간에는 욥기의 체험을 중심으로 '절망의 극복'이란 제목으로 함께 절망에서 일어나는 힘을 얻기를 원합니다.

욥은 우즈 땅, 지금으로 말하자면 아라비아 북부에서 당시 순전하고 정직하며 하나님을 경외할 뿐 아니라 악에서 떠난 자였다고 성경에 기록하고 있습니다. 또 그는 부자요 가족도 많았습니다. 아들이 일곱에, 딸이 셋이었습니다. 그 당시만 해도 대가족을 선호했던 때였습니다. 그는 재산으로도 부자였습니다. 가축은 양이 7천이요 약대가 3천이요 소가 5백 겨리요 암나귀가 5백이라고 하였습니다. 그런데 갑자기 큰 수난이 두 번에 걸쳐 닥쳐온 것입니다. 그는 사탄이 하나님의 허락을 받아 시험이 있었지만 하늘의 회의에서 무슨 일이 일어나고 있는지 몰랐으며 다만 신앙인으로 이 시련을 받아들여야 했던 것입니다.

1. 욥에게 사탄의 시험은 다섯 가지 단계로 왔다.

(1) 재산의 전몰(1:13-16)

맏형의 집에서 잔치를 하고 있는데 스바 사람들이 소와 나귀를 약탈. 7천 마리의 양이 하늘에서 내려온 불로 타죽었고 갈대아 사람들이 약대와 종들을 약탈해 갔습니다.

(2) 아들 7, 딸 3이 태풍으로 집이 무너져 몰사(1:18-22).

이때까지만 해도 욥은 견디어 냈습니다. 21절에 "내가 모태에서 적신으로 나왔사온즉 또한 적신이 그리고 돌아가올지라. 주신 자도 여호와시요 취하신 자도 여호와시오니 여호와의 이름이 찬송을 받으실지니이다."하고 하나님의 주권과 섭리를 인정한 것입니다. 그러나 그의 시련은 계속되었습니다.

(3) 몸에 문둥병과 같은 피부병을 얻어 고통당함(2:7-10).

얼마나 괴롭고 가려웠던지 재 가운데 앉아서 기와 조각으로 온몸을 긁으면서 고통을 이겨보려고 했습니다. 그러나 그는 이런 고통 속에서도 하나님을 원망하지 않았습니다.

(4) 유일한 위로자 아내마저도 독설을 퍼붓고 저주함(2:9-10).

2:9절에 "당신이 그래도 자기의 순전을 굳게 지키느뇨. 하나님을 욕하고 죽으라." 그러나 욥은 "그대의 말이 어리석은 여자중 하나의 말 같도다. 우리가 하나님의 복을 받았은즉 재앙도 받지 아니하겠느뇨?"(2:10)라고 오히려 꾸짖었습니다.

(5) 가장 절친한 친구마저도 괴롭히고 불신케 하려고 함(2:11-13)

이 친구들의 견해는 한 마디로 말해서 "네가 당하는 고난은 죄 값으로 인한 것이니 회개하라"는 것이었습니다. 4:7절에 "생각하여 보라 죄 없이 망한 자가 누구인가? 정직한 자의 끊어짐이 어디 있는가?"

2. 욥은 중복되는 시련으로 슬픔에 빠져 자기 출생을 한탄했다.

그러나 여기서도 그는 하나님을 부인하지 않았음을 주목해야 합니다. 그야 말로 절망 속에서 욥은 괴로워하면서 때로는 하나님을 원망하기도 하고 자기를 혼자 있게 해달라고 하면서 정서적으로 불안한 가운데서 몸부림쳤지만 그럼에도 그는 하나님을 부인하지 않았던 것입니다. 바로 여기에 욥의 위대함이 있습니다. 욥이 고난 속에서 하나님께 불평했던 근본적인 이유는 세 가지였습니다.

첫째로 하나님이 욥의 기도를 들으시지 않았습니다(13:3,24; 19:7).

둘째로 하나님은 죄 없는 욥을 심판하고 있었습니다(6:4,7; 20:9).

셋째로 하나님은 악한 자를 번성케 하신다는 것이었습니다. (21:7)

그러나 하나님은 폭풍우 속에서 두 가지 면에서 욥을 책망하셨습니다. 그것은 욥의 무지(38:2,13)와 그의 억측(42:2)에 대한 책망이었습니다. 결코 그의 생활에 불의가 있었던 것은 아닙니다.

욥은 이런 단계를 통하여 보다 성숙한 신앙의 단계에 도달하게 되어 이제까지 자기를 괴롭혔던 친구들을 위해서 기도할 수 있게 되었고 (42:10; 눅6:28) 모든 것 중에 하나님의 영광만이 궁극적으로 승리한다는 진리를 깨닫게 되었습니다.

3. 욥이 고난을 극복한 원동력은 무엇인가?

그것은 오직 한 가지였습니다. 바로 신앙입니다. 그렇습니다. 신앙은 에베소서 6:16절의 말씀대로 사탄과 싸울 때 자신을 보호하는 방패가 됩니다. 우리 자신을 지키는 가장 무서운 무기가 됩니다. 그러면 욥이 가졌던 신앙은 어떤 신앙인가요?

(1) 조건 없는 신앙이었습니다.

사탄은 하나님에게 "욥이 어찌 까닭 없이 하나님을 경외하리이까?"(1:9)라고 질문한 것이 나옵니다. 사실 많은 사람들이 조건을 가지고 하나님을 믿습니다. 복을 주시고 형통케 하고 건강을 주시고 등등. 그러나 이것은 바로 무속적 신앙이지 참 신앙은 아닙니다. 참 신앙이란(그럼에도 불구하고) 즉 무조건적인 것입니다. 조건을 가지고 믿는 사람들은 환란의 바람이 불어올 때다 날아가 버리고 맙니다.

(2) 인내하는 신앙이었습니다.

약 5:7절에 "그러므로 형제들아 주의 강림하시기까지 길이 참으라 보라 농부가 땅에서 나는 귀한 열매를 바라고 길이 참아 이른 비와 늦은 비를 기다리나니" 인내 없는 신앙은 껍데기 신앙입니다.

(3) 욥의 신앙은 용서하는 신앙이었습니다.

그는 아내와 친구들을 용서하였습니다. 이것이 바로 신앙입니다.

(4) 영생을 믿는 신앙이었습니다.

19:25절에 보면 "내가 알기에는 나의 구속자가 살아 계시니 후일에 그가 땅위에 서실 것이라" 이것은 바로 영생을 확신하는 신앙입니다. 바로 이 네 가지의 신앙이 욥으로 하여금 사탄의 5번에 걸친 시련을 극복하게 한 것입니다. 그러므로 우리는 바로 이런 신앙을 가져야 합니다.

4. 고난이 다가오는 이유는 무엇인가?

(1) 우리의 죄 값으로 고난이 옵니다.

인간이 선악과를 따먹은 후부터 부모의 죄 때문에 또는 자신이 범한 죄악의 결과로 고난이 옵니다. 그러나 욥의 경우처럼 고난이 반드시 죄의 결과만은 아닙니다.

(2) 고난은 하나님의 영광을 나타내기 위하여 올 때도 있습니다.

요 9장에 보면 나면서 소경이 된 사람이 있었습니다. 제자들이 물었습니다. "랍비여, 이 사람이 소경이 된 것이 뉘 죄로 인함이오니이까 자기오니이까 그 부모니이까?" 이때 예수님께서 대답하셨습니다. "하나님의 하시고자 하시는 일을 나타내고자 하심이니라"(요9:3).

(3) 하나님의 백성을 훈련시키기 위해 고난을 주실 때도 있습니다.

이스라엘 백성들이 출애굽을 하였지만 그들은 가나안 복지에 들어갈 준비가 전혀 되어 있지 않았습니다. 그래서 하나님은 저들에게 광야 40년의 생활을 통하여 가나안에 들어갈 훈련을 시켰던 것입니다.

(4) 하늘나라 진리를 깨닫게 하기 위해 고난을 주실 때도 있습니다.

고난이 우리에게 해만 주는 것이 아닙니다. 건강하려면 적당한 운동을 해야 하듯이 영적으로도 건강하려면 적당한 고난이 있어야 합니다. 사람들은 운동을 안 하면 살만 찌고 약해지듯이 고난을 모르는 사람은 영적으로 살찐 사람처럼 병투성이가 됩니다.

맺는말

사람은 누구나 고난을 당합니다. 때로는 죄 값으로 때로는 훈련을 시키기 위해서 때로는 하나님의 영광을 나타내게 하기 위해서, 또 때로는 하늘나라의 진리를 깨닫게 하기 위해서 이 고난이 옵니다. 이때 우리는 이것을 극복하려면 오직 믿음밖에는 없습니다. 욥과 같은 신앙을 가져야 합니다. 조건 없는 신앙, 인내하는 신앙, 용서하는 신앙, 영생을 믿는 신앙을 가질 때 우리는 어떤 고난과 절망 속에서도 욥처럼 승리할 수가 있습니다. 바라기는 여러분 모두가 욥과 같은 믿음을 소유하여 다 승리하시기를 축원합니다.

전도하지 않으면

(욘1:1-17)

1. 요나를 부르신 하나님

하나님은 어느 시대나 사람들을 불러 그의 종으로 쓰십니다. 창 3:9
절을 보면 아담이 죄를 범했을 때 아담아 네가 어디 있느냐 하시면서
불렀고 또 홍수 심판을 하시기 전에 노아의 가족을 불러 구원하셨습니
다. 그 후에는 아브라함을 불렀습니다. 많은 사람들은 아브라함이 의롭
고 하나님을 경외하는 사람이었기 때문에 그를 선택하였다고 생각합니
다. 그러나 여호수아 24:14절을 보면 아브라함은 하나님에게 부르심을
받았을 때에 우상을 섬기던 사람이었음을 알 수 있습니다. 즉 하나님은
아브라함을 부르실 때에 그가 어떤 가치가 있어서, 믿음이 있어서 부른
것이 아니라 무가치하지만 그냥 은혜로 무조건 부르셨다는 것입니다.

하나님께서 아브라함을 부르신 목적은 창 12:2절을 보면 그에게 축
복의 근원이 되게 하기 위해서였습니다. 즉 이방인들에게 복음을 전하
고 또 저들에게 빛의 생활을 통하여 하나님의 영광을 나타내게 하려는
데 있었습니다. 그것은 요나를 부르실 때도 마찬가지였습니다. 그를 통
하여 앗수르의 수도인 니느웨를 회개시키기 위해서였습니다. 그러나 요
나는 이 하나님의 소명을 거절한 것입니다.

2. 왜 요나는 하나님의 소명을 거절했을까?

(1) 니느웨같이 악한 도성은 망해야 한다고 생각했기 때문입니다.

당시 니느웨는 앗수르의 수도로서 정치적으로는 세계를 지배하는 곳이요 경제적으로는 부유한 도시였지만 죄악이 관영한 도시였습니다. 더구나 이스라엘을 괴롭히는 나라의 수도였습니다. 그래서 요나는 망하기를 원하고 있었는데 하나님은 전도하라고 명하신 것입니다. 그래서 그는 거절한 것입니다.

(2) 위험한 일을 하고 싶지 않았기 때문입니다.

사람은 누구나 손해 보고 싶지 않고 위험한 일을 하고 싶지 않습니다. 주의 종도 사람이기 때문에 마찬가지입니다.

(3) 종교적 편견 때문입니다.

당시 유대인들은 이방인들은 다 멸망 받아야 한다고 생각했습니다. 온건파 중에 혹 어떤 이들은 이방인 중에서 의로운 사람은 구원을 받되 유대인들의 종이 될 것이라고 했습니다. 이들은 하나님께서 온 인류를 사랑하시며 그래서 저들에게 축복의 근원이 되라고 하신 것을 잊은 것입니다.

3. 요나의 도망

성경에 보면 인간은 아담 때부터 도망가는 버릇이 있었습니다. 아담은 무화과나무 밑에 숨었고 요나는 배 밑층에 숨었습니다. 신약시대는 마가가 홑이불을 덥고 자다가 주님이 체포되자 벗어 버리고 도망갔고 제 버릇 개 주느냐는 속담대로 그는 바울과 제일차 선교여행 중에 또 도망을 갔습니다. 이렇게 도망가는 것을 좋아하는 것이 바로 인생입니다. 그러면 요나가 도망한 이유는 무엇이었는지 알아보겠습니다.

(1) 하나님의 소명에서 이탈하려는 도망이었습니다.

이것은 잘못된 동기에서 나온 도망입니다. 그러나 하나님은 모든 피조물에게 다 하나 이상의 소명을 주고 계십니다. 그것이 바로 창조된 목적입니다. 그뿐 아니라 도망은 항상 불안과 공포를 수반합니다. 요나도 마찬가지입니다.

(2) 졸렬한 방법의 도망이었습니다.

다시스로 간다고 하나님을 피할 수 있는 것도 아니고 또 배 밑층에 숨는다고 되는 것도 아닙니다. 그런데도 요나는 배 밑층에 숨는 졸렬한 방법을 취하였습니다. 마치 타조가 사냥꾼에게 숨기 위하여 머리를 모래 속에 숨기는 것과 같습니다.

(3) 불가능한 도망이었습니다.

하나님은 무소부재하십니다. 어디나 계십니다. 그래서 시편 기자는 139:7-8절에서 "내가 주의 신을 떠나 어디로 가며 주의 앞에서 어디로 피하리이까? 내가 하늘에 올라갈지라도 거기 계시며 음부에 내 자리를 펼지라도 거기 계십니다."라고 하였습니다.

(4) 심판을 가져오는 도망이었습니다.

4절에 보면 태풍을 오게 만들었다고 하였습니다. 우리에게 태풍이 불어오고 있습니까? 이것은 하나님께서 우리에게 왜 사명을 피하느냐 하는 책망의 신호요 계시인 것을 기억하시기 바랍니다.

4. 태풍이 불어오는 의미는?

(1) 인간의 무능함을 깨닫게 하기 위해서입니다.

배는 만들 때 여러 가지 경우를 생각해서 만듭니다. 그러나 4절에 보니 깨어지게 되었다고 하였습니다. 사공이 자기의 신을 부르고 배를 가볍게 하기 위해 최후의 수단으로 물건들을 바다에 던져 버렸습니다. 모든 방법을 다 동원하였지만 다 소용없는 짓이었습니다. 우리에게 태풍이 불어옵니까? 인간의 무능함을 깨닫고 고백하기 전에는 다 소용이 없습니다.

(2) 인생의 불확실함을 깨닫게 하기 위해서입니다.

(3) 하나님의 자비만을 구하게 하기 위해서입니다.

왜 바람이 부는가? 세상의 모든 인연을 끊고 하나님만을 의지하게 하기 위해서입니다.

(4) 하나님께 기도하라는 신호입니다.

14절에 보면 무리가 여호와께 부르짖었다고 하였습니다.

(5) 하나님이 주신바 사명을 감당하라는 신호요 계시다.

그러면 요나의 사명은 무엇인가요? 먼저 니느웨의 백성들의 죄를 선포하라, 하나님께서 그들 가까이 계시다, 지금 회개하지 않으면 하나님의 심판이 즉시 임할 것입니다. 하나님의 뜻을 저들에게 다 선포하라는 독촉장입니다.

맺는말

하나님께서 아브라함에게 주신 사명인 너희는 축복의 근원이 되라는 명령을 지금 우리들에게도 주셨습니다. 우리는 먼저 전도를 통해서, 다음은 섬기는 생활을 통해서 하나님의 사명을 감당해야 합니다. 그런데 우리는 이 핑계 저 핑계로 불순종하고 있습니다. 그래서 우리 마음속에 불안의 태풍이 불고 있고 또 가정에도 태풍이 불고 있고 국가의 정치에도 태풍이 불고 있는 것입니다. 지금 우리에게 불어오는 태풍의 의미를 깨닫지 못하면 우리는 요나처럼 태풍과 또 물고기 뱃속에 들어가는 고통과 환란을 면치 못할 것입니다. 전도하지 않으면 태풍은 계속 불어옵니다. 그러므로 이 시간 하나님 앞에서 우리는 회개하고 하나님의 뜻에 순종하여 나도 심판을 면하고 함께 있는 다른 사람들에게도 나로 인해 고통을 당하지 않도록 해야 합니다. 태풍의 의미를 깨닫고 이 시대의 우리 사명을 감당할 수 있기를 주님의 이름으로 축원합니다.

전도하는 신자가 되자

(고전2:1-5)

기독교가 이 세상에 존재하는 가장 큰 이유가 있다면 그것은 바로 복음을 전하기 위해서일 것입니다. 또 교회가 이 세상에서 해야 할 사명이 있다면 그것도 바로 전도일 것입니다. 그런데 이상한 것은 우리 교회 교인들은 물론 대부분의 신자들이 전도를 하지 않는다는 점입니다. 편하게 믿으려고 합니다. 그러나 전도를 안 하면 확신이 없어지고 마침내는 기독교 신앙은 하나의 형식에 끝나고 맙니다. 그래서 이 시간 함께 은혜를 나누려고 하는 설교는 '전도하는 신자가 되자'라는 제목으로 자신을 살펴보는 시간을 갖고자 합니다.

1. 왜 전도를 해야 합니까?

우리가 전도를 하는 것은 다섯 가지 동기가 있기 때문입니다.

(1) 순종의 동기

첫째로 순종의 동기(마28:19)에서 복음을 전해야 합니다. 제자란 따르는 자라는 말인데 주님은 우리에게 전도할 것을 말씀하셨습니다. "너희는 온 족속으로 제자를 삼으라." 역사를 보면 이것이 초대교회의 복음전파의 동기가 되었던 것을 볼 수 있습니다.

(2) 사랑의 동기

다음은 사랑의 동기(고후5:14)에서도 복음을 전해야 합니다. "그리스도의 사랑이 우리를 강권하시는도다" 이것은 18세기 경건주의자들의 복음전파의 동기가 되었습니다.

(3) 종말론적 동기

세 번째는 종말론적 동기(마24:14)에서 복음을 전해야 합니다. "이 천국복음이 모든 민족에게 증거되기 위하여 온 세상에 전파되리니 그제야 끝이 오리라." 이것은 19세기에 선교의 시대가 열리게 된 기본 동기가 되었습니다.

(4) 교회적 동기

네 번째는 교회적 동기(벧전2:9)에서 복음을 전해야 합니다. "오직 너희는 택하신 족속이요 왕 같은 제사장들이요 거룩한 나라요 그의 소유된 백성이니 이는 너희를 어두운데서 불러내어 그의 기이한 빛에 들어가게 하신 자의 아름다운 덕을 선전하게 하려하심이라" 4세기 기독교 국가를 형성했을 뿐 아니라 15-16세기에도 기독교 국가를 형성한 중요한 동기가 되었습니다.

(5) 채무라는 동기

끝으로 우리가 다 채무자라는 동기(롬1:14)에서 복음을 전해야 합니다. "헬라인이나 야만인이나 지혜 있는 자나 어리석은 자에게 내가 빚진 자라" 이 채무자의 동기는 19세기에 선교의 중요한 동기가 되었습니다. 성경은 할 수 있으면 빚을 지지 말라고 하였습니다. 그러나 어쩔 수 없이 질 때는 빨리, 그리고 꼭 갚아야 한다고 했습니다. 빚에는 3가지 종류가 있습니다. 첫째로 돈을 빌렸을 때의 경제적인 빚이 있습니다. 우리나라는 세계 4대부채국 중의 하나인데 이것 때문에 걱정을 하는 분들이 많습니다. 다행스러운 것은 예외적으로 해마다 조금씩 갚아가고 있다는 점입니다. 둘째는 사랑의 빚이 있습니다. 이것은 인간관계에서 지게 되는 것입니다. 성경은 사랑의 빚 외에는 지지 말라고 말합니다. 셋째는 복음의 빚이 있습니다. 이것은 주님과의 관계에서 되는 부채입니다. 그런데 지금 우리는 다 복음에 빚진 자입니다. 따라서 우리는 전도하지 않으면 안 됩니다.

(예화) 무디 선생은 하루에 한 사람 이상 전도하지 않으면 잠을 자지 못했다고 합니다. 한번은 비가 오는 날인데 그만 전도를 못하였는데 잠을 자려다가 생각이 나서 우산을 받쳐 들고 나가서 전도했다고 합니다.

2. 전도자가 받는 축복은 무엇인가?

(1) 자신의 믿음이 성장합니다.

현대인의 병 가운데 하나가 운동을 안 한다는 것입니다. 건강의 열 가지 법칙 가운데 하나가 자동차를 적게 타고 많이 걸으라고 합니다. 창 3:19에 보면 하나님께서 얼굴에 땀을 흘려야 산다고 했는데 모두들 땀을 흘리는 것을 싫어합니다. 노동을 천하게 생각합니다. 인간은 땀을 흘려야 체내의 더러운 것들이 빠져나갑니다. 그런데 선풍기로 에어컨으로 대신 하려고 합니다. 이것이 현대병의 원인이 됩니다. 신앙도 은혜 받으면 운동을 해야 합니다. 즉 복음을 전해야 하는데 안 일어나니 앉은뱅이 신자가 되고 봉사 안 하니 손 마른 자가 됩니다. 병신이 따로 있습니까? 봉사 안 하면 영적으로 병신이 되는 것입니다.

(2) 영적 기쁨이 충만하게 된다.

(예화) 인성이 낳을 때 아내의 표정. 그러나 크면서 모든 고통을 잊게 되었습니다. 그런데 우리는 영적 자녀를 낳는 기쁨을 버리고 삽니다. 그러니 삶에 기름기가 없습니다. 그래서 개인과 가정과 교회에 빼각 빼각 소리가 납니다.

(3) 전도하면 무엇보다도 교회가 부흥합니다.

최근 우리 교회의 전도 상황을 보면 새로 온 신자들은 열심히 전도하는데 오래된 교인들은 고목처럼 전도의 열매가 없습니다. 큰일입니다. 사해바다와 같이 되어 가는 교인들은 갈릴리 바다처럼 주는 교인이 되어야 합니다. 무엇보다도 복음을 주는 교인이 되어야 합니다.

(예화) 아프리카의 가라하리 사막에 스프링밧트라는 산양들이 때로는 수만 마리가 함께 행진합니다. 그러다가 한 놈이 바람 소리에 놀라 뛰면 다른 놈들도 덩달아 뜁니다. 그러다가 벼랑에서 수천 마리가 함께 떨어져 죽는 경우가 있습니다. 지금의 우리 사회가 그렇습니다. 바쁘다 바빠하며 덩달아 뛰고 있습니다. 이제 우리는 사람들에게 스톱하며 복음을 주어서 주님을 향하여 뒤로 돌아가게 해야 합니다.

(4) 하나님 나라에서 영광의 면류관을 쓰게 된다.

계 2:10 "네가 죽도록 충성하라. 그리하면 생명의 면류관을 네게 주리라" 천국에서 최고의 상은 두 말할 필요도 없이 순교자가 받습니다. 그러나 그 다음의 상은 전도하는 자가 받습니다.

3. 전도 안 하면 어떻게 되는가?

(1) 하나님의 마음을 아프게 합니다.

하나님은 그의 피조물들이 멸망하는 것을 가장 마음 아파하십니다. 따라서 전도 안 하면 부모에게 불순종하는 자녀처럼 하나님의 마음을 아프게 합니다.

(2) 많은 사람이 나 때문에 지옥 간다.

이 세상에 살고 있는 사람들은 각자 담당할 사명이 있습니다. 가족이나 친구들은 바로 우리들의 담당지역입니다.

(예화) 지난 금요일에 소위 마유미(김현희)의 칼(KAL)기 폭파사건의 전모가 발표되었습니다. 26살의 꽃다운 나이에 결혼해서 제주도에 신혼여행이나 가야 할 나이에 어떻게 그런 끔찍한 생각이 들어갔는지 도무지 이해가 안 갑니다. 또 같은 날 혜준이의 유괴살인 사건의 주모자인 함효식이 자백을 하게 되었습니다. 돈 250만 원에 어떻게 그럴 수 있습니까? 그러나 이런 것들은 예수 없으면 일어난다는 것을 알아야 합니다. 내가 전도 안 하면 이런 일이 일어난다는 것을 알아야 합니다.

(3) 하나님이 주신 복을 거두어간다(눅12:48).

예를 들어 닭의 날개는 사용치 않기 때문에 퇴화작용을 한 것을 볼 수 있습니다. 또 전자계산기를 많이 사용하는 사람은 암기 능력이 감퇴되기도 합니다.

(4) 하나님 앞에서 심판을 받는다(고전9:16).

"만일 복음을 전하지 아니하면 내게 화가 있을 것임이로다"

4. 어떻게 전도할까요?

(1) 말과 지혜의 아름다운 것으로

첫째로 "말과 지혜의 아름다운 것으로 아니하였나니" 사람들은 흔히들 전도를 잘하려면 말을 잘해야 되는 줄 알지만 사실은 그렇지 않습니다. 오히려 말 잘하는 사람은 늘 말싸움이나 했지 전도는 못합니다. 반대로 말을 잘할 줄 모르는 사람이 오히려 전도를 더 잘합니다. 왜냐하면 전도란 말이나 인간의 지혜에 있는 것이 아니기 때문입니다.

그러면 어떻게 해야 합니까? 4절에 보니 "다만 성령의 나타남과 능력으로 하여야" 합니다. 다시 말하면 성령을 의지하여야 합니다. 절대로 인간을 의지해서는 성공을 하지 못합니다. 저는 템플대학에서 빗겐슈타인의 언어분석 철학을 연구했고 반 뷰란에게서 논쟁법을 배웠기 때문에 교수로 있는 동안 다른 교단의 어떤 신학자와의 논쟁에서도 진 적이 없습니다. 논리를 통한 논쟁이라면 지금도 자신이 있습니다. 그러나 목회자가 된 뒤에는 한 번도 이긴 적이 없습니다. 항상 집니다. 그것은 말을 못해서가 아닙니다. 남의 마음에 상처를 주지 않기 위해서이고 다음은 덕을 세우기 위해서입니다. 예수 때문에 스스로 바보가 된 것입니다. 그러나 전도를 하려면, 남에게 기쁨을 주기 위해선 어쩔 수 없습니다. 여러분들도 예수 때문에 바보가 되기를 바랍니다.

(2) 겸손해야 전도를 잘합니다

3절에 "약하며 두려워하며 심히 떨었노라"는 말씀대로 겸손해야 전도합니다. 잘난 척하면 안 됩니다. 그래서 전도 잘하는 사람을 보면 좀 바보스러운 점이 있는 사람들입니다. 미국에 가서 학위 받고 온 잘난 분들한테는 좀 죄송하지만 전도는 못합니다. 말에는 이기지만 그것으로 전도가 되는 것은 아니기 때문입니다. 오히려 논쟁에 질 때 전도는 됩니다. 다른 말로 해서 겸손해야 전도가 됩니다. 그래서 전도를 잘하려면 기도해야 합니다. 사람은 조직에 의존하면 조직이 할 수 있는 것을 얻습니다. 교육에 의존하면 교육이 할 수 있는 것을 얻습니다.

그러나 기도에 의존하면 하나님이 역사해 주시는 힘을 얻습니다. 영혼 구원은 하나님만이 하실 수 있는 것이기 때문에 기도해야 전도가 가능합니다.

(3) '와 보라'고 끌고 와야 합니다

믿게 하는 것은 성령의 사역입니다. 그러므로 우리가 해야 할 것은 교회에 오도록 하는 것뿐입니다. 그러면 다음은 성령께서 책임져주십니다. 우리의 할 일은 교회까지만 오도록 하는 것입니다.

맺는말

최근 우리 교회는 안정을 되찾으면서 급속히는 아니지만 조금씩 성장하고 있습니다. 중요한 건 이제는 과거에 교회에 분란이 있을 때처럼 자기방어적인 태세를 취하지 말고 마음 문을 활짝 열어 밖에서 많은 사람들이 들어올 수 있도록 분위기를 조성하고, 또 적극적으로 전도를 해서 하나님께는 영광이요 교회에는 부흥이요 자신에게는 신앙의 엑서사이스를 해서 큰 축복을 받는 우리가 되기를 주님의 이름으로 축원합니다.

장애인에 대한 바른 자세

(욥2:7-10)

1. 장애인들의 3가지 자세

(1) 왜 부모가 나를 이렇게 낳으셨는가?

부모도 가족도 세상도 다 나를 버렸다는 심정에서 불평과 원망하며 사는 자세는 버려야 합니다.

(2) 팔자라고 체념하는 사람

모든 것이 다 팔자소관이요 운명이라고 믿고 매사를 체념하는 자세는 버려야 합니다.

(3) 다 하나님의 뜻이라고 믿고 감사와 순종으로 사는 사람

오늘은 제2의 욥이 되라는 뜻으로 욥의 바른 자세를 함께 살펴보려고 합니다. 본문은 욥의 두 번째 고난(욥2:1-6)을 기록한 것입니다. 첫 번째 고난은 1:15절 이하에 나옵니다. 맏형의 집에 있을 때에 스바 사람이 밭가는 소와 나귀를 빼앗았다는 보고가 옵니다. 그 말이 채 끝나기도 전에 하나님의 불이 하늘에서 내려와 양과 종을 살라버렸다는 보고가 옵니다. 말이 끝나자마자 다음에는 갈대아 사람이 와서 약대를 빼앗아 갔다는 전갈, 그 말이 끝나자마자 또 다른 보고가 옵니다. 대풍으로 집이 무너져 소년들이 죽었다는 보고입니다. 이때 욥은 견디기 힘들어 겉

옷을 찢고 머리털을 밀고 땅에 엎드렸습니다.

악창으로 치는 사탄(9-10절)의 짓으로 욥이 재 가운데 앉아서 기와 조각을 가져다가 몸을 긁고 있는데 그 아내가 하나님을 욕하고 죽으라고 소리칩니다. 12절에 보니 욥의 세 친구가 볼 때 "욥인 줄 알기 어렵게 되었다"고 하였습니다. 13절에는 그 친구들이 칠일칠야를 애곡하였다고 했는데 이것은 사람이 죽을 때 하는 관습이었습니다. 그래서 "그에게 한 마디도 말하는 자가 없었더라"고 하였습니다. 그 분위기를 알 수 있는 구절입니다.

욥에게 임한 4가지 단계의 시험이 있었습니다. 첫째는 재산의 전몰, 둘째는 자녀들의 몰살, 세 번째는 질병의 고통, 네 번째는 아내의 저주와 친구들의 불신이 있었습니다.

2. 욥에게서 본받을 점은 1장 21절의 욥의 절대 신앙입니다.

원망과 불평의 생리 : 전염성, 어둡고 더러운 것만 보게 하고 감사하지 않는 바이러스가 우리를 불행하게 만듭니다.

영국에 1분도 틀리지 않고 가는 시계가 있습니다. 올레스 해밀톤 박사가 저 무거운 시계추를 떼어 주면 가벼울 텐데 하고 떼었더니 시간이 틀리기 시작하였다고 했습니다.

고난에도 유익이 있다는 말입니다. 시편 119:67,71은 신앙을 깨끗하게 하고 인내심을 만들어 주고 인격을 온전케 해준다고 했습니다. 다이아몬드, 진주, 괴테의 눈물 젖은 빵이 바로 우리의 인격을 온전케 만들어줍니다.

3. 고난의 극복

무엇보다도 바른 신앙이 필요하고 욥의 경우처럼 인내가 절대적으로 필요합니다.

그러므로 고난을 하나님의 풀무로 믿고 받아들여야 합니다(벧전1:6-7). 하나님의 섭리에 복종해야 합니다(억울한 일을 당한 요셉의 경우처럼).

4. 고통은 하나님이 주시는 기회

하나님은 우리의 피란처요 힘이 되십니다(시46:1-3). 믿는 사람을 통해서, 성경을 통해서 도우시며 기도할 때 이슬처럼 은혜를 내리시며 세상 끝날 때까지 함께 계시며 도와주십니다.

우리 주변에는 많은 장애인들이 있습니다. 이들에 대한 바른 자세가 우리에게는 필요합니다. 그러므로 장애인들을 하나님의 저주나 심판으로 오해하지 말고 하나님의 뜻이 어디 있는가를 살펴서 그들이 자기들의 달란트를 다할 수 있도록 기도하고 훈련시켜야 할 것입니다.

장애인들과 함께하시는 주님

(마25: 40-45)

　지금 우리나라에는 전 국민의 약 10%에 달하는 장애인들이 있습니다. 말하자면 모든 가정에 장애자가 없는 가정이 없는 정도라는 말입니다. 그런데도 우리 사회에는 이 장애인들에게 대한 관심이 말이 아닙니다. 그래서 충현교회에서는 자폐아들을 위한 학교를 만들고, 최근에 봉사관을 완공하였습니다.

　또 금년 '장애자의 날'에 도움을 주려고 필자 자신이 몇 곳을 방문하면서 도움을 구했습니다. 참으로 실망이 컸습니다. 아니 장애자가 나만의 문제인가 하는 생각에 화가 치밀었습니다. 사실 따지고 보면 제 자식들을 도와주겠다는데 왜 이렇게 무관심한가요? 그러나 사랑하는 장애우들이여, 낙심하지 마세요. 모든 사람들이 다 당신들에게 무관심한 것은 아닙니다.

　성경 마태복음 25장 40절과 45절을 보면 거기에 이런 말이 나옵니다. '지극히 작은 자에게 한 것이 곧 나에게 한 것이고, 지극히 작은 자에게 하지 아니 한 것이 곧 나에게 하지 않은 것이라'고 했습니다. 이 말이 무슨 말인가요? 예수님은 지극히 작은 자와 당신을 동일시하고 있다는 말입니다. 여기서 지극히 작은 자란 '스스로 설 수 없는 사람들'을 말합니다. 다른 말로 하면 장애자들을 두고 하시는 말씀이기도 합니다.

이처럼 주님은 우리 장애자들과 함께 계십니다. 주님은 결코 부자나 학자나 권력자들과 함께하시는 분이 아니고, 스스로 설 수 없는 사람들과 함께 계시는 것입니다. 이 말은 그들의 아픔에 동참하고 계시다는 말입니다.

장애자들은 크게 육체적 장애자들과 정신적 장애자로 나눌 수 있습니다. 우리 교회 안에도 많은 뇌성마비 환자들이 있습니다. 이들이 혼자 서기 위해 배우고 훈련하고 있습니다. 그러나 이것보다 더 비참한 것은 정신적 장애자들입니다. 이들은 거의 버려진 상태에 놓여 있습니다. 국내에 몇몇 병원들이 있지만 약을 먹여 가두어둔 상태이고, 사회에 적응하기 위한 훈련은 거의 없습니다. 어떻게 하자는 것인가요? 현 정부가 참으로 신한국을 창조하려면 이들에 대한 사랑과 관심을 가져야 합니다. 신한국이란 치유하는 나라라는 말이고, 장애자들을 위한 나라라는 말이기 때문입니다.

지금 각 가정을 보면 뒷방에, 여기저기 혹은 산속에 쓰레기처럼 버려진 형제들이 있습니다. 부끄러워서 숨겨두고 있는 환자들입니다. 물론 이들이 태어난 것이 부모의 죄는 아닙니다. 자신의 죄도 아닙니다. 우리가 그 원인을 정확히 알 수 없지만 한 가지 분명한 것은 이들에게도 인간으로서 해야 할 사명이 있고, 의미가 있고, 가치가 있다는 점입니다. 그러므로 이 장애자들도 하나님의 형상으로 지음을 받은 하나님의 자녀들이란 것을 잊어서는 안 됩니다. 비록 이들이 몸이 불편하고, 정신에 이상이 있어 불편하다 해도 극복할 수 있는 것입니다. 문제는 우리의 사랑입니다. 그리고 장애자 자신이 용기를 가지고 나도 사람이며 건강한 인간 못지않게 사회를 위해 봉사할 수 있다는 의지를 가지고 살아야 합니다.

특히 장애자를 둔 어머니들께 말씀드립니다. 당신들은 내 죄 때문에 이런 자식이 태어났다는 죄의식을 가지고 괴로워하지 마시기 바랍니다. 눈물만 흘리지 말고 바꾸어 생각해 보십시오. 만약 그 자식들이 신앙과 사랑도 없는 부모에게서 태어났다면 어떠했겠습니까? 그러므로 죄책감을 버리고, 이 장애자들을 통하여 주시는 하나님의 뜻을 깨닫고, 우리 사회가 더불어 사는 사회가 되도록 노력해야 합니다. 남들이 무엇이라고 하든 중요한 것은 나 자신입니다. 정부에 기대를 하지 마십시오. 권력을 가진 자의 눈에는 장애자들이 선거 때만 보일 뿐 당선되고 나면 장님이 되어 아무것도 못 보는 법입니다. 장애자들은 오직 사랑을 가진 사람들에게만 보입니다. 주님과 함께하는 사람들에게만 보입니다.

그러므로 우리가 힘을 합쳐 서로 돕고 장애가 있다고 집에 숨겨두지 말고 하나님의 뜻대로 자신들의 일을 감당할 수 있도록 도우시기 바랍니다. 그것이 부모와 사역자들의 사명입니다.

장래가 있는 사람

(잠24:14-22)

우리에게는 현재도 중요하지만 더 중요한 것은 앞으로 다가오는 장래입니다. 그래서 우리는 쓸 돈 안 쓰면서 여러 가지의 보험에 가입하고 또 먹고 싶은 것도 못 먹어가면서 장래를 위해 돈을 은행에 저축하기도 합니다. 다 장래를 위해서입니다. 어디 그뿐인가요?

(예) 부모들의 자녀 교육을 위한 투자는 세계에서 한국만큼 많이 하는 나라도 없습니다. 왜냐? 자식의 장래를 위해서입니다. 그러면 누가 과연 장래가 있는 사람인가요? 구약의 지혜서인 잠언을 통해 살펴보면 다음 5가지를 가질 때 장래가 있다고 했습니다.

1. 여호와를 경외하는 지혜가 있어야 장래가 있습니다.

14절에 보면 "지혜가 네 영혼에게 이와 같은 줄을 알라. 이것을 얻으면 정녕히 장래가 있겠고" 즉 지혜가 있어야 장래가 있다는 말입니다. 그래서 우리는 자녀교육에 많은 투자를 합니다. 못 먹어도 자녀만은 바로 가르치려고 합니다. 그러나 지식은 기술과 마찬가지로 우리에게 목적을 이루는 수단일 뿐 목적이 될 수는 없습니다. 지식보다 더 중요한 것은 지혜입니다. 이 지혜를 얻어야 장래가 있습니다. 그러면 무엇이 지혜인가요? 잠언 1:7절에 그 해답이 나옵니다. "여호와를 경외하는 것이 지식의 근본이어늘 미련한 자는 지혜와 훈계를 멸시하느니라." 여기서 지식이란 말은 좀 더 정확하게 번역하면 지혜를 말합니다.

다시 말해서 여호와를 경외하는 것이 지혜의 근본이란 말입니다. 지혜가 무엇인가요? 미혹을 받지 않고 사람이 마땅히 해야 할 일을 성취하는 슬기를 말합니다. 인간에게는 여러 가지의 미혹이 항상 따릅니다. 교만, 욕심, 게으름, 사치, 방탕 등 많이 있습니다. 이것을 물리치려면 지혜가 있어야 합니다. 이번 아시안게임은 많은 것을 우리에게 가르쳐 주었습니다. 첫 번째 2관왕이 된 사격의 방정아양, 체조에 중국과 일본을 물리친 권순성, 탁구에 승리를 가져온 양영자, 펜싱에 금메달을 가져온 고낙춘은 신앙인으로서 널리 알려진 사람들입니다. 특히 양전도사란 별명을 가진 양영자는 탁구의 치명타인 오른팔에 이상이 생기고 또 간염으로 인해 완전히 선수생활이 끝난 사람이었는데 기독교 신앙을 가지면서 이 모든 것을 극복하는 힘을 얻었고 마침내 만리장성을 무너뜨리는 개가를 올리게 된 것입니다. 왜 여호와를 경외하는 것이 참 지혜가 되나요? 여호와를 경외하는 믿음을 가진 사람은 장래가 있습니다. 그래서 21절에서는 여호와를 경외하라고 말씀한 것입니다.

2. 악인에게는 장래도 없고 영화도 없습니다

20절에 보니 "행악자는 장래가 없겠고 악인의 등불은 꺼지리라"고 하였습니다.

그러나 세상에는 때때로 악인들이 번영을 할 때가 종종 있습니다. 이때 우리는 신앙적으로 시험에 들기 쉽습니다. 그러나 성경은 말합니다. 19절에 "악인의 형통을 부러워 말라" 왜요? 사실 우리 모두에게 공통적으로 오기 쉬운 시험은 악인들의 번영을 보고 예수 믿어도 별것 아니지 않는가라는 유혹 때문입니다. 그러므로 이런 생각은 우리의 신앙에 크게 해롭습니다. 왜냐하면 이것은 죄짓는 것이 성공의 지름길을 생각하게 하고 또 신앙생활을 게을리 하기 쉽기 때문입니다. 물론 악인들의 성공하는 경우를 우리는 자주 봅니다. 그러나 기억해야 할 것은 악인의 번영은 단명하다는 것입니다. 22절에 "그들의 재앙은 속히 임하리니"라고 했고 또 참 행복이나 만족을 주지 못하는 빛 좋은 개살구같이 좋게만 보일 뿐이란 점입니다. 그러므로 장래가 있는 사람은 겉으로 나타난 현상만 보지 않고 또 그것에 의해 좌절하지도 않고 모든 것을 보다 원시적으로 보는 영적 눈을 가진 사람입니다. 외적으로 유혹되거나 매달리는 사람은 장래가 없습니다. 영적 맹인이기 때문입니다.

3. 의로운 생활을 하는 사람이 장래가 있는 것입니다.

16절에 "의인은 일곱 번 넘어질지라도 다시 일어나려니와 악인은 재앙으로 인하여 엎드러지느니라." 여기서 의인이란 두 가지 의미로 사용되고 있습니다. 첫째는 하나님과 바른 관계를 가지는 것이고 둘째는 하나님의 말씀대로 순종하고 사는 것을 말합니다. 혹 우리 가운데 지금 넘어져서 실망하고 있는 성도가 계십니까? 낙심하지 마십시오. 이것은 축복을 주시기 위해 그릇을 준비하는 시험입니다.

(예) 여원 사장의 비결 : 진급에서 낙오되고 사업에서 실패한 사람에게 축하를 하고 싶다고 했습니다. 왜냐하면 이것은 더 큰 축복으로 인도하기 때문입니다. 사람은 시련이 있어야 성공을 해도 무너지지 않고 견실하게 되어 강건해집니다. 그렇게 해야 어떤 역경도 이겨내고 성공합니다. 그렇지 못한 사람은 오래 못 갑니다.

성공에는 네 가지 비결이 있습니다. 고독을 이겨라, 한가한 시간에는 공부를 하라, 잘못된 결점을 찾아내고 새롭게 설계하라, 아내를 사랑하라(가정이 직장에서의 성공의 기초이기 때문). 특히 가정적으로 화목해야 합니다. '가화만사성'(家和萬事成)이라는 문구가 주는 의미를 마음에 새기고 화평한 가정을 이루어야 합니다.

다시 말하면 행악자의 멸망은 하나님의 진노와 징계에 의한 것이기 때문에 다시 일어서지 못하거니와 의인의 실패는 더 큰 축복을 주시기 위한 하나님이 그릇을 준비하라는 신호입니다. 어떤 준비인가요? 첫째는 그릇을 크고 깨끗하게 준비해서 하나님의 귀한 축복을 잘 담으라는 신호입니다. 둘째는 내 힘으로 되는 것이 아니고 하나님께서 힘주시고 축복해주셔야 하는 것을 굳게 믿으라는 신호입니다. 그러므로 실패했다고 낙심하지 말고 성공했다고 교만하지 말라는 하나님의 신호임을 알아야 합니다. 셋째로 하나님의 축복은 때가 될 때에 주시는 것이므로 우리는 참고 기다릴 줄 알아야 합니다.

4. 원수가 넘어질 때 즐거워하지 말라

17절에 "네 원수가 넘어질 때에 즐거워하지 말며 그가 엎드러질 때에 마음에 기뻐하지 말라"고 하였습니다. 이것이 장래가 있는 사람의 삶의 태도입니다. 그 이유를 잠언은 "그 진노가 그에게서 옮기실까 두려우니라"고 하였습니다. 무슨 말인가요? 이것은 우리가 하나님의 심판을 받지 않는 것은 내가 잘나서 혹은 내가 의로워서가 아니라는 것입니다. 다만 하나님의 은혜이기 때문에 우리는 불신자들의 넘어짐을 기뻐하거나 즐거워해서는 안 되고 오히려 나를 넘어지지 않게 하시는 하나님께 감사하고 저들을 불쌍히 여기는 태도를 가져야 한다는 말입니다.

(예) 보통 사람의 경우는 원수가 넘어지는 것을 보면 좋아합니다. 그래서 교만해지고 잔인해지고 마침내는 자신도 무너져 남들에게 망신을 당하고 맙니다. 그러나 남이 넘어지는 것을 불쌍히 여기

는 사람은 겸손하고 친절하고 교만하지 않기 때문에 계속해서 성장합니다.

맺는말

우리는 다 밝은 장래가 있는 사람이 되기를 원합니다. 또 우리 자녀들도 그런 장래가 있기를 원합니다. 그러면 어떻게 해야 장래가 있을까요? 본문에는 4가지의 비결을 말씀하고 있습니다.

① 여호와를 경외하는 지혜가 있어야 합니다.

② 불의한자들의 외형적 성공에 좌절하지 말고(영적인 근시안) 멀리 보는 영적인 안목을 가져야 장래가 있습니다.

③ 하나님과의 관계를 믿음으로 바로 가지고 하나님의 말씀에 따라 의롭게 사는 신자가 장래가 있습니다.

④ 원수들이 망하는 것을 보고 기뻐하거나 즐거워하지 말고 나를 넘어지지 않게 지켜주시는 하나님께 감사하고 넘어진 자들을 불쌍히 여기는 것입니다. 저들이 왜 넘어졌는지 나의 거울로 삼아 조심하는 생활을 할 때 그는 장래가 있습니다. 바라기는 여러분 모두가 이런 사람들이 되어 다 밝은 장래가 있는 성도들이 되시기를 주님의 이름으로 축원합니다.

장로직의 성경적 의미

(행14:19-28)

　　교회는 목사와 장로들과 집사들과 평신도들에 의해 이루어진 하나님의 집입니다. 그 중에서도 목사와 장로를 '기름부음 받은 종'이라고 부릅니다. 본래 기름부음 받는다는 말은 구약시대에 왕과 제사장과 선지자들에게만 행하였던 의식에서 비롯되었는데 이것이 구약시대의 후반기에 접어들면서 비록 실제로 기름부음을 받지 않았을지라도 하나님에게 택함을 받고 쓰임을 받는 사람은 다 기름부음을 받은 자라고 불렀습니다. 예를 들면 족장들이나 고레스 왕 같은 사람들을 기름부음 받은 자라고 불렀습니다. 이 말은 메시야 혹은 그리스도란 단어와 똑같은 단어입니다. 그러나 신약시대에 접어들면서 예수님만을 그리스도 즉 기름부음 받은 자라고 고유명사화해서 부르기 시작하면서 기름부음 받은 자를 그리스도와 구별하여 부르기 시작하였습니다.

　　그러나 어원적으로 볼 때에 장로도 기름부음 받은 종이므로 구약적인 의미에서 그리스도라고 할 수가 있습니다. 다시 말해서 장로님 여러분들은 어떤 면에서 작은 그리스도인 것입니다.

　　장로들의 직책이 시작된 것은 이스라엘이 애굽에 체류하고 있을 때부터이고 체계화된 것은 모세 때부터라고 할 수 있습니다. 이런 장로직이 신약시대에 접어들면서 가르치는 장로인 목사와 치리하는 장로인 장로가 기능상으로 구별되면서 장로는 목사를 보좌하는 교인들의 대표로 변한 것입니다. 이 시간에는 행 14:23절의 말씀을 중심으로 장로직의 의미를 살펴보려고 합니다.

바울은 교회를 세운 후에는 반드시 장로들을 택하여 세웠습니다. 왜냐하면 장로 없는 교회는 진정한 의미에서 교회가 아니기 때문입니다. 왜냐하면 장로는 교회의 중요한 뼈이기 때문입니다. 그래서 그런 교회를 미조직 교회라고 부르기도 합니다. 우리는 본문에서 세 가지 중요한 의미를 찾아볼 수 있습니다.

(1) 교회는 반드시 장로를 택하여 세워야 한다는 점

그러나 어떤 교회는 장로들을 세우면 목사를 괴롭힌다는 이유로 안 세우는 교회도 없지 않으나 그것은 비성경적입니다. 교회는 반드시 장로를 택하여 세워야 합니다. 어떻게 세워야 하는가? 목사말만 잘 듣는 사람? 혹은 목사를 견제할 수 있는 말 깨나 하는 사람? 혹은 돈이 있어서 교회 살림살이를 잘 할 사람? 아닙니다. 본문에 택한다는 말은 장로들은 영적으로 평판이 좋은 사람들 중에 투표로 뽑아야 한다는 뜻입니다. 물론 초대교회 당시에는 무기명 투표가 없고 손을 들어 뽑았습니다.

(2) 금식기도하며

당시에는 선교사나 장로처럼 교회의 중요한 직책을 가진 사람들을 뽑을 때는 반드시 금식기도를 했습니다. 이것은 장로직의 중요성을 말해 줍니다. 그래서 바울이 딤전 3장에서 장로직의 자격을 10가지로 언급한 것은 아무나 장로가 될 수 없다는 것을 말씀한 것입니다.

(3) 그 믿은바 주께 부탁하고

여기서 부탁한다는 말은 위탁합니다, 은행에 예치합니다, 위탁물로 맡겨둔다는 뜻입니다. 예수님께서 십자가 위에서 마지막 하신 말씀 가운데 "내 영혼을 아버지께 맡기나이다"라고 하셨을 때 바로 이 단어를 사용하셨습니다. 사실 이 세상은 믿을 수가 없는 세상입니다. 그러나 그래도 은행은 비교적 믿을 수 있습니다. 하지만 예수님은 세상의 그 어떤 은행보다도 믿을 수 있는 안전한 분입니다. 그러므로 우리는 장로 들을 인간의 지혜나 경험이나 그 무엇에 맡길 수 없고 오직 전지전능하 신 예수님의 손에 위탁해야 합니다.

자는 자여 어찜이뇨?

(욘1:1-3)

1. 요나의 잘못된 태도

(1) 하나님의 뜻에 대해 그릇된 태도를 가졌다.

어렵고 위험하다고 생각하였다(4:1-2)

(2) 전도에 대해 그릇된 태도를 가졌다.

여호와께 좋은 간증 아니면 나쁜 간증이 된다는 것을 잊고 있었습니다.

(3) 기도에 대해 나쁜 태도를 가졌다

많은 자들이 멸망하는 것을 보고 싶었습니다. 하나님의 뜻이 이루어져 그들이 구원받는 것을 원치 않았습니다.

2. 요나의 타락 과정

(1) 피하여 내려갔다

욥바로 내려갔고 배에서도 내려갔고 바다 아래로 내려갔고 물고기 뱃속으로 내려갔습니다. 불순종은 언제나 아래로 '내려가는 것'입니다. 일이 가끔 잘 되는 것 같은 것에 속아서는 안 됩니다. 예를 들어 배가 기다리고 있었고 뱃삯을 지불한 돈도 있었고……. 그러나 이런 것에 속아서는 안 됩니다.

3. 요나의 타락의 결과

(1) 하나님의 음성

하나님의 음성을 잃었습니다. 그래서 천둥과 번개로 말씀하실 수밖에 없었습니다.

(2) 기도를 잃음

기도할 힘과 욕망을 잃었습니다. 이방인은 기도하고 있었으나 요나는 잠을 자고 있었습니다.

(3) 간증을 잃음

배에 있는 사람에게 간증할 것을 잃었습니다.

(4) 폭풍의 원인이 됨

타락이 폭풍의 원인이 되어 사람들의 생명을 위험하게 하였습니다.

4. 자는 자여 어찜이뇨?

지금은 자는 사람, 자는 나라가 많습니다. 태국이 바로 그런 나라입니다. 신자의 수가 0.2%밖에 안 됩니다. 타일랜드란 말의 뜻은 '자유로운 땅'이란 말인데 실제는 뱀을 믿는 나라, 귀신의 나라(수호신으로 섬김)입니다. 그런데 이런 나라에 한국인들이 새로운 선교를 시작하고 있습니다. 문둥촌 선교, 창녀들에게 선교, 신학교 설립, 태국에 기도원 바람이 불고 있습니다.

왜 자면 안 되나요?

(1) 영적 죽음

영적으로 죽습니다. 북극탐험의 경우처럼.

(2) 지금은 자다가 깰 때(롬13:11).

해가 중천에 떠 있는데 아직도 잔다면 뭔가 문제가 있는 사람입니다.

우리는 무엇을 해야 하나요?

① 먼저 기도해야 합니다.

② 기근 속에 있는 이들에게 만나를 공급해야 합니다(암8:11).

③ 선교사들을 파송해야 합니다.

그러면 어떤 결과가 오나요?

㉮ 우리나라가 경제적으로 잘 사는 나라가 됩니다.

㉯ 우리 교회는 계속해서 성장합니다.

㉰ 하나님에게 영광이 돌아갑니다.

그러므로 우리는 요나처럼 잠자는 자가 되지 말고 깨어 일어나 말씀을 전파하는 사람이 되시기를 축원합니다.

일어나 벧엘로 올라가자

(창35:1-8)

　사람들은 다 성공하기를 원하고 뭔가 하려고 하지만 세월이 지나고 나면 "아이구, 나는 아무것도 하지 못한 실패자구나"하고 좌절하는 경우가 많습니다. 이것은 직업을 가진 남자들뿐 아니라 가정에서나 심지어 교회의 신앙생활에서도 느껴지는 심정입니다.

　이런 점에서 구약에 나오는 야곱은 우리와 비슷한 점이 많은 사람이라고 할 수 있습니다. 그는 젊어서 자신의 힘으로 무엇을 하려고 많은 시도를 한 사람이었습니다. 형의 장자권이 갖고 싶어서 형이 배고픈 때를 이용하여 팥죽 한 그릇에 장자권을 빼앗은 사람입니다. 또 그것으로 불안하니까 아버지의 축복을 받고 싶은데 불행하게도 아버지는 에서를 더 사랑합니다. 그래서 아버지가 좋아하는 별미를 만들고 또 아버지가 눈이 어두운 것을 이용하여 형의 옷을 입고 가장을 한 뒤에 몰래 형의 축복을 도적질한 사람이기도 합니다.

　그러나 그 결과는 대단히 비참했습니다. 결국 약탈자로서의 오명을 벗지 못하고 게다가 사랑하는 딸 디나는 세겜이란 이방인에게 강간당하여 가문은 똥칠하고……. 바로 이런 상황에서 하나님이 그에게 나타나 말씀하신 것입니다.

　이것은 지금도 마찬가지입니다. 진흙 속에 빠진 인간을 구원하고 새 삶을 살게 하는 것은 하나님의 말씀밖에는 없습니다. 지금도 이 세상을 구원하고 우리나라를 구원하는 것은 바로 하나님의 말씀밖에는 아무것도 없습니다. 그러면 성경은 우리가 사는 비결을 무엇이라고 말합니까?

1. 먼저 '일어나'라고 말합니다.

원문에 보면 창 12:1절에 일어나 가라는 말씀이 나옵니다. 그것은 하란에 거하면서 가나안 땅으로 가지 않고 있었기 때문이었습니다. 또 출 3:10절 이하에도 원문에 보면 일어나라는 말씀이 나옵니다. 그것은 모세가 머무적거렸기 때문입니다. 이사야 60:1절에 보면 "일어나라 빛을 발하라"는 말씀이 나옵니다. 이것은 이스라엘이 그의 사명을 감당하지 않고 주저앉아 있기 때문에 하신 말씀입니다. 그러므로 우리는 먼저 일어나야 합니다.

구원의 제일 조처는 절망적인 현실을 박차고 일어나는 데서 시작합니다. 여러분들에게 어려운 일들이 있습니까? 일어나시기를 바랍니다. 절대로 절망적인 현실에 안주해서는 안 됩니다. 일어나야 합니다. 믿음으로 일어나세요. 일어난다는 것은 신앙의 결단을 의미합니다. 신앙의 결단 없이는 구원을 받을 수가 없습니다. 지금 고난 속에 계신 분들은 일어나시기 바랍니다. 절망 속에 계신 분들도 일어나시기 바랍니다. 역경 중에 계신 분들도 일어나시기 바랍니다. 참으로 일어나기를 원하는 분들은 자신을 향하여 일어나라는 명령을 하시기 바랍니다.

2. 다음으로 중요한 것은 올라가는 것입니다.

우리는 생활이 날마다 올라가야 합니다. 신앙이 올라가야 합니다. 위로 자꾸만 올라가야 합니다. 그런데 내려가는 사람들이 있습니다. 참으로 안타까운 일입니다. 도무지 옆에서 볼 수가 없습니다. 이제 저와 여러분들은 날마다 올라가는 성도가 되시기를 주님의 이름으로 축원합니다. 성적도 올라가고, 수입도 올라가고, 신앙도 올라가고, 교인수도 올라가고 좋은 것은 다 올라가기를 바랍니다.

그런데 본문에 보면 '벧엘로 올라가라'고 하였습니다. 중요한 것은 방향입니다. 그래서 우리에게는 방향감각이 있어야 합니다. 그러면 벧엘은 어떤 곳입니까? "나의 환란 날에 내게 응답하시고", 먼저 벧엘은 야곱이 에서를 피해 하란으로 가는 도중에 하나님을 만난 곳입니다. 그래서 벧엘이란 '하나님의 집'이란 뜻입니다.

다음은 "나의 가는 길에서 나와 함께 하신" 곳이라고 하였습니다. 즉 꿈에 천사가 오르락내리락 했던 바로 그곳입니다. 여기서 야곱은 서원하였습니다. 제단을 쌓고 십일조를 내겠다고 하였습니다.

그러면 야곱의 목적이 무엇입니까? "하나님께 내가 단을 쌓으려 하노라" 즉 하나님의 제단을 쌓겠다고 하였습니다. 야곱은 하란에서 돌아온 지 10년이 되도록 자신의 집안을 번창케 하는데 전력했지만 아직까지 벧엘에서의 서원을 이행하지 않았습니다. 34장에 나오는 세겜에서의 비극적인 사건도 따지고 보면 바로 여기에 있었던 것입니다.

사실 우리 인간에게 가장 중요한 것은 제단을 쌓는 일입니다. 우리는 주일마다 교회에 나오는데 이것은 바로 제단을 쌓는 일입니다. 그러나 이것만으로는 부족합니다. 개인적인 제단을 쌓아야 합니다. 제단이란 희생의 피를 통해서 죄악된 인간이 거룩한 하나님과 교제하는 곳을 말합니다. 우리는 다 죄인입니다. 그래서 거룩한 하나님을 그냥 만날 수 없습니다. 오직 피의 제단을 통해서만 만날 수 있습니다. 이제 다 같이 제단을 쌓아 죄의 용서함을 받고, 또 귀한 축복을 받기를 축원합니다.

인정받는 일꾼

(딤후2:14-26)

교회 안에는 여러 종류의 일꾼들이 있습니다. 그중에서도 말씀을 선포하는 목회자와 말씀을 가르치는 교사는 영혼들의 생명과 관련된 중요한 직분입니다. 이들은 무엇보다도 인정받는 일꾼이 되지 아니하면 안 됩니다. 그러므로 오늘 저녁에 헌신예배를 드리는 모든 교사들은 다 인정받는 일꾼들이 되기를 먼저 주님의 이름으로 축원합니다.

1. 누구에게 인정을 받아야 하는가?

세 가지로 인정을 받아야 합니다.

(1) 하나님께 인정받아야

하나님으로부터 '잘 하였도다, 착하고 충성된 종아'란 말을 들어야 합니다.

(2) 남에게 인정받아야

다른 사람들에게서 인정을 받아야 합니다. 왜냐하면 사람들은 말을 가지고 평가하지 않고 열매를 보고 평가하기 때문입니다.

(3) 스스로도 인정받아야

자기 자신에게서 인정받아야 합니다. 아무리 남에게 인정을 받아도 자신의 양심에 부끄러운 사람은 참으로 인정받는 일꾼이라고 할 수 없습니다. 15절 "부끄러울 것이 없는 일꾼으로 인정" 되어야 하는데 이것은 소명감과 직결됩니다. 소명감 없이 일하는 사람은 양심에 부끄러움을 느낍니다.

사 43: "너는 두려워 말라, 내가 너를 구속하였고 내가 너를 지명하여 불렀나니 너는 내 것이라"는 확신과 소명감을 가질 때 우리는 부끄럼이 없습니다.

2. 인정받는 일꾼은 어떤 자격을 갖추어야 하는가?

(1) 진리를 옳게 분변해야

말씀을 다루는 목회자나 교사는 무엇보다도 15절의 말씀대로 "네가 진리의 말씀을 옳게 분변하며" 무엇보다도 하나님의 말씀을 옳게 분변해야 합니다. '옳게 분변하다'는 말은 '똑바로 절단하다'는 뜻입니다. 석공이 돌을 똑바로 절단하는 것을 말합니다. 바울은 천막을 수리하는 일을 하였습니다. 그래서 그는 천막을 수리할 때 혹은 천막을 만들 때 주문자의 뜻에 따라 천을 똑바로 절단하는 법을 배웠습니다. 말씀을 다루는 교사도 마찬가지입니다. 저는 와이셔츠를 똑같은 치수로 항상 사지만 크기가 조금씩 다른 것을 발견합니다. 이래서는 안 됩니다. 하나님의 말씀도 똑 바로 절단할 줄 알아야 합니다.

그러면 하나님의 말씀을 똑바로 절단한다는 말은 무엇을 의미할까요? 그것은 성경을 신구약의 맥락 속에서 하나님의 뜻에 따라 가르치는 것을 말합니다. 세상에서 성경만큼 단순한 책이 없습니다. 신학자들이 괜히 어렵게 해석하고 어렵게 가르치고……. 그래서 마치 성경은 전문적으로 연구한 사람만 알고 가르치는 것 같은 인상을 주고 있으나 그렇지 않습니다. 예수님의 가르치심을 보세요. 얼마나 쉽고 얼마나 간단합니까? 저는 김창인 목사님께서 하신 말씀 중에서 제 일생 잊을 수 없는 말씀이 있습니다. "남이 알아들을 수 없는 말은 하지 말어!" 그래서 한국 신학자 중에서는 강의가 제일 쉽다는 평을 받게 되었습니다. 그러나 저는 아직도 더 쉬워야 할 텐데 하고 늘 아쉬워합니다. 성경은 단순하게 가르쳐야지 복잡하게 가르치면 무엇이 무엇인지 모르게 됩니다. 신학생들 가운데 불트만이니 뭐니 배우고 나서 하는 말이 뭐가 뭔지 모르겠다고 말합니다. 당연합니다. 불트만을 배우면 모든 게 불투명해지고 불트만을 배우면 모든 게 모르게 되는 것입니다. 물론 이런 학문을 무시하는 것은 아닙니다. 저도 학교에서는 가르치고 있으니까요. 그러나 중요한 것은 성경의 가르침은 단순하고 쉬운 것이라는 점입니다.

그러나 불교나 유교나 다른 종교는 그렇지 않습니다. 한번 고승들 100사람에게 도를 깨우쳤습니까? 하고 물으면 100이면 100사람 다 '아니요 아직'이라고 대답할 것입니다. 이것이 기독교와 다른 점입니다. 그런데 일본 신자들은 불교적 기독교인들이 되어서 그런지 20년을 믿어도 '나는 구도자입니다'라고 말합니다. 이것은 기독교가 아닙니다. 혹시 여러분들 가운데 특별히 교사들 가운데 나는 아직도 기독교가 무엇인지 모릅니다 라고 생각하는 사람이 있습니까? 빨리 교사를 그만두십시오. 기독교는 도를 닦는 것처럼 오랜 세월이 필요한 것이 아닙니다. 하나님의 은혜로 구원받는다는 것을 믿으면 이것이 바로 구원입니다. 이 구원을 주시기 위해 길이요 진리요 생명이 되신 예수께서 이 땅에 오셨고 이 주님을 믿고 따르는 것이 바로 기독교입니다.(믿으면 한번 아멘 하시기 바란다.) 빌리 그레함을 보세요. 얼마나 단순합니까? 그의 메시지는 정말 간단합니다. 그의 기도도 정말 짧고 단순합니다. 우리는 어떤가요? 왜 그렇게 긴지, 기도가 끝난 뒤에 다시 그 내용을 반복할 수 없다면 이것은 중언부언한 기도입니다. 저는 비교적 많은 상담을 하는데 좀 죄송한 것은 무슨 말을 하는지 알아들을 수가 없을 때가 대부분입니다. 빙빙

도는데 정신이 없어요. 단순하게 기도하고 단순하게 말하고 단순하게 믿으시면 이것이 바로 기독교의 본질입니다. 16절에 "망령되고 헛된 말을 버리라"고 한 것은 바로 기독교의 본질과 어긋나기 때문입니다. 후메내오의 빌레도가 바로 이런 교사였습니다.

(2) 스스로 정결해야

자신을 깨끗하게 해야 합니다. 21절에 "그러므로, 누구든지 이런 것에서 자기를 깨끗하게 하면 귀히 쓰는 그릇이 되어 거룩하고 주인의 쓰임에 합당하여 모든 선한 일에 예비함이 되리라"

(예화) 지난해 9월초에 저는 주일 저녁 설교에서 본문을 인용하면서 당시 교권을 장악하고 있는 모 목사님께서 너무 더러운 생활을 하고 자기를 깨끗하게 하지 아니하면 하나님께서 버리실 것이라고 예언 아닌 예언을 했습니다. 그 후 이 설교가 그의 참모인 모 교수에게 전달되어 몇 주간 동안 얼마나 큰 고역을 당했는지 모릅니다. 그러나 이것은 단순히 모 인사에게만 해당되는 말씀이 아니고 신복자도 자기를 깨끗하게 하지 아니하면 개밥그릇이 되는 것은 너무도 당연합니다. 그러므로 교사님들이여, 성도들이여, 우리는 귀히 쓰는 그릇이 되려면 깨끗해야 합니다. 그릇이란 그 속에 무엇이 들어 있느냐(물, 쌀, 돈, 똥)와 그것이 얼마나 깨끗하냐에 따라 쓰이고 평가됩니다.

그러면 어떻게 자기 자신을 깨끗하게 할 수 있습니까?

두말할 필요도 없이 예수 그리스도의 보혈로 깨끗이 씻김을 받아야 합니다. 그리고 22절에 제시된 해답대로 하면 됩니다. 그것은 크게 세 가지입니다. 즉 피할 것과 함께할 것과 좋은 것을 바로 잘 하면 됩니다. 먼저 무엇을 피해야 할까요?

(3) 피할 것들

먼저 '피할 것'이 있습니다. 청년은 정욕을 피해야 합니다. 낚시질을 해보면 물고기들은 떡밥의 깻묵 냄새에 끌려 다 잡힙니다. 마귀는 사람들을 유혹할 때 그들이 좋아하는 먹이를 가지고 옵니다. 청년에게는 정욕의 먹이를 가지고, 장년에게는 돈의 먹이를 가지고, 노인들에게는 명예욕의 먹이를 가지고 유혹하면 틀림없이 걸려듭니다.

청년들이여, 여러분들에게는 많은 가능성을 가지고 있습니다. 그런데 정욕에 사로잡히면 그만 만사가 허사가 되고 맙니다. 물거품이 되고 맙니다.

(4) 함께하는 사람들

'함께 할 것'이 있습니다. 그 사람을 알려면 친구를 보면 알 수 있다고 했습니다. 사람이 자기 자신을 안다는 것은 참 어렵습니다. 이때 내가 사귀고 있는 친구들이 누구인지 살펴보시면 그들이 바로 내 얼굴입니다. 그러면 여러분들은 누구와 함께하고 있습니까? 불신자들인가요? 아직도 덜 성화된 증거입니다. 술친구입니까? 아직도 술 냄새가 나는 증거입니다. 우리는 "주를 깨끗한 마음으로 부르는 자들과 함께"해야 합니다. 왜냐하면 끼리끼리란 말대로 사람은 같은 사람들끼리 모이게 되어 있습니다. 물고기도 끼리끼리 떼를 지어 살고 동무로 끼리끼리 삽니다.

(3) 옳은 것을 따름

마지막으로 '좋은 것'이 있습니다. 좋은 것을 본문에 보면 4가지로 말씀하고 있습니다. 의와 믿음과 사랑과 화평 이 네 가지를 좇으라고 하였습니다.

3. 감사하는 사람입니다.

성경에 보면 감사하지 않아서 하나님 앞에서 버림을 받은 사람들이 의외로 많이 있습니다. 그중에서도 구약의 사울왕과 신약의 가룟 유다가 바로 그 대표적 인물들입니다. 이들은 하나님의 은혜로 택함을 받았고 쓰임을 받았건만 배은망덕했던 것입니다. 왜 그런가요? 첫째는 자신의 무가치함과 처지를 깨닫지 못하였기 때문이고 둘째는 하나님의 은혜를 망각했기 때문이고 셋째는 하나님과 사람 앞에서 의리를 저버렸기 때문입니다.

4. 겸손한 사람이 하나님 앞에서 인정을 받는다.

하나님은 교만한 사람은 물리치시고 겸손한 자에게는 은혜를 주십니다. 그러므로 우리는 자기를 낮추고, 남을 나보다 낫게 여기고 김구 선생이 상해에 가서 "임시정부 문지기로라도 써달라"고 했던 것 같은 겸손이 있어야 합니다. 사울왕도 그가 겸손했을 때에는 하나님께서 써주셨고 교만했을 때에는 버리셨던 것을 우리는 기억해야 합니다. 그래서 본문에서도 "모든 사람을 대하여 온유하며"라고 말씀하였습니다.

맺는말

오늘 특별히 하나님 앞에서 헌신예배를 드리는 선생님들이여, 참으로 하나님과 사람 앞에서 인정받기를 원한다면 먼저 말씀을 분변할 줄 알아야 합니다. 다음은 깨끗해야 합니다. 다음은 감사할 줄 알아야 하고 마지막으로 겸손할 때 우리는 하나님과 사람 앞에서 참으로 인정받는 귀한 그릇이 됩니다. 개밥그릇처럼 천하게 쓰이는 사람은 참으로 불쌍한 사람입니다. 그러므로 이제 여러분 모두가 하나님 앞에서 인정받는 귀한 그릇이 되시기를 축원합니다.

이적을 낳는 감사

(시107:1-9)

　20세기 최대의 시인 중에 하나인 티 에스 엘리엇은 인간을 텅 빈 사람인 동시에 가득 찬 사람이라고 그의 '황무지'에서 언급한 적이 있습니다. 아닌 게 아니라 우리는 있어야 할 것은 텅 비어 있고 없애야 할 것은 가득 찬 사람들입니다. 특별히 우리에게는 감사가 없습니다. 우리에게 감사가 있었다면 우리의 주변이 오늘날처럼 삭막하지는 않았을 것입니다.

　금세기의 위대한 여인 중에 하나를 꼽는다면 아마도 페니 크로스비를 빼놓을 수 없을 것입니다. 그런데 크로스비는 출생한 지 육주밖에 안 되었을 때 안질을 앓았는데 불행하게도 의사의 오진으로 실명하고 말았습니다. 그러나 크로스비는 이런 환경 속에서도 신앙으로 이것을 극복하면서 밝은 면을 보려고 노력하였습니다. 항상 감사하는 마음을 가졌으며 또 이것을 시로 기록하였습니다. 마침내 여사는 일생 동안 6000개가 넘는 찬송가 가사를 남겼고 그 중에서도 "나의 갈길 다가도록 예수 인도하시니 내 주 안에 있는 긍휼 어찌 의심하리요, 믿음으로 사는 자는 하늘 위로 받겠네 무슨 일을 만나든지 만사형통하리라. 무슨 일을 만나든지 만사형통하리라"는 가사는 흔히 들을 수 있는 크로스비의 노래입니다.

미국의 적극적 사고방식으로 유명한 노만 필 목사가 한번은 어떤 젊은이를 만났다고 합니다. 불만으로 가득 찬 그에게 필은 물었습니다. 그렇게도 당신에게는 감사할 일이 없는가? 그렇소, 나는 전혀 없소. 그러면 아내가 죽었는가? 그러자 젊은이는 화를 냈습니다. 아니 이 양반이! 눈이 멀뚱멀뚱 살아있어요. 아, 그래요. 그러면 건강한 아내가 있으니 감사하군요. 노만 필 목사는 계속 묻기를 그러면 집이 불탔는가 하고 물었습니다. 아니요 라고 대답했습니다. 그러자 필은 또 하나 감사할 일이 있군요, 타지 않은 집이 있으니 하고 말하면서 계속해서 물었습니다. 젊은이의 심장은 멎었습니까? 젊은이는 더 이상 견딜 수가 없었습니다. 이봐요, 심장이 멎으면 이렇게 살아 있겠소? 아! 그렇지요. 또 하나 감사할 일이 있군요. 건강한 심장, 이런 식으로 계속 대화를 하는 가운데 이 젊은이는 자신에게 감사할 일이 불평할 조건보다 더 많다는 것을 발견하고 어두운 면보다는 밝은 면을 보면서 감사를 했다고 합니다. 그때부터 세상은 아름답게 보이고 기쁨이 충만하게 된 것은 말할 필요도 없습니다.

이처럼 감사는 우리의 생활에 활력소가 되고, 밝은 생활을 하게 만드는 힘이 되는 기적을 낳습니다. 그래서 성경은 "범사에 감사하라 이는 그리스도 예수 안에서 너희를 향하신 하나님의 뜻이니라"고 말하고 있습니다. 추수감사절을 맞아 우리 모두가 어두운 면보다는 밝은 면을 보면서 감사의 생활을 통하여 이적이 일어나게 되기를 바랍니다.

1. 왜 우리는 감사해야 하나?

(1) 하나님의 뜻이기에(살전5:18).

시편 50:23절에 "감사로, 제사를 드리는 자가 나를 영화롭게 하나니" 즉, 인생의 제일 되는 목적이 감사를 통해 성취된다는 말입니다.

(2) 구원하여 주시니 감사

나 같은 죄인을 구원하여 주시니(시107:2)

(3) 많은 것을 주심에 감사

지금까지 많은 것을 주셨고 또 앞으로 주실 하늘나라의 영광(시107:9)을 생각할 때에 감사함.

(4) 이적을 베푸심에 감사

그러나 또 다른 하나의 이유가 있습니다. 바로 이적을 낳기 때문에, 말하자면 감사는 이적과 행복과 승리를 싣고 다니는 수레와 같습니다. 그러나 반대로 원망의 수레는 불행과 실패를 싣고 옵니다.

(예화) 역대하 20장의 여호사밧(암몬, 모압, 세일산) 사람이 유다를 쳐 들어왔습니다. 이때 여호사밧이 하나님께 기도하였습니다. 먼 저 과거에 도와주심을 감사하고 "오직 주만 바라보나이다"하 고 기도하였을 때 하나님께서 응답하셨습니다. 이 전쟁이 너 희에게 속한 것이 아니요 하나님께 속한 것이니 너희는 줄을 맞추어 질서 있게 선 뒤에 "너희와 함께한 여호와께서 구원하 는 것을 보라 너희는 조금도 두려워하거나 낙심하지 말라." 다음날 아침 여호사밧은 찬양대를 조직하고 거룩한 예복을 입 히고 선두에 세워 하나님을 찬양하도록 하였습니다. "여호와 하나님께 감사하라. 그의 사랑은 영원하다", 그러자 이상한 일이 생겼습니다. 적진에 혼란이 일어나고 자기들끼리 서로 치기 시작하였습니다.

(예화) 루즈벨트 대통령은 미국에서 유일하게 세 번 대통령에 당선된 분입니다. 그는 정치가로서 성공한 분이요. 위대한 정치가입 니다. 그의 성공의 비결중 하나가 무엇인지 아십니까? 바로

'감사하는 생활'입니다. 그는 바쁜 선거운동 기간 중에도 감사를 잊지 않았습니다. 자신의 전용열차의 운전기사나 화부에게 "안전하고 편안한 여행을 해주어 감사합니다."라고 감사를 잊지 않았다고 합니다. 한 마디 감사는 그에게 성공과 행복을 가져왔던 것입니다. 왜 그런가요? 감사는 먼저 자신에게 변화를 가져오고 그 후에 주변의 세계에 변화를 가져오기 때문입니다. 이처럼 감사는 이적을 낳습니다.

2. 감사를 방해하는 것들

(1) 걱정과 근심

첫째는 걱정과 근심이 감사를 못하게 합니다. 이것은 정서적 억압을 가져오기 때문입니다. 근심과 걱정에는 세 가지의 유형이 있습니다. 먼저 실존적 근심이 있습니다. 이것은 죽음에 대한 근심처럼 영원히 우리와 함께 존재합니다. 삶의 일부입니다. 다음은 상황적 근심이 있습니다. 예를 들면 잊어버린 약속이나 해고당하지 않을까 하는 등의 근심입니다. 이것은 이에 대처하거나 적응하면 됩니다. 끝으로 심리적 근심이 있습니다. 이것은 무의식에서 오며 그 원인을 찾아내기가 어렵습니다. 세상의 불행은 바로 여기서 옵니다. 성경은 이것이 죄 때문에 온다고 진단하고 있습니다. 이것은 회개를 통해서만 해결됩니다(요일1:9).

(2) 기도와 찬송을 안 할 때

기도와 찬송의 생활을 안 하면 영적으로 둔감해져서 감사를 잊게 됩니다(영적 불감증 환자).

(3) 부정적 사고

소극적 사고와 부정적 사고가 감사를 저해합니다.

3. 감사의 생활을 하자면

이제 우리 모두 감사의 생활을 해야 할 텐데 감사에는 어떤 것이 있는지 알아볼까요? 감사에는 세 단계가 있습니다.

(1) 초보신자 때

형통할 때만 감사하는 초보신자(전7:14)

(2) 보통신자 때

평상시에 감사하는 보통신자(시119:164)

(3) 곤고할 때

곤고할 때에도 감사하는 성숙한 신자(욥1:21)가 있습니다. 우리는 이 세 번째 사람이 되어야 합니다. 이것이 참 감사입니다.

그러므로 우리는 범사에 감사하는 생활로 날마다 천국생활 할 수 있기를 축원합니다.

이스라엘의 찬송 중에 거하시는 하나님

(시22:3-5)

한번은 저희 아들이 묻습니다. '아빠 취미는 뭐야?' 생각해 보니 없습니다. 그렇다고 아빠 취미는 무취미다라고 할 수도 없고 그래서 '독서다.' 했더니 '아이구, 좀 멋진 취미 좀 가지지.' '어떤 것?' 하고 묻자 아들이 대답했습니다. '골프를 치든지 아니면 요트를 타든지. 좀 그런 것 말이야.' '글쎄 시간이 있어야지.' 하고 옹색한 변명을 하고 말았습니다. 한번 물어봅시다. 여러분들의 취미는 무엇인가요? 그런데 놀라운 것은 사람들이 취미가 있듯이 하나님께서도 취미가 있다는 점입니다. 첫째는 창조하시는 것을 좋아하셨습니다. 세상을 창조하시고 만물을 창초하시고 인간을 창조하신 하나님이십니다. 둘째 폐품을 버리지 않고 그것을 수집해서 다시 조립하고 재생산하시는 것을 좋아하십니다.

용서하시고 들으십시오. 저의 장모님은 글씨도 명필이지만 뜨개질이나 폐품을 가지고 무엇을 만드는 것을 보면 한국에서는 최고다 하고 늘 생각합니다. 얼마 전에는 비닐 끈으로 가방을 만드셨는데 너무 잘 만들어서 그것을 가보로 잘 보관하라고까지 하였습니다. 하나님이 바로 폐품을 가지고 다시 만드는 것을 좋아하십니다.

바울 같은 폐품을 가지고 위대한 사도로 만드신 하나님이십니다. 이것은 하나님의 능력을 나타내시기 위해서입니다. 셋째는 음악 감상을

좋아 하십니다. 클래식도 아니고 그렇다고 디스코도 아닙니다. 로큰롤
은 더더구나 아닙니다. 찬송을 좋아하십니다. 꾀꼬리소리로 소프라노
소리를 만드시고 시냇물로 알토 음을 만드시고 바람 소리로, 테너 음을
만드시고 바다의 파도로 베이스 음을 만들어 온 우주를 하나의 합창단
으로 만드시는 하나님이십니다. 이처럼 하나님은 음악을 좋아하시는 분
이십니다. 이 시간에는 이스라엘의 찬송 중에 거하시는 하나님이란 제
목으로 함께 은혜받기를 원합니다.

1. 왜 우리는 하나님을 찬양해야 하는가?

(1) 창조주님이시니

우리를 만드신 하나님께서 찬양하라고 명령하시기 때문입니다. 롬
15:11절에 보면 시편 117:1절을 인용하고 있습니다. "모든 열방들이
주를 찬양하며 모든 백성들아 그를 찬송하라"

(2) 찬송을 통해 영광을 받으심

하나님께서 찬송을 통하여, 영광을 받으시고 기뻐하시기 때문입니다.
하나님은 세상을 만들기 전에 천사를 만드신 분이시다. 찬양을 받기 위
해서입니다.

(예) 주일 오전 9:15분을 전후해서 세계적으로 유명한 몰몬 태버나
클 콰이어가 있습니다. 굉장한 음악가들이 모여서 부르는 것도
아니고 노인들이 대부분이지만 그래도 노래는 정말 영감으로 부
릅니다.

(3) 찬양은 입술의 아름다운 열매

찬양은 입술의 가장 아름다운 열매이기 때문입니다. 히 13:15절에
"항상 찬미의 제사를 하나님께 드리자, 이는 그 이름을 증거하는 입술의
열매니라"고 하였습니다. 전도의 최고의 방법 중 하나가 즉 그 이름을

증거하는 방법의 하나가 바로 찬양입니다. 전용대의 '주여, 이 죄인이'라는 찬송을 들으면 많은 강퍅한 심령들이 문을 엽니다. 전용대는 음악에서 기초인 호흡법도 모르는 사람입니다.

(4) 슬픈 가슴에 위로가 되심

찬송은 슬픔 속에서 우리를 위로해 주고 기쁨이 계속되도록 해주기 때문입니다. 슬플 때 기도는 안 나오지만 찬송은 나옵니다. 기쁠 때 기도는 잊을 수가 있지만 찬송은 나옵니다. 찬송은 마치 삭막한 인생에 있어서 오아시스와도 같고 기름과도 같습니다.

(5) 찬송은 심령을 여는 열쇠

찬송은 심령을 여는 두 가지의 열쇠 중에 하나(기도와 찬송)요 하나님을 꼭 잡게 만들어주는 심령의 손입니다.

2. 어떻게 찬양을 할까?

(1) 오직 하나님만을 위해 찬양

사람에게 보이려고 하지 말고 하나님 앞에서 찬양을 해야 합니다. 그러나 많은 사람들은 사람에게 칭찬을 받으려고 찬송을 합니다. 바로 여기에 문제가 있습니다. 그러나 성경은 말합니다. 눅 6:26절에 "모든 사람이 너희를 칭찬하면 화가 있도다. 저희 조상들이 거짓 선지자들에게 이와 같이 하였느니라." 좀 죄송한 말씀이지만 사회적으로 유명한 음악인이 찬송을 부르면 별로 은혜가 안 됩니다. 저는 음치가 되어 무식해서 그런 줄 알았는데 다른 사람들도 마찬가지더군요. 왜 그런지 아십니까? 그 사람들은 사람 앞에서 보이려고 오페라를 연습하고 스테이지에 서기 위해서 노래를 늘 했기 때문에 그렇습니다. 그러나 찬송은 오직 하나님 앞에서 불러야 합니다. 왜냐하면 하나님만이 찬송을 받으시기에 합당한 분이시기 때문입니다.

(2) 기도하는 심정으로

기도하는 마음으로 찬송을 해야 합니다. 요즈음 주일날 오전에 케네디 목사님의 설교가 방영됩니다. 여기에 단골로 노래하는 솔리스트가 있습니다. 한국 여자입니다. 이름은 김성숙인가 그런데 이 여자는 십여년 전에 미국 뉴욕을 휩쓴 줄리아드 출신의 유명한 오페라가수였습니다. 그러나 어머니가 세상을 뜬 뒤에 회의를 품고 노래를 그만두었다가 이제는 세상노래는 부르지 않고 성가만 부르는 여자입니다. 그 여자의 특징은 노래를 부르기 전에 한주일 동안 기도하면서 그 찬송과 관계되는 성경을 읽으며 묵상을 한답니다. 그리고 찬송 가사를 모두 외워서 부릅니다. 그 찬송을 들으면 눈물이 핑 돕니다. 바로 이런 찬송을 우리는 해야 합니다. 귀만 즐겁게 하는 노래가 아니라 가슴을 울리는 노래이어야 합니다. 아마 우리나라 역사상 가장 많은 찬송을 부르는 분이 있다면 김창인 목사님이실 것입니다. 어떻게 그렇게 많이 외우고 계시는지 그 날의 설교 내용을 찬송 몇 절로 요약할 뿐 아니라 심령 속 깊이 감동을 주십니다. 제가 미국에서 공부할 때 김목사님이 미국을 방문하셔서 개혁교회 총회장님의 교회에서 설교를 하시게 되었습니다. 제가 통역은 일급으로 잘하지만 찬송 통역은 원문대로 해야 하기 때문에 미리 목사님 어떤 것을 부를지 미리 얘기해주세요 했지요. 처음에는 약속대로 잘 되었는데 나중에 영감이 떠오르시니까 약속에 없던 찬송을 부르십니다. 이것을 통역할 재간이 있어야지요. 그래서 여러분 들으신 바로 그 찬송입니다 하고 통역을 했지요. 그런데 나중에 끝나고 미국 사람들과 대화를 하는데 통역 잘했다는 말은 없고 아 그 찬송 참 좋았다는 것입니다. 아니 그 가사를 아느냐고 했더니 잘 모르지만 그냥 감동이 되었다는 것입니다.

(3) 찬송은 열정적으로

찬송은 열정으로 불러야 합니다. 다시 말하면 찬송을 외워서 불러야 지 음이나 따라가는 것은 생명이 없습니다. 외워서 부른다는 것은 그 음악을 소화를 시켜서 부른다는 뜻입니다. 책이나 겨우 보고 부르면 그 것은 청중과 사이에 장해물이 될 뿐입니다.

(4) 찬송은 하모니로

하모니가 되게 불러야 합니다. 남녀 간에 하모니, 소프라노, 알토, 테 너, 베이스의 하모니, 얼마나 아름답습니까? 독창보다는 잘 조화되는 듀엣이, 듀엣보다는 4중창이, 4중창보다는 합창이 더 아름다운 것은 바 로 조화의 미인 것입니다.

(5) 성령 안에서 찬송을

성령 안에서 찬송을 해야 합니다. 심령을 울리는 것은 성령 안에서 부를 때입니다. 하나님께서 천사의 찬송을 좋아하는 이유는 그것이 영 으로 부르는 것이기 때문입니다.

그러므로 우리는 항상 하나님께 찬양하는 마음으로 온 가족이 함께 찬양으로 하나님께 영광 돌리기를 축원합니다.

이상적인 선교자상

(요1:1-18)

공장에 가면 주형(틀)이 있습니다. 여기에 금속을 녹여 주입하여 여러 가지 모양의 기계가 만들어집니다. 형태, 크기, 종류 등이 주형의 종류에 따라 변합니다. 마찬가지로 사람도 어떤 주형, 모형에 부어지느냐에 따라 삼각형, 사각형, 둥근 원형, 별모양 등으로 변합니다. 그런데 신자의 모형은 예수 그리스도이십니다. 선교사의 모형도 예수 그리스도이십니다.

선교사라고 하면 교회에서 뽑아 파송한 직업적인 선교사가 있고, 비록 교회가 뽑아 파송하지는 않았지만 선교사의 일을 해야 하는 평신도 선교사가 있습니다. 우리는 둘 중에 하나다. 그러므로 다 선교사의 모형 되시는 예수님을 우리는 따라야 합니다.

그러면 예수님은 어떤 선교사였는가?

1. 하나님과 함께하는 선교사

1절에 보면 "이 말씀이 하나님과 함께 계셨으니"라고 했습니다. 즉 예수님은 하나님과 함께하였다는 말입니다.

(1) 함께란?

'함께'의 뜻. 첫째 대부분 공간적인 의미로 사용합니다. 유대인들이 이런 그릇된 생각을 가졌습니다. 그래서 성전만 있으면, 예배의식만 있

으면 된다고 생각하였습니다(형식주의). 그러나 헤롯의 성전이 완성된 후
에 망하고 말았습니다. 둘째 원문의 의미는 '얼굴과 얼굴을 서로 대하여'
라는 의미를 가집니다. 그것은 부부처럼, 가족처럼 가깝게 교제하는 것
을 의미합니다. 따라서 선교사인 우리는 세상, 명예, 물질, 정치 등을
가까이 하려고 하지 말고 오직 하나님만을 가까이 하는 생활을 해야 합
니다. 이처럼 선교사에게는 무엇과 함께하느냐가 중요합니다. 예수님은
성육신 전에도, 성육신하였을 때에도, 승천한 후에도 하나님과 함께 하
셨습니다. 하나님과 함께하는 생활은 기도와 성경연구에 있습니다.

2. 자기 안에 생명을 가진 선교사

사람은 자신 '안에' 무엇을 가지느냐가 중요합니다. 4절에 보니 예수
님은 "그 안에 생명이 있었으니"라고 하였습니다. 여기서 생명이란 생명
의 근원을 뜻하는 말씀입니다. 요한복음과 서신에 생명이란 말은 54회
나옵니다. 예수님은 죽은 자를 살리고, 병든 자를 고치고, 잘못된 자를
바로잡는 능력을 가지고 계셨습니다. 선교사는 살리는 사람, 즉 영혼의
의사입니다. 이 생명은 빛처럼 비칩니다.

이제 중요한 것은 내 안에 무엇이 있느냐입니다. 지식, 지혜, 사랑,
권력, 물질 등등. 그러나 그 무엇으로도 사람을 구원할 수는 없습니다.
인간 안에 남을 구원할 아무것도 없습니다. 왜냐하면 인간은 달과 같아
서 태양되시는 예수님에게서 능력을 받아야 줄 수 있습니다. 우리는 수
단일 뿐입니다. 하나님께서 아브라함에게 축복의 근원이 되게 하겠다고
한 것은 결국 그의 후손 가운데 메시야가 나온다는 말입니다. 수도관
노릇을 바로 하려면 막히지 말아야 합니다. 수도관을 막는 것은 죄입니
다.

3. 우리 안에 거하신 선교사

선교사는 거취를 분명하게 해야 합니다. 14절에 "말씀이 육신이 되어 우리 가운데 거하매." 여기서 우리는 성육신의 교리를 발견합니다. 예수님은 높고 높은 보좌를 버리고 낮고 천한 죄인들의 자리에 오셨습니다. '거하다'는 말은 천막을 차리고 함께 산다는 말입니다.

기독교는 처음부터 하나님께서 인간을 찾아오셨습니다. 창 3:9절에 보면 "네가 어디 있느냐?" 하며 찾아오셨고 애굽에서 고통을 당할 때도 하나님께서는 저들의 고통을 보시고 모세를 통하여 구원하셨습니다. 신약시대에 와서 예수님께서 인간의 몸을 입고 이 땅에 오셨습니다. 이것을 신학적 용어로 '비하'라고 부릅니다. 그래서 예수님은 이 땅에 계실 때에도 세리와 창기와 죄인들과 함께하셨습니다. 우리의 친구가 되신 것입니다. 그래서 사정을 잘 아십니다.

목사님이나 선교사도 그들의 보좌를 떠나 소외된 자, 외로운 자, 변두리 인생들과 함께 해야 합니다. 남 위에만 있어서는 남을 이해 못합니다. 밑에 서 봐야 이해합니다. 그러므로 목회자나 선교사는 자신의 계급장을 떼고 친구로서 교인들을 찾아 가야 하고 신자들은 교회의 테두리를 벗어나 불신자들을 찾아가야 합니다. 구약시대에 유대교에서는 이방인들이 개종해서 오기를 바랐으나 신약시대에는 기독교에서 직접 찾아가서 복음을 전합니다.

4. 하나님의 영광, 하나님의 얼굴을 보여주는 선교사

선교사는 보여주는 사람입니다. 14절에 보면 예수님은 그를 보는 사람들에게 하나님의 영광을 보여 주었습니다.

예수님이 어떻게 하나님을 보여주었나요? 그의 생활을 통하여 보여 주셨습니다. 그는 종의 삶을 통하여 보여 주셨습니다.

5. 은혜와 진리가 충만한 선교사

한국교회의 문제점은 은혜가 있는 교회는 진리, 치리, 교리가 없고 진리를 따지는 교회는 찬바람이 붑니다. 교회는 두 가지가 다 있어야 하듯 선교사는, 성도는 은혜와 진리가 다 충만해야 합니다.

사람은 살과 뼈가 있듯이 신앙도 은혜와 진리가 있어야 건전하게 성장합니다.

맺는말

우리는 다 선교사입니다. 교회에서 파송 받는 사람뿐 아니라 평신도들도 다 넓은 의미에서 선교사입니다. 공장에서 물건을 만들 때 주형(틀)이 있어서 그것대로 제품을 만들 듯이 성도들에게도 모형이 있어야 합니다. 그것은 바로 예수 그리스도이십니다. 그러므로 우리도 초대 선교사이신 예수님처럼 하나님과 함께하고, 그 안에 생명을 소유하여 다른 사람들에게 나누어 주고, 그리스도를 필요로 하는 사람들과 함께하고, 하나님의 영광을, 하나님의 얼굴을 보여주는 그리스도의 편지가 되어야 합니다. 그뿐 아니라 은혜와 진리가 충만한 신자들이 다 되시기를 예수님의 이름으로 축복합니다.

이상적인 부모상

(신6:1-9)

1. 오늘의 가정 문제는 3가지 이유 때문입니다.

(1) 아버지의 권위의 상실

아버지는 하나님에게서 신적 권위를 받았는데 그것이 무너졌습니다

(2) 사회구조의 변화와 생활양식의 변질

즉 도시화의 경향, 경제적 생산성이 희박한 노인의 소외, 텔레비전으로 인해 부모와의 대화상실, 옛날 농경사회에서는 효도할 수밖에 없는 사회적 장치가 되어 있었습니다. 첫째는 농토를 부모에게서 물려받음, 둘째는 삶에 필요한 대부분의 지식을 부모에게서 물려받음, 셋째는 효자가문에 나라에서 녹이 내려져 실질적 보상이 있었습니다.

그러나 산업화된 오늘의 사회에서는 직업은 개인의 적성과 능력에 의해 이루어지고 지식과 정보는 학교와 매스컴에서 해결되고 그래서 나이든 부모가 역할과 권위를 잃게 됩니다.

(3) 시대상황의 변천에 따른 의식의 변질

가치관의 변화로 전통적 윤리의식을 변하게 합니다.

2. 위인들의 부모를 조사해 보니 공통된 특징이 있었습니다

(1) 신앙심과 종교교육을 했습니다.

종교교육 없이 이상에 도달할 수 없습니다. 자녀들의 위대한 사상은
다 부모에게서 싹이 튼 것입니다.

　(예화) 어거스틴의 어머니 모니카, 웨슬레의 어머니 수산나(경건심),
　　　　페스탈로치의 박애정신은 어머니의 신앙심에서 나왔습니다.

　(2) 자상하고 따뜻하고 희생적인 신앙

　(3) 근면, 검소, 절약

　(4) 자녀에 대한 믿음과 기대

3. 쉐마에 나타난 부모의 자녀교육 원리

　(1) 하나님을 경외하게 함. 즉 신앙교육을 철저히 함

　문설주에 메쭈자라고 불리는 통 속에 쉐마를 넣어둠. 이마에는 성물
함을 달고 다니고 옷에는 613개의 율법을 기억하기 위해 옷 술을 달고
다님.

　(2) 철저한 성경교육을 함

　구약은 물론 미시나와 탈무드를 다 읽게 함. 이스라엘의 노벨상수상
자는 의학에 23%, 문리에 22%, 경제에 65%나 됩니다. 미국의 저명
한 대학의 교수의 30%는 유대인입니다. 이것은 유대인들의 철저한 신
앙교육 때문입니다.

　(3) 아버지의 권위를 높여 줌

　(예화) 키신저의 아버지 루이는 독일 여학교의 교사였습니다. 아파트
　　　　의 방 5개가 책으로 메워져 있었습니다. 여기서 키신저의 박
　　　　식이 얻어진 것입니다. 그러니 남편이 못나도 아이들에게 '야
　　　　네 아버지는 병신이야'라고 해서는 안 됩니다. 이것은 열등의
　　　　식에서 나온 것입니다. 예를 들면 잔뜩 차려놓고 별로 차린
　　　　것이 없으나 많이 드세요 하는 것과 같은 말입니다. 명함에는

까맣게 기록하고서도 아무것도 모르니 잘 봐 달라 합니다. 그러니 남편의 권위를 하늘처럼 높여주라고 합니다.

4. 구체적으로 자녀교육을 어떻게 할까?

(1) 자녀를 키우는 목적을 분명히 해야 함

과거에는 가문의 대를 잇기 위해, 노후에 안심하기 위해 자녀를 키웠습니다. 그러나 이제는 하나님의 뜻을 따라 키우고 자신의 성장을 위해서 키워야 합니다.

(2) 금지는 역효과를 냄

안돼요, 못 써요 등은 도망칠 길만 찾게 합니다. 오히려 갈 길을 제시해 줘야 합니다.

(예화) 벤자민 웨스트 : 어머니가 시장에 가면서 집을 잘 보라고 했으나 벽을 물감으로 칠함. "야, 너 미술공부 많이 했구나." 그 한마디가 웨스트를 위대한 화가로 만들었습니다.

(3) 연발된 잔소리를 하지 마라.

"또 시작입니다." 어머니의 잔소리는 나중에 자장가가 됩니다. 둘 다 나빠집니다.

(예화) 나폴레옹이 유럽을 정복한 것은 어머니를 놀래주기 위해서라고 합니다. 그는 키가 작아 형은 칭찬을 많이 받고 그는 항상 꾸중의 대상이었습니다. 그로 미루어 생각하면 비교 과잉보호하지 않아야 합니다.

(4) 좋은 습관을 갖게 하라.

세 살 버릇 여든까지 간다는 말이 있습니다. 그래서 좋은 교육환경을 만들어 주고 그뿐 아니라 행동으로 옮기도록 가르쳐야 합니다.

(예화) 자녀가 잉어를 먹고 싶다고 하면 유대인 어머니는 잡는 법을

가르쳐줍니다. 그러나 한국 어머니들은 잉어를 사다가 아이 밥상에 놓습니다.

(5) 자기 행동에 책임지는 것을 가르치라

심은 대로 거두는 법칙을 철저하게 가르쳐야 합니다. 자녀를 성공적인 인물로 만드는 유대 부모 닮기를 권합니다.

이삭의 성공사례

(창26:12-25)

사람이 성공하기를 원하면서도 성공하지 못하는 이유는 성공이 무엇인지 또 어떻게 하면 성공하는지 그 방법을 알지 못하기 때문입니다. 그래서 이삭의 성공사례를 살펴보면서 은혜를 나누려고 합니다. 이삭의 성공내용은 "농사하여 그 해애 백배나 얻었고"라는 말이나 "양과 소가 떼를 이루고 노복이 심히 많으므로 블레셋 사람이 그를 시기하였다"는 표현에서 알 수 있습니다. 13절에서는 "그 사람이 창대하고 왕성하여 마침내 거부가 되어"라고 하였습니다.

1. 성공이란 무엇인가?

이희승의 국어사전 : '성공이란 목적을 이루는 것, 혹은 뜻을 이루는 것'이라고 정의를 내렸습니다.

(예) 그렇다면 강도가 사람을 죽이고 돈을 뺏으려고 계획한 것을 이루지 못할 때와 자살을 결심한 자가 한강에 투신자살을 했는데 낚시꾼에게 건짐을 받았을 때, 이런 것을 실패라고 해야 할까요? 역경을 당하여 좌절했다가 구제되었을 때 성도는 '하나님의 뜻을 이루는 것'으로 믿고 성공이라고 해야 합니다.

(예) 사과나무가 맛있는 사과나무열매를 많이 맺을 때, 농부는 많은 추수를 해서 자기뿐 아니라 남에게도 줄 수 있을 때, 학생은 공

부를 잘해서 학위도 받고 선한 일꾼이 될 때, 신자는 성령의 열
매를 많이 맺어 하나님께 영광이 될 때 그것이 성공입니다.

2. 성공의 비결

(1) 많이 뿌리고 많이 거둠

"이삭이 그 땅에서 농사하여" 이 구절은 영어성경에 보면 그 땅에서
씨를 많이 뿌렸다는 뜻입니다. 농사는 씨를 많이 뿌리지 않고는 많은
추수를 거둘 수가 없습니다. 기업도 마찬가지입니다. 눈물과 땀의 수고
가 없이는 기업은 성장할 수 없습니다. 그래서 잠언에 보면 "그 손을 게
으르게 놀리는 자는 가난하게 되어도 그 손이 부지런한 자는 부하게 되
느니라"고 하였습니다. 격언에 "떨어지는 물이 돌에 구멍을 낸다(水滴穿
石)"는 성어가 있습니다.

　(예) 아키바: 13년간 공부하여 유대인 가운데 가장 위대한 랍비가
　　　　된 그는 미시나를 편집한 사람입니다. 또 하늘은 스스로 돕는
　　　　자를 돕는다는 말도 있습니다.

　(예) 티무르의 경험 : 전쟁에 패하여 숨어 있을 때 개미가 곡식알을
　　　　70회째 올려놓는 것을 보고 용기를 얻어 몽고 출신의 아시아
　　　　정복자가 됨

(2) 여호와께서 세우고 지키심

"여호와께서 복을 주시므로" 이삭은 거부가 된 것입니다. 시편에 보면
"여호와께서 집을 세우지 아니하시면 세우는 자의 수고가 헛되고 여호
와께서 성을 지키지 아니하시면 파수꾼의 경성함이 허사로다. 너희가
일찍이 일어나고 늦게 누우며 수고의 떡을 먹음이 헛되도다"(127:1-2)라
고 하였습니다. 아무리 노력해도 그것만으로는 안 된다는 말입니다. 왜
냐하면 성경에 말씀하시기를 "사람이 마음으로 자기의 길을 계획할지라

도 그 걸음을 인도하시는 자는 여호와시니라"고 하였기 때문입니다.

(3) 성공의 비결은 인화단결

인화 없이는 성공은 불가능합니다. 최근에 일본의 여러 기업들을 연구 조사한 바에 의하면 일본기업의 성공의 최고의 비결은 '인화단결'에 있었다고 합니다. 아무리 기업이 커도 가족끼리 재산 때문에 다투고 직원들끼리 다투며 인화가 안 되면 망한다는 말입니다. 이처럼 인화는 중요합니다. 산상보훈에 먼저 할 것 3가지를 말씀하고 있습니다. 6:33＝삶의 목표, 우위성 7:5＝개혁의 원리, 5:23-24＝인화가 신화(神化)를 앞섭니다. 이삭의 경우 : 아브라함의 우물을 블레셋이 시기함, 아비멜렉의 말에 따라 떠남, 에섹(다툼)-싯나(다툼)-르호봇(여호와께서 장막을 넓히셨다)는 뜻입니다.

(4) 이삭의 성공 배후

25절에 보면 "이삭이 그곳에 단을 쌓아 여호와의 이름을 부르더니"라고 했습니다. 이삭의 성공배후에는 그의 경건과 신앙이 있었다는 말입니다.

(예) 아인슈타인 : $S=X+Y+Z$ '성공은 말이 적고, 생활을 즐기고, 한가한 시간을 가질 때'라고 하였다. 여기서 한가한 시간이란 하나님과 교제하는 시간을 말합니다.

3. 성공유지 방법

(1) 겸손함

겸손해야 합니다. 삼상 13:13에 보면 왜 하나님께서 사울을 버렸는가를 보여줍니다. 길갈에서 7일간 기다렸으나 사무엘이 오지 않자 자신이 번제와 화목제를 드립니다. 정종(政宗)의 구별을 무시, 하나님이 주신 직분을 무시한 교만 때문입니다. 이것이 그의 가정에 비극을 가져오게 하였습니다.

(2) 성공했다고 중단하면 안 되고 계속해서 하나님이 주신 재능을 써 먹어야 합니다.

(예) 루벤슈타인(19세기 러시아의 최대 피아니스트)의 경우 : 하루 안 치 면 먼저 내가 알고, 이틀 안 치면 가족이 알고, 사흘 안 치면 관 중이 안다고 하여 매일 심지어 여행 때도 건반 손 자리 연습하 는 것을 가지고 다녔습니다.

(3) 탐욕이 우상이므로 그것을 버려야 합니다.

사울의 경우 : 아말렉을 진멸하고 양과 소까지 다 남기지 말라고 했 으나 욕심 때문에 좋은 것을 남겨두었습니다.(삼상15:9).

(예) 이솝의 우화 : 욕심 많은 개가 혼자 먹으려고 집으로 물고 가는 도중 동네 냇가에서 물속에 비친 자신의 그림자를 보고 뺏어먹 으려고 짖다가 가진 것까지 다 잃고 말았다는 이야기.

그러므로 우리가 성공하려면 이삭처럼 겸손하고 탐욕을 버리고 중단 하지 않음으로 모두가 성공하시기를 축원합니다.

이 시대가 요구하는 젊은이

(시 110:3)

본문은 예수님께서 가장 많이 인용하신 구절입니다. 본래 이 시편은 다윗이 하나님의 법궤를 오벧에돔의 집에서 예루살렘으로 운반할 때에 불렀던 노래입니다.

하나님은 어떤 시대에나 새벽이슬 같은 주의 청년들을 불러 쓰십니다. 이제 우리가 하나님 앞에서 쓰임을 받기를 원한다면 다음 세 가지 조건을 갖추어야 합니다.

1. 먼저 '주의 백성'이 되어야 합니다.

"주의 권능의 날에 주의 백성이" 하나님은 그의 뜻을 이루어갈 때에 주의 백성을 통하여 하신다는 말입니다. 인류의 역사를 보면 하나님은 그에게 속하지 않은 사람도 쓰시는 것을 볼 수 있습니다. 예를 들면 느 브갓네살 바벨론 왕을 통해서 유다를 심판하시기도 하였습니다. 또 예 후를 통하여 이세벨의 잔당을 심판하였습니다. 다시 말하면 하나님께서 는 피의 숙청을 하실 때에는 주로 불신자를 통하여 많이 하십니다. 그 러나 인류를 바른 길로 인도하실 때에는 언제나 예외 없이 주의 백성들 을 통하여 역사하신다는 말입니다.

구약을 보면 하나님은 8번이나 이스라엘 백성과 언약(계약)을 맺으셨 는데 그 중에서 가장 중요한 내용은 "너는 내 백성이 되고 나는 너의 하나님이 된다"는 것입니다. 이것은 하나님의 통치를 받는다는 뜻입니다. 과연 우리는 지금 누구의 통치를 받고 있습니까?

(1) 사탄의 통치를 받는 사람들

구체적으로 말하면 "육신의 정욕과 안목의 정욕과 이생의 자랑"(요일 2:16)에 의해 행하고 있는 사람들이 있습니다.

(2) 자기 뜻대로 사는 사람들

그러나 이것도 따지고 보면 사탄의 영향을 받고 있다는 것을 기억해야 합니다.

(3) 하나님의 통치를 받는 사람들

예수님의 가장 중요한 교훈은 하나님의 나라입니다. 그런데 이 하나님 나라란 말의 기본 뜻은 하나님의 통치란 말입니다. 그러면 구체적으로 하나님의 통치를 받는다는 말은 무엇인가? 이것은 주의 멍에를 멘다는 뜻입니다. 마 11:29절에 "나는 마음이 온유하고 겸손하니 나의 멍에를 메고 내게 배우라"는 말씀이 나옵니다. 여기서 주님의 멍에를 멘다는 말은 바고 하나님의 통치를 의미합니다. 그런데 문제는 주의 백성이 되는 데 세 가지의 함정이 있습니다. 첫째는 육신의 정욕입니다. 둘째는 안목의 정욕입니다. 셋째는 이생의 자랑입니다. 또 한 가지가 있다면 이것은 자신의 옹고집입니다. 이것이 바로 성령 훼방죄입니다.

(4) 주의 백성이 아닌 사람의 특징

계 21:8절에 "그러나 두려워하는 자들과 믿지 아니하는 자들과 흉악한 자들과 살인자들과 행음자들과 술객들과 우상숭배자들과 모든 거짓말 하는 자들은 물과 유황으로 타는 못에 참여하리니 이것이 둘째 사망이라."

그러면 누가 주의 백성이 될 수 있을까요? 능력이 있어도 안 되고 돈이 많아도 안 되고 지식이 있어도 안 되고 인물이 좋아도 안 되고 오직 거듭나야 됩니다. 요 3:5절에 "진실로 진실로 네게 이르노니 사람이 물과 성령으로 거듭나지 아니하면 하나님 나라를 볼 수 없느니라."

2. 먼저 거룩한 옷을 입어야 합니다

"주의 백성이 거룩한 옷을 입고"

군인은 군복이 있고 학생들은 교복이 있듯이 하나님의 백성들은 그들대로 옷이 있습니다. 그것은 다름 아닌 거룩한 옷 즉 거룩한 세마포 옷입니다. 이 말은 깨끗한 그릇이 되어야 된다는 말씀입니다. 딤후 2:21절에 "그러므로 누구든지 이런 것에서 자기를 깨끗하게 하면 귀히 쓰는 그릇이 되어 거룩하고 주인의 쓰심에 합당하여 모든 선한 일에 예비함이 되리라." 시 119:9절에 보면 "청년이 무엇으로 그 행실을 깨끗케 하리이까? 주의 말씀을 따라 삼갈 것이니입니다."라고 하였습니다. 거룩하게 산다는 말은 구별된 삶을 의미합니다.

3. 자발적인 헌신이 있어야 합니다.

"즐거이 헌신하니 새벽이슬 같은 주의 청년들이 주께 나오는도다."

세상에서는 엘리트를 씁니다. 그러나 놀라운 것은 하나님은 지식인이나 부자나 능력 있는 자를 쓰시는 것이 아니라 자발적으로 자신을 하나님께 바친 사람을 쓰신다는 점입니다. 롬 6:13절에 보면 "너희 지체를 불의의 병기로 죄에게 드리지 말고 오직 너희 자신을 죽은 자 가운데서 다시 산 자같이 하나님께 드리며 너희 지체를 의의 병기로 하나님께 드리라."

주께 헌신한 사람은 종의 생활을 합니다. 종은 의지, 재물, 자녀, 생명의 네 가지를 다 주인에게 바칩니다. 바로 그런 생활을 하면 우리는 이 시대의 귀한 일꾼이 될 수 있습니다.

맺는말

마 9:37-38 "추수할 것은 많되 일꾼은 적으니 그러므로 추수하는 주인에게 청하여 추수할 일꾼들을 보내어 주소서 하라"

사 6:8 "내가 누구를 보내며 누가 우리를 위하여 갈꼬? 그때에 내가 가로되 내가 여기 있나이다. 나를 보내소서." 지금 우리 시대에는 많은 젊은이들을 부르고 있습니다. 그러므로 우리 모두가 하나님이 쓰시는 일꾼이 되어 주의 일에 헌신하기를 축원합니다.

의인은 믿음으로 말미암아 살리라

(합2:4-8)

오늘은 루터가 종교개혁을 한 지 469주년을 기념하는 주일입니다. 그는 1517년 10월 31일 윗텐베르히 교회당의 정문의 게시판에 95개 조항을 걸어놓고 면죄부를 파는 것이 그릇되었다고 지적함으로서 종교개혁을 일으켰습니다. 이것이 바로 유명한 종교개혁입니다. 이때에 루터는 삼대원칙을 내걸었습니다. 첫째는 성경의 권위(오직 성경) 둘째는 이신칭의(以信稱義), 셋째는 만인 제사장 주의였습니다.

1. 루터의 이신칭의

여기서 가장 중요한 것이 이신칭의입니다. 루터는 어떻게 하면 공의로우신 하나님 앞에서 구원을 받을 수 있는가? 라는 문제로 고민을 하였습니다. 어거스틴 수도원에서 금욕주의적 생활도 하였지만 그럴수록 자신이 더 죄인이라는 것을 느끼지 않을 수 없었습니다. 그러던 어느 날 그는 시편 31:1절의 "주의 의로 나를 건지소서"라는 말씀에서 아하 인간이 구원을 받는 것은 하나님의 의로 되는 것이지 인간의 의로 되는 것이 아니구나 하는 것을 깨닫게 되었습니다. 그 후 그는 갈 3:11절과 롬 1:17절에서 의인은 믿음으로 말미암아 살리라는 구절에서 이신칭의의 교리를 깨닫게 되었습니다. 이 칭의의 교리는 창 15:6절에서 나온 것입니다. 거기에 보면 "아브라함이 여호와를 믿으니 여호와께서 이를 그의 의로 여기시고"라는 말씀이 나옵니다. 바로 여기서 바울의 이신칭의 교리가 나온 것입니다.

그러나 우리는 이 교리의 진의를 바로 알아야 합니다. 진의는 엡 2:8절의 말씀에 잘 나옵니다. "너희가 그 은혜를 인하여 믿음으로 말미암아 구원을 얻었나니 이것이 너희에게서 난 것이 아니요 하나님의 선물이라" 즉 구원은 하나님의 은혜입니다. 그런데 이 은혜로 주시는 구원을 믿음의 손을 통하여 우리는 받을 수 있다는 말입니다. 따라서 믿음이란 영혼의 손에 불과합니다. 믿음이란 사실 내가 믿는 것이 아니고 하나님이 주신 선물입니다. 그러나 이 선물도 키워야 자랍니다. 마치 소질이 아무리 있어도 그냥 두면 없어지고 말듯이 믿음도 키워야 자랍니다. 방법을 롬 10:17절에서는 "그러므로 믿음은 들음에서 나며 들음은 그리스도의 말씀으로 말미암았느니라"고 하였습니다.

그런데 루터의 종교개혁의 원리였던 이신칭의의 교리는 바울의 로마서 1:17절의 말씀에 기초하고 있는데 이것은 바로 합 2:4절의 말씀을 인용한 것입니다. 그러나 두 구절을 비교하면 한 가지 차이점이 있습니다. 그것은 하박국에서는 그 믿음(원문에서는 그의 믿음)이라고 되어 있으나 로마서에는 '그의'란 말이 생략되어 있습니다. 그러면 '그의'라고 했을 때 이것이 하나님의 믿음이란 말이냐? 이때에는 '신의' 아니면 '우리의' 믿음이란 말이냐 하고 두 가지로 생각할 수 있습니다. 여기서 우리는 후자의 경우로 해석합니다.

2. 오직성경

두 번째 원리는 '오직 성경'이란 권위입니다. 루터의 이 원리가 나온 것은 그가 찰스 5세 교황의 명령에 따라 웜즈 국회에서 심문을 받을 때에 그는 대답할 수 있도록 하루의 여유를 달라고 한 후에 그 이튿날 4

월 17일에 그는 이렇게 대답하였습니다. "내 잘못이 성경에 의하여 증명되지 않는 한 철회할 수 없습니다. 내 양심은 성경에 붙잡혀 있습니다. 나는 양심을 배반할 수가 없습니다. 내가 여기 있나입니다. 나는 달리 할 도리가 없습니다. 하나님이여 나를 도우소서." 언젠가 타임 잡비가 지적한 대로 지금 개신교 안에 400개의 교단이 있는데 이들은 크게네 가지의 기준을 두고 있다고 하였습니다. 하나는 교권에 기준을 두고있고 다른 하나는 자기의 이성을 기준으로 삼고 있고 다른 하나는 자신의 체험을 기준으로 삼고 있습니다. 그러나 이것은 다 잘못된 것입니다. 우리는 오직 성경에 그 권위를 두어야 합니다. 우리의 믿음과 생활의표준을 오직 성경에만 두어야 합니다. 루터가 종교개혁을 성경의 번역과 연구에서 출발한 것은 지금의 우리에게도 어떻게 해야 할 것인가를보여주는 표준이 됩니다.

(예화) 요한 위클리프 : 그는 옥스퍼드를 졸업한 후 그 대학의 교수로 있으면서 교황의 압박을 저항하면서 영어로 성경을 번역했습니다. 그는 성경만이 성도의 표준이라고 주장하여 마침내이단자로 낙인이 찍히고 죽은 후에는 책과 뼈가 불에 태워졌으나 그는 위대한 영국의 종교개혁자입니다. 지금 한국교회는제2의 종교개혁을 해야 할 때가 되었습니다. 그것은 바로 '성경으로 돌아가는 운동'입니다. 성경만이 민족이 사는 길입니다.

3. 신자는 모두 사제

'신자는 다 사제'라는 것을 알아야 합니다. 이것은 주님과 교인 사이를 아무도 가로막을 수 없다는 말입니다. 그러나 불행한 것은 지금도개신교 안에 목사가 교황노릇 하는 교회가 적지 않게 있고 교인들은 피동적이라는 점입니다. 베드로전서 2:5절에 "너희도 산돌같이 신령한 집으로 세워지고 예수 그리스도로 말미암아 하나님이 기쁘게 받으실 신령한 제사를 드릴 거룩한 제사장이 될지니라"고 하였습니다. 이것은 평신도들의 일상생활의 봉사가 하나님께 드리는 제사가 될 수 있다는 말입니다. 아직도 천주교의 성속의 개념을 그냥 그대로 가지고 있는 사람들은 이 시간 다 깨뜨리기를 바랍니다. 모든 것이 하나님께 속한 것은 다 거룩합니다. 교회 일도 세상일도 하나님을 위해서 하는 한 다 거룩합니다. 반대로 교회 일도 자신을 위해서 하면 속된 것입니다.

그러면 모든 신자가 다 제사장이란 말은 우리의 생활에 어떤 의미를 갖는가요?

이것은 큰 의미를 갖습니다. 제사장은 나를 위해 대속의 기도를 드리고 말씀을 전달해 줍니다. 마찬가지로 우리도 이 나라를 위해, 아시아를 위해 기도하고 복음을 전해야 합니다. 우리는 주일만의 파트타임 신자가 아니라 한 주일 내내 하나님의 영광을 나타내기 위해 기도하고 연구해야 한다는 말입니다. 오늘날 평신도들이 '병신도들'이 되어 있는데 이것은 만인 제사장주의를 모르기 때문입니다. 지금은 민주주의 시대지만 옛날 상감마마 하던 때의 생각을 가진 사람들이 많아서 아직도 민주주의가 회복되지 않고 있듯이 아직도 성속의 개념을 잘못 가진 사람들이 많고 제사장 의식을 갖고 있지 않는 한 참된 의미의 개혁주의 교회는 탄생하지 않습니다. 그러므로 우리는 오늘 종교개혁주일을 맞아 종교개혁의 삼대원리를 다시 한번 생각하면서 교회다운 교회, 신자다운 신자가 되기를 바랍니다.

의사되신 예수님

(눅 5:29~32)

해마다 여기저기에 병원들을 짓고 있습니다만 종합병원에 가보면 진찰받기 위해 새벽부터 줄을 서서 기다리고 있는 사람들이 너무도 많습니다. 병이 많아지고 있는 것인지, 아니면 사람들이 약해가는 것인지 모르겠습니다. 한 가지 분명한 것은 좋은 의사가 어느 때보다 필요하다는 사실입니다.

우리 교회에서는 주님의 사랑을 많은 사람들에게 보여주기 위해 누가의료선교회가 있습니다. 의사들이 다른데서 일하면 그 짧은 시간에 수십만 원씩 벌지만 그러나 주님의 사랑을 나타내려고 의사, 간호원 등 여러 분들이 이 의료선교회를 조직하여 봉사하고 있습니다. 하나님께서 누가의료선교회 위에 개인의 생업에는 물론 가정과 신앙에 큰 축복을 주시기를 바랍니다.

방금 봉독한 말씀을 하게 된 배경 : 세리인 마태를 제자로 부름. 이것은 당시 상황으로는 상상할 수 없음. 그것은 세리란 죄인과 같이 취급하였기 때문. 그래서 이들은 예수님을 비방하기 시작하였음. 너희 선생이 의인이라면 의인들과 교제를 할 것이지 왜 저질 인생들인 세리들과 교제를 하느냐? 이때 예수님은 의사와 환자의 관계를 중심으로 말씀한 것이 본문의 말씀입니다.

1. 인간은 다 환자다

세상에는 별의별 병이 다 있습니다. 사람들 수만큼이나 많습니다. 그런데 우리는 신체적으로 의학적으로도 병이 많은 환자지만 더 중요한 것은 영혼의 환자라는 점입니다. 그 중에서도 가장 큰 병은 불신병입니다. 하도 속다 보니 무엇이든 믿을 수가 없게 된 것이지요. 시장에 물건을 살 때는 물론이고 사람들끼리의 대화에서도 액면 그대로 믿을 수가 없습니다.

정부도 그 발표를 그대로 믿을 수 없고 신문도 저는 안 믿습니다. 다음은 미움의 병입니다. 시기와 질투가 많습니다. 그런데다 교만의 병이 얼마나 많은지, 이기주의의 병도 점점 늘어만 갑니다. 지금 화합이란 기치 아래 올림픽이 서울에서 삼주 후면 열리지만 그러나 남북 간의 관계를 보면 참 한심스럽기 한이 없습니다.

2. 우리에게는 좋은 의사가 필요하다.

우리 교회에 김일준 집사님이 서울에 가서 수술을 받았습니다. 수술하고 보니 대전서 오래 전에 받은 수술이 잘못 되어져서 다시 도진 것이 발견된 것입니다. 의사가 잘못한 것입니다. 또 어떤 성도님의 경우에는 어린아이의 뼈는 의사가 잘못 맞추어 놓고 또 이번에는 어린 아이를 수술을 하라고 합니다. 다른 데 알아보니 안 하는 것이 좋다고 말합니다. 정말 어떻게 해야 할지 믿을 만한 의사가 얼마나 필요한지 모르겠습니다.

그러나 알아야 할 것은 인간이란 아무리 훌륭한 의사라도, 100% 바른 진찰을 하는 사람은 없다는 점입니다. 50%도 바로 진찰하는 의사가 세상에는 드뭅니다. 그러나 예수님은 영혼과 의사로서 단 한 번도 오진한 적이 없습니다. 좋은 의사란 전문적인 지식만 풍부하다고 해서 되는 것은 아니고 사랑이 함께해야 합니다. 그런데 예수님은 이 두 가지를 다 가지고 계십니다. 그러므로 이제 주님 앞에 나와서 진찰을 받아야 합니다. 우리 가운데 영적 병이 없는 사람이 어디 있습니까?

3. 우리의 병엔 어떤 것이 있는가?

영혼의 병에는 여러 가지가 있으나 기본적으로는 탐식·추잡함·탐욕·분노·게으름·교만·시기·슬픔·불신 등이 있습니다. 또 여기서 파생되는 병이 많습니다. 그 중에 몇 가지를 지적해 보겠습니다.

(1) 영맹

소경의 종류로는 봉사, 문맹, 영맹이 있습니다. 지금 천국이 안 보이고 주님이 안 보이고 천국의 진리가 안 보이면 영맹(靈盲)입니다. 또 소경이 아니더라도 잘못 보는, 즉 시력이 아주 약한 사람들이 많습니다. 그런 분들은 백내장 수술을 해야 합니다. 각막이식수술을 해야 합니다. 녹내장수술을 해야 합니다. 그러나 완전히 실명한 사람들은 잘 보이는 사람의 눈으로 수술 받아야 합니다. 그것은 바로 회개라는 수술을 통해서만 가능합니다.

(2) 귀머거리

신체적으로 귀가 어두운 분들, 나이가 많아서 잘못 듣는 분들, 더 무서운 것은 영적 귀머거리가 있습니다. 계시록에 보면 귀 있는 자는 성령이 교회들에게 하시는 말씀을 들을지어다라고 하였습니다. 이것은 영적 귀머거리가 있다는 말입니다. 심지어 신자들 중에도 영적으로 귀가 잘 안 들리는 분들이 있습니다. 귓병에는 고막염, 중이염, 외이도염 등 많이 있습니다. 이런 분들은 이비인후과 의사를 찾아가야 합니다. 그러나 영적으로 병이 든 사람은 주님 앞에 나와서 치료를 받아야 합니다.

(3) 벙어리

왜 인간은 눈이 둘이고 귀가 둘인가? 탈무드에 보면 배를 듣고 배나 보라고 그렇게 했다고 합니다. 저는 두 세계에 적응하라고 두 개를 주었다고 생각합니다. 그러면 왜 입은 하나일까요? 함부로 말하지 말라고 입을 하나 주셨다고 믿습니다. 입은 음식을 섭취하는 것 외에 말하는 기능이 있습니다. 기도하고 대화하고 하나님을 찬양하고, 전도하라고 하나님은 입을 주신 것입니다. 그런데 이것을 전혀 사용하지 못하고 있는 벙어리 신자들이 있다는 것은 정말 슬픈 일입니다. 아이들은 제일 먼저 아빠, 맘마하고 말을 배웁니다. 우리도 그렇게 배우고 따라합시다. 할렐루야 아멘, 감사합니다. 등등

(4) 영적 앉은뱅이

그밖에도 영적 앉은뱅이가 있습니다. 선물을 받기만 하고 줄줄 모르는 손 마른 자도 있습니다.

4. 병이 있으면 좋은 약을 써야 합니다.

병을 고치려면 좋은 약을 써야 합니다. 성경에는 구약과 신약이란 두 가지 종류의 약이 있습니다. 이것을 잘 배합하여 쓰면 양약이 됩니다.

5. 네 믿음대로 될지어다.

우리는 육적인 병은 물론 영적인 병까지 가지고 있습니다. 이 병을 오늘 저녁에 고칠 수 있기를 바랍니다. 주님 앞에서 영적인 병은 물론 육적인 병도 다 고칠 수 있습니다. 문제는 우리가 주님이 원하는 방법을 갖느냐 못 갖느냐에 따라 달라집니다.

(1) 구체적 목표를 가져야

막 11:22-23 아무 산이나 되는 것이 아니라 바로 주님이 말씀하신 그 산이어야 합니다. 막연히 병 고쳐 주세요로는 안 되고 구체적인 병

명이 바로 그 산이어야 합니다.

(2) 심리적 목표 확신

목표가 뚜렷해지면 마음속의 상상을 통하여 이 목표가 이루어진 모습을 마음속에 분명하게 그려놓아야 합니다.

(3) 목표를 이루는 꿈

상상을 통하여 이미 이루어진 모습이 마음속에 소유되면 그 모습을 바라보고 창조적인 선언의 명령을 해야 합니다. 파도야 잠잠하라, 에바다. 나사로야 일어나라. 내 육식의 병은 떠나갈지어다. 이 사업은 번창할지어다. 퍽 우스운 이야기 같지만 마음의 명령은 창조를 이룹니다.

(4) 받은 줄로 믿는 감사

마음의 명령을 내렸으면 받은 줄로 믿고 감사해야 합니다. 아 하나님 감사합니다. 할렐루야. 많은 사람들은 나는 하나님의 축복을 받을 자격이 없다는 콤플렉스에 걸려 있습니다. 바로 이것이 큰 문제입니다. 이 병에서 고침을 받고 참된 성도가 되기를 축원합니다.

의는 나라로 영화롭게 죄는 백성을 욕되게

(잠14:34)

6월 10일 빚어진 명동사태가 천주교 사제들의 중재로 극적인 타결이 되었을 때 많은 사람들은 마치 사이다를 마셨을 때의 그 시원함을 느끼면서 심지어 신문의 사설에서는 기민당이라도 하나 있었으면 하는 말이 나왔습니다. 그래서 이 시간 함께 생각해 보려고 하는 것은 과연 종교의 역할이 무엇이냐 하는 것입니다. 신자들이 이 사회를 위해 해야 할 것이 무엇인가? 하는 문제를 걸어놓고 함께 은혜를 나누려고 합니다.

1. 의는 나라를 영화롭게 하고 죄는 백성을 욕되게 한다는 말

의는 나라를 영화롭게 하고 죄는 백성을 욕되게 한다는 말은 무슨 뜻인가요? 먼저 이 말씀의 형식을 보면 히브리인들의 시의 특징인 반의적 대구법으로 되어 있습니다. 따라서 의와 죄란 말은 서로 반의적 의미를 갖습니다. 그런데 여기서 '의'란 말은 '칭의'도 아니고 하나님과의 바른 관계를 뜻하는 '관계개념'도 아니고 '사회정의'를 뜻하는 말입니다. 그런데 의와 대칭이 되는 죄란 말은 불의를 뜻하는 말입니다. 이제 잠 14:34절을 다른 말로 번역하면 이렇습니다. '사회정의'는 나라를 영화롭게 하고 불의는 백성을 욕되게 한다는 말이 됩니다.

2. 사회정의란?

그러면 사회정의는 어디서 나올까요? 사회정의란 종적 개념이 아니라 횡적 개념입니다. 그런데 이 사회정의란 하나님과의 바른 관계가 이루어질 때 맺어지는 열매요 결과입니다. 즉 종적 의가 이루어지면 횡적 의는 저절로 이루어지는 것입니다. 그런데 오늘날 신자들의 수는 많은데 사회는 점점 더 악하고 혼탁해갑니다 왜 그럴까요? 종적 의가 잘못되었거나 아니면 종적 의가 횡적 의와 서로 연결되어 있지 않기 때문입니다. 사실 이 둘은 손 안팎처럼 뗄 수 없는 관계를 가지고 있습니다. 따라서 이 둘은 서로 분리할 수 없는 것입니다.

3. 종교는 사회에 어떤 유익을 줘야 하는가?

오늘날 많은 사람들은 종교는 이 세상과는 전혀 관계가 없는 것으로 오해하는 경향이 많습니다. 그래서 '정교의 분리'를 정치와 교회의 완전한 분리로 생각하여 기독교인이 정치에 참여하는 것을 죄로 생각하기도 합니다. 우리는 목사인 아브라함 카이퍼가 수상이 된 사실을 기억해야 합니다. 목사도 정치에 참여할 수 있고 또 해야 함을 말해 줍니다. 목사라고 세금을 안 내는 것 아니고 투표를 안 하는 것 아닙니다. 한 시민으로서 정치에 당당히 참여합니다. 다만 목사로 있으면서 동시에 국회의원이 될 수는 없습니다. 다른 말로 해서 정교의 분리란 교회가 정치적 집단이 되어서는 안 된다는 말입니다. 제가 이해할 수 없는 것은 우리 교단의 지도자들이 교회는 정치에 참여 말라고 하면서 성명서를 내는 일입니다. 그 성명서가 바로 정치참여인데 정치참여를 하면서 왜 정치 참여 말라고 합니까? 호헌철폐를 주장하며 성명서를 내는 사람과 그것을 반대하며 성명서를 내는 사람은 똑같이 정치에 참여하고 있는 것입니다. 차이가 있다면 호헌철폐 하라고 성명서를 내는 사람들은 국민의 편에 서서 싸우는 사람들이고 반대로 교회는 정치에 참여 말라고 성명서를 내는 사람들은 어용이라는 태두리 안에 서 있는 것이 다를 뿐입니다. 개인적으로는 국민의 편에 서든 정부의 편에 서든 다 자유이기 때문에 우리는 각자 어떤 입장이든 설 수가 있습니다. 문제는 둘 다 정치에 참여하고 있다는 것을 알아야 한다는 점입니다.

정치 참여에 관한 우리의 전통적 교리는 교인은 정치에 참여할 수 있고 해야 하지만 즉 개인적으로는 정치에 참여하지만 교회는 해서는 안 된다는 것입니다. 그것은 지금도 우리 보수주의의 핵심을 이루는 교리입니다. 그러나 기억해야 할 것은 목사가 바로 교회는 아니라는 점입니다. 따라서 목사는 그가 여당에 서든 야당에 서든 그의 개인적 판단에 따라 할 수가 있습니다. 저 같은 사람은 여당도 아니고 야당도 아닌 제3의 당인 예배당에 속해 있어 때때로 하나님의 음성이라고 생각될 때에는 여당이든 야당이든 사정없이 비판을 합니다. 물론 이것이 복음인가? 하는 문제가 있습니다. 복음이 아닌 것을 교회에서 설교할 수 있는가? 하는 문제로 많은 고민을 한 것도 사실입니다. 그런데 제가 발견한 것은 복음이란 윤리와 뗄 수 없는 관계를 가지고 있다는 점입니다. 바울의 서신을 보면 앞부분에서는 어떻게 믿어야 할 것인가를 다루고 있고 뒷부분에서는 어떻게 살아야 할 것인가를 다루고 있기 때문입니다. 그렇다면 이것은 오늘날도 마찬가지입니다. 따라서 설교란 '예수 믿으세요. 그러면 구원을 받습니다.'만 아니라 예수 믿는 사람들로서 어떻게 살아야 할 것인가를 제시해주고 가르쳐 주어야 한다고 믿습니다. 지금 천주교가 잘하고 있는 것은 바로 이 역할을 바로 감당하고 있다는 점입니다. 그래서 지금 개신교보다 성장의 속도가 훨씬 더 빠릅니다.

김수환 추기경의 말이 지금은 종교가 다른 사람들에게서도 온 국민으로부터 하나님의 말씀처럼 들려지는 이유는 그가 여야를 초월하여 하나님의 편에 서서 양심적으로 말하기 때문입니다. 우리 국민들에게는 이런 목사님들의 양심의 소리를 필요로 하는 것입니다. 그러나 반대로 오늘날의 목사님들의 설교는 무당처럼 교인들을 흥분만 시킬 뿐 방향제시를 하지 않습니다. 그래서 교회는 이기주의 집단으로 전락되고 사회의 지탄을 받고 있는 것입니다.

그러면 교회가 구체적으로 사회에 무엇을 주어야 할까요? 성경은 이것을 '빛과 소금'이란 말로 표현하고 있습니다. 빛과 소금이 되어야 한다는 말입니다. 이것을 좀 더 구체적으로 말씀드리면

(1) 빛의 사명

교회는 도덕적으로 무엇이 옳은 것인지 무엇이 그른 것인지 구별할 수 있는 '가치기준'을 주어야 합니다. 이것이 바로 빛의 사명입니다. 지금 국민들은 정부의 말을 들으면 그것이 옳은 것 같고 야당의 말을 들으면 또 그것이 좋은 것 같아 갈팡질팡하는 모호한 시대에 살고 있습니다. 이런 때 교회는 이것이 바로 진리입니다. 이것이 바로 하나님의 뜻이다 하고 보여주어야 한다는 말입니다. 다시 말하면 우리 국민들에게 무엇이 옳고 무엇이 그른지를 분별해주어야 한다는 말입니다.

(2) 교회는 영혼을 연결시켜주는 중매소

교회는 사회복지를 증진시켜주는데 이바지하여야 합니다. 물론 교회는 구제기관이 아닙니다. 교회는 복음을 전하는 곳이며, 하나님과의 관계가 바로 이루어지도록 영혼들을 연결시켜주는 중매소입니다. 그러나 이 종적 관계의 완성은 횡적 관계를 통해 성취되기 때문에 우리는 사회복지를 증진시키지 않으면 안 됩니다. 부산 형제복지원 사건을 우리는 아직도 생생히 기억하고 있습니다. 이것은 교회가 해야 할 일입니다. 교회가 사회적으로 버린 사람들을 돌보아주지 않으면 누가 돌보아주겠습니까? 교회가 안 하니 세상 구더기들이, 생명이 얼마나 귀중한지 알지도 못하는 모리배들이 계산만 앞세워 간판은 버젓이 '믿음, 소망, 사

랑'이라고 걸어놓고 브로커 노릇을 하고 있는 것입니다.

(예화) 교회 유치원은 사회에 끼치는 영향이 지대합니다. 그뿐 아니라 전도에 큰 역할을 합니다. 교회는 이렇게 간접 전도할 수 있는 것입니다. 하나님의 사랑이 실천되는 것은 교회가 해야 합니다. 교회가 세상의 뒤를 따라 가서는 안 되며 앞장서서 인도해야 합니다. 빛은 언제나 앞에 가야지 뒤에 가서는 의미가 없기 때문입니다.

(3) 사회정의에 앞장서는 교회

특히 교회는 사회정의에 앞장서야 합니다. 세상에 무관심만큼 큰 죄는 없습니다. 사랑의 반대는 미움이 아니라 무관심입니다. 우리는 학생들이 공부는 않고 데모만 하다니 나쁜 놈들 하고 말하지만, 물론 저는 학생들은 공부만 하라고 말합니다. 또 그러기를 바랍니다. 그러나 기성인들이 침묵하고 있으니 학생들이 '그것이 아닙니다.'하고 데모를 하는 것입니다. 작년에 서울대학의 학생들이 중심이 되어 6명이 분신자살을 하였습니다. 김세진, 이재호, 이동수 등, 왜 하나밖에 없는 생명을 버리는가? 우리는 그 학생들을 어리석다고 책망합니다. 왜냐하면 불감증에 걸려서 깨닫지를 못하기 때문입니다. 더구나 한국 교회는 목사들의 우민정책에 빠져 평신도가 아니라 병신도들이 되어 스스로 결정하는 능력이 없고 목사님이 결정해주기를 바랄 정도로 꼭두각시들이 되어버렸습니다. 생각해 보면 연세대의 이한열 군이 공부가 하기 싫어 데모에 참여하였다고 생각합니까? 생명을 바쳐 외치는 사람의 말은 항상 진실합니다. 옛말에 '조지장사 기언야애, 인지장사 기언야선'이라고 하지 않았던가요? 그러므로 생명을 불사르며 외치는 그 학생들의 말은 정권이나 연장하려고 미봉책이나 혹은 속임수나 쓰는 사람들이나 또 정권이나 탈

취하려고 국민을 선동하는 사람들과는 전혀 다릅니다. 그러면 이 학생들이 죽어가면서 무리에게 외친 것이 무엇입니까? 크게 세 가집니다. 첫째는 사회에 대한 규탄입니다. 사회 불의와 비민주화, 인권유린, 민중의 생존권 박탈을 규탄한 것입니다. 둘째는 반미입니다. 우리는 반미하면 이것은 바로 용공이고 이제는 나라가 망한다고 생각합니다. 그러나 이들이 반미를 주장하는 것은 최근 미국이 원화절상이나 무역의 자유화를 주장하는 데서 볼 수 있듯이 미국에 대한 짝사랑에서 깨어나라는 몸부림일 뿐 그 이상의 의미가 없습니다. 셋째는 '참 나'를 찾으려는 몸부림입니다. 아니 참 나를 분신자살을 통해서 해야 하느냐고 말할 것입니다. 그러나 교회는 아닙니다. 참 나는 예수 그리스도를 영접하므로 발견하는 것이다 라고 외치지를 않았던 것입니다. 아니 외치기는 했지만 교회는 이미 이기주의적 집단으로 변질되었기 때문에 그 말을 듣지 않는 것입니다.

그러면 교회가 사회정의에 앞장선다는 말은 데모에 가담하라는 말인가? 아닙니다. 결코 아닙니다. 교회는 데모를 해서는 안 됩니다. 데모는 세상적인 방법입니다. 교회는 하나님의 말씀을 외치는 곳이지, 정치를 논하는 곳은 아니기 때문입니다. 그러면 어떻게 사회정의에 앞장 설 수 있는가? 사회정의란 것은 딴 것이 아니고 하나님 앞에서 바로 서는 것이고 신앙양심대로 사는 것입니다. 복잡하게 생각할 것 없습니다. 지금 문제는 아모스 선지자가 예언한 대로 인권이 유린되고 있는데도 교회가 침묵하고 있다는 데 있습니다. 법이 집행자의 편의대로 되고 있는데도 교회는 침묵을 함으로써 실제적으로 악에 동조하고 있는 것입니다. 제2차 세계대전 때에 600만이나 되는 유대인들이 나치들에게 죽임을 당하고 있을 때에도 교회는 침묵하였던 것처럼 지금도 교회는 침묵하고 있습니다. 그러므로 교회는 이래서는 안 된다는 것을 강단을 통해서 외쳐야 한다는 말입니다. 사회정의란 사람들끼리의 바른 관계를 의미합니다. 이것은 하나님과의 바른 관계를 통해서 회복된다는 것을 교회는 외치고 또 인권이 유린당하는 힘없는 사람들을 대변해서 외쳐야 한다는 말입니다.

(예화) 얼룩말은 새끼가 사자에게 잡혀가도 가만히 보고 있다고 합니다. 한국교회도 그렇지 않은가? 우리는 필리핀에서 마르코스의 독재 밑에 사회정의가 땅에 떨어졌을 때에 신 추기경이 교회의 지도자로서 국민의 뜻을 바로 대변하므로 민주주의가 회복된 것을 보고 있습니다. 교회가 고문당해 죽고 최루탄에 맞아죽은 사람들의 장례식이나 지내주는 것이 전부여서는 안 된다. 물론 이 슬픔을 당한 사람들을 위로해 주어야 하지만 거짓투성이인 오늘의 사회를 향해 하나님의 말씀을 전파해야 합니다. 하나님의 말씀은 어떻게 믿고 구원받느냐만 있는 것이 아니라 신자로서 세상에서 어떻게 살아야 하느냐도 말씀하고 있는 것입니다. 이 둘은 서로 균형이 맞아야 합니다. 이것이 바로 바울서신의 교훈입니다.

4. 너희는 똥이다

죄는 백성을 욕되게 하느니라. 죄란 잡초처럼 성장하는 성격을 가지고 있습니다. 잡초는 가만히 두면 밭 전체를 뒤덮고 맙니다. 그러므로 잡초는 빨리 뽑아내야 합니다. 특별히 우상숭배는 누룩처럼 번지는 성격을 가지고 있습니다. 바알숭배가 가나안에 들어간 이스라엘을 타락하게 만든 것은 바로 이 때문입니다. 그러면 이 죄에 빠지면 어떻게 됩니까? 먼저 불의하게 되고 그리고 국민들의 자유를 빼앗고 마침내는 멸망케 만듭니다.

　이제 우리는 6. 25를 며칠 후에 맞게 됩니다. 지금 제2의 6.25가 두려워 데모하지 말아라, 학원이 안정되어야지 하고 말합니다. 맞는 말입니다. 그러나 중요한 것은 정치가들이 이것을 이용하여 정권을 연장하고 있고 국민들의 눈을 가리고 있다는 점입니다. 저는 국회의사당에서 예배를 인도하면서 "너희들은 똥이다"라는 설교를 하였습니다. 그러나 더러운 똥이지만, 그것을 잘 썩혀서 거름으로 사용하기만 하면 큰 공헌을 합니다. 그러므로 내가 먼저 죽어야 합니다. 그래야 그 위에 주님의 싹이 나옵니다. 의는 나라를 영화롭게 하고 죄는 백성을 욕되게 하느니라.

　결론적으로 교회에 외칩니다.

　① 나라 위해 하나님의 공의가 이루어지도록 기도하자.

　② 불의를 고발하고 인권유린을 규탄하자.

　③ 사랑과 화해의 촉매제가 되도록 힘쓰자.

은혜와 감사

(시100:1-5)

1. 감사부재의 시대

지금 우리는 감사부재의 시대에 살고 있습니다. 특히 자기가 받은 은혜를 고맙게 생각하고 감사하는 예의가 전혀 없습니다. 그러나 우리 말 중에서 가장 아름답고 소중한 것은 '감사합니다'라는 말입니다. 인간관계에서 감사를 모르는 사람은 남을 불쾌하게 하고 비위를 상하게 합니다. 이것은 하나님과의 관계에 있어서도 그렇습니다. 감사의 표시는 하나님과는 물론 사람과의 사이를 부드러운 정으로 이어주는 벨트의 역할을 합니다.

(예화) 거리에서 길을 물을 때 = 죄송합니다만, 혹은 미안합니다만 하고 물어야 합니다. 묻고도 '아, 그래요?' 하고 그냥 가버립니다. 또 손수건을 주워 주었을 때에도 '어머' 하고, 놀라는 표정으로 손수건만 낚아채고 가버리기가 일쑤입니다. 이 경우 감사합니다. 혹은 미안합니다라고 표현할 수 있어야 합니다.

(예화) 감사하다는 말 한마디에 인생이 바뀐 신문소년 : 갈림 길에 있던 그에게 한 아주머니의 감사의 표시(찐 고구마)가 비행소년이 될 뻔한 그를 구해주었고 이 수기는 특선으로 뽑혀 미국 유학의 혜택을 받았습니다. 말의 힘은 이런 기적을 일으킵니

다.

(예화) 대다수의 상점이나 백화점의 경우 : 이것저것 보다가 그냥 가면 '뭐 저런 게 있어, 돈이 없으면 보지나 말지' 하고 욕을 합니다. 이때 여점원이 '마음에 드는 것이 없어서 미안합니다. 다음에는 좀 더 마음에 드는 것을 갖다 놓을게요. 꼭 한번 들러주세요.'라고 말하면 얼마나 좋은가? 반대로 손님 쪽에서는 '미안합니다. 이것저것 여러 가지를 보았는데 마음에 드는 것이 없어서 다음에 들리면 꼭 사드릴게요. 고마워요, 안녕.' 하면 이 얼마나 좋습니까? 아무리 고양이 발톱을 가진 여점원이라도 욕은 못할 것입니다.

그런데 이 감사의 표시는 인간관계뿐 아니라 하나님과의 관계에도 지대한 영향을 미칩니다. 왜 인간들이 행복해지기를 원하면서도 불행하게 사는가? 이것은 감사를 잊고 살기 때문입니다. 이런 점에서 세계 최대의 비극은 감사를 잊고 있다는 점입니다.

(예화) 텍사스의 어느 실업가의 경우: 성탄절 보너스를 주고도 들은 뒷소리 '봉급 적게 준 것에 대한 보충, 당연히 받아야 할 봉급의 일부, 어차피 세금 나갈 것. 그러면 많이 주면 감사할까?'

(예화) 카네기는 죽을 때 친척에게 백만 불을 유산으로 주었습니다. 그러나 그 친척은 '불평하기를 사회사업에는 3억불이나 기부하면서 겨우 이걸 주나?'라고 말했다고 합니다.

2. 왜 사람들은 감사를 잊고 사는가?

(1) 계산하는 습성

괴로움만 계산하기 때문입니다. 그러나 일 년 중 궂은 날은 많지 않습니다.

(예화) 헤럴드 아보트 : 2년간 잡화상으로 돈을 모은 것을 도적에게 도난당함. 남에게 빚까지 지게 됨. 갚는데 7년이 걸림. 은행에 융자를 받기 위해 가는데 앉은뱅이가 나무판자 위에서 썰매를 타듯 걸어가면서 '안녕하십니까? 날씨가 좋군요.'라고 인사를 함. 비로소 그는 아직도 감사할 조건이 많다는 것을 발견. 그는 구두가 떨어져서 의기소침해지면 그 앉은뱅이를 생각하면서 감사해서 마침내 거부가 되었습니다. 사실 인간이 불행해지는 것은 언제나 없는 것만을 생각하고 불평하기 때문입니다.

(2) 이미 주어진 것을 즐길 줄 모르기 때문입니다.

로건 스미스 : 인생에는 그 목표로 삼는 것에 두 가지가 있습니다. 첫째는 갖고 싶은 것을 손에 넣는 일, 둘째는 그것을 즐기는 일입니다. 그러나 가장 현명한 사람만이 두 번째 것을 성취한다고 합니다.

(예화) 버기필드 다알의 「나는 보고 싶었다」란 책의 내용 : 한쪽 눈뿐, 그것도 심하게 다쳐서 왼쪽 눈 꼬리의 작은 틈새를 통하여 겨우 보았음. 석사학위까지 받고 교수가 됨. 52세가 되던 해에 진료소에서 수술을 받고 40배나 잘 보이게 됨. 접시위의 하얀 비누 거품을 만지작거림, 무지개 색깔에 감탄. 사랑하는 하나님, 참 감사합니다. 라고 기록.

그렇습니다. 우리는 감사에 눈먼 장님입니다. 우리 주변에 감사할 것이 그렇게도 많은데 보지 못하고 있는 것입니다.

(3) 오직 기도뿐

기도가 없기 때문입니다. 살전 5:17-18에 쉬지 말고 기도하라 다음에 범사에 감사하라고 하였다. 즉 기도와 감사는 깊이 연결되어있는 것입니다.

3. 왜 우리는 감사해야 하는가?

(1) 실제로 하나님께 받은 것이 많기 때문입니다.

본문에도 하나님은 우리를 지으신 자시요 우리를 기르시는 분이라고 하였고 "대저 여호와는 선하시니 그 인자하심이 영원하고 그 성실하심이 대대에 미치기" 때문입니다.

(2) 감사가 주는 변화

감사는 우리의 주변 환경을 변화시켜주는 기적을 가져오기 때문입니다.

(예화) 영국의 정신학자 하드필드의 「힘의 심리」에서 정신이 팔에 미치는 영향을 실험하였습니다. 악력계를 쥐게 함, 평상시 =101 파운드 : 최면술을 걸어 약하다는 것을 암시한 후에 =29파운드, 강하다는 암시를 한 후에=142파운드 즉 인간은 마음에 강하다는 적극적 생각을 하면 육체적으로 150%의 힘이 난다는 것입니다.

(3) 감사는 하나님의 더 큰 축복을 받는 비결

시 50:23 "감사로 제사를 드리는 자가 나를 영화롭게 하나니"

고후 4:15 "감사함으로 말미암아 더하여 넘쳐서"

스펄전의 고백 : 별빛을 주신 하나님께 감사하라, 그러면 달빛을 주실 것이요, 달빛을 주신 하나님께 감사하면 햇빛을 주실 것이라고 했습니다.

맺는말

적그리스도의 표식은 '감사치 않는 것'이라고 하였습니다. 반대로 참 성도의 표식은 범사에 감사하는 생활입니다. 이제 우리는 하나님께 받은 은혜에 감사하고 살면 생활에 큰 활력소가 될 것은 물론 하나님 앞에서 더 큰 축복을 받는 비결이 될 것입니다. 이제 문제는 감사의 방법입니다. 그러므로 우리는 마음으로 감사하고 다음에는 이것을 말로 표현하고 물질로 드리는 생활로 나타내어, 우리 인생에 하나의 전환점이 되는 기적이 일어나기를 축원합니다.